JN271612

キーコンセプト

ソーシャルリサーチ

Key Concepts in Social Research
Geoff Payne & Judy Payne

ジェフ・ペイン　ジュディ・ペイン
訳者代表　髙坂健次

新曜社

序論

ここから読み始めてください

　社会調査法に関する良い本はほかにも多くあります。でもなぜこの本を選ぶのでしょうか？　それには5つの理由があります。

　まず第一に，もしこの本を手にとったところなら，どうかここから読み始めてください。私たちがこの本のなかでどんなふうに知識を提供しているかを説明します。調査法に関する多くの本は複雑すぎます。本によってはあなたが一端(いっぱし)の調査をしているかのように，調査過程の全体にいきなり引っぱりこんでしまうものがあります。そうかと思うと，細部のこまかなことに立ち入り過ぎるものもあります。もし何かのプロジェクトを実際に動かしているのならそれも役立つでしょうし，専門の社会調査士になるために訓練を受けているなら役立つでしょう。しかし，ほとんどの場合，たいていの学生にはそうしたことはあてはまりません。

　「社会調査方法（social research methods）」がみなさんの履修しているカリキュラムの一科目に過ぎなかったり補助科目の一部でしかないのであれば，確かに役立ちません。情報も多すぎると出口が見つけにくくなります。そして役に立つ部分がどれかも分らなくなってしまいます。多くの学生はその全部を必要としているわけではありません。もしあなたが教室で発表するとか定期試験の準備をしているとしても，まず最初に必要なのは基礎的な重要項目です。もしその先に進みたいとか，学位論文に取り組んでいるのだとしたら，私たちは他に読むべき参考文献を紹介し，意欲的で上級レベルの読者が独習できるだけのしっかりとした基礎を提供しましょう。しかし，本書が狙っているのは核心的論点から始めてもらって，手短に要点を理解してもらうことです。

　第二に，他の多くの本の説明の仕方は，かならずしも簡単ではありません。専門家は，あなたが実際に知っていること以上の多くのことを知っていると想定してかかっていることが多いのです。研究者は専門家，並みすぐれて鋭い学生，アタマのいい学生（研究者は自分がそうしたタイプの学生だったからでしょうが）からみて「お見事！」といえるやり方で書く傾向があります。しかし

ほとんどの学生はそうしたタイプの学生ではありません。あなたは他にもいろいろと関心をもっているでしょうし，それらに時間をとられるのが普通です。でも試験の締め切りは待ってくれません。単刀直入な答えが必要です。私たちは長年にわたって調査法を教えてきました。その経験から得た確信にもとづいて言っているのです。どのような説明が明快か，どのような勉強が学生にはいいのか，どのくらいの予備知識が必要か，何を強調し何をさしあたりは扱うべきでないか，そうしたことについて私たちはよく知っています。私たちはそれをできるだけわかりやすくしました。

　第三に，**本書は使いやすく，焦点がはっきりしています**。本書では，社会調査法の授業と調査でもっとも頻繁に登場する50個の鍵概念（アイディアと技術の両方）に限っています。私たちはそれに加えていくつかの話題を載せることで，過去に学生が分りにくいと言ってきた混乱について理解しやすいようにしました。したがって，本書は「決定版50個の鍵概念」ではなく，とりあえず「50個の鍵概念」からなる本です。（決定版50個についての共通理解なんてありえない夢でしょうから。）

　たとえば，次のような項目は本書からは外しました。「統計的推論」技法，「多変量解析」，ソフトウェア・パッケージの詳細，ポストモダンとかシンボリック相互作用論とか構築主義といった社会学の重要な学派のもっている調査スタイル，言説分析やグラフ表示などの調査技術，など。こうした項目について専門的に扱っている教科書は他に多くありますし，すべての人の注文に応えられる本なんてそもそもありえません！　私たちが50個の概念を選んだのは，社会科学を専攻する学生を念頭においてそうしたのであって，プロの研究者を念頭においてのことではありません。概念の選択にあたっては，私たち自身の過去数十年以上にわたる経験的調査者としての経験の蓄積にももとづいています。現実生活の研究は少しもきれい事ではないし，多くの実際的問題に悩まされるし，高度の理論的教科書どおりにはめったに進まないと私たちは理解しています。本書はあなたがたのためのものなのです。

　第四に，**本書で扱う概念の位置づけは簡単に分りますし，相互参照もうまくできます**。あなたが探しているトピックのための主要な言葉は目次のなかに簡単に見つけることができるでしょう。概念は［英語で表したときの］アルファベット順にならんでいますし，各節の関連トピックを示す「関連項目」によって相互参照ができます。各節はやさしい言葉で書かれていますし，専門用語もできるだけ少なくしてあります。どうしても知っておく必要のある専門用語は

使っていますが，その場合は「　」で括るようにしています（たとえば，「深さのある・インタビュー」）。他の重要な語彙や用語は傍点で強調しています。要点を簡潔に述べるときも，長い文章のなかで説明するときも，こうした工夫（傍点）は要点がどこにあるかを見分けるうえでとても役立つに違いありません。私たちはまず具体例を示し，各概念の説明をし，そして直接的経験のなかに基礎づけるようにしました。

　第五に，各節は**必要十分な情報をもって出発できるように，しかも長くなりすぎないようにデザインされています**。辞書や百科事典よりは多くの情報を提供するように狙っています。ですから，基礎にいきなり入り込むことができるでしょう。概念について別の文献でさらに詳しく調べたいときの手引きも用意しておきます。

　さらに勉強を深めたいときのために，各節には他の参考文献を紹介してあります。参考文献は二種類に分かれていて，一つは主として一般的な情報と別の説明の仕方を参照するための文献をあげています。もう一つは事例や「古典」や最新の，簡単に手に入る刊行物をあげています。とはいえ，二つは多くのばあい重なってしまいますが。私たちはいくつかのインターネット情報も取り込んで（それらを活用することについて議論して）います。しかしウェブサイトのアドレスはめまぐるしく変わるので，それらのいわば住所録はあまり意味がないので作ってはいません。

　各節の「アウトライン」のなかで用語やアイデアについて強調しておきましたので，自分で自分の理解度をチェックしてください。本序論のすぐあとに，「ユーザーズガイド」を掲げておきました。そこで各節の概要を説明してあります。個々の節を見るまえに，このガイドを見ておくとよいでしょう。私たちはあなたの望みをかなえてくれる本を作りたかったのです。

　本書があなたに「これは便利だ！」と言ってもらえることを願っています。最初から最後まで読みとおすのではなく，「つまみ食い」するための本です。それぞれの節を自分なりに読むことで，自分のニーズや授業で求められている課題に合わせることができます。社会調査法は技術的科目としての性格をもっていますけれども，だからと言って無味乾燥な科目であっていいわけはありません。研究を単に一連の実践的技能として取り扱ったり，逆に多くの抽象的理論から成るものと見なすのは無意味です。私たちは研究者が実際にやっていることが何なのかという話と，なぜそのようなことをそのようなやり方で行なっているのかを説明する考え方とを結びつけようとしてきました。おのおのの概

念はより大きな絵を描くのに役立ちます。すなわち，あなたがそれぞれの概念を理解するにつれて，徐々に一つの全体像が浮かびあがってくるでしょう。

　いちばん大切なことは，一つの節を読み終えたときに，必要な概念について自信がもてるようになっていることです。全体像は，各概念についてそうした自信がついていくなかで自然に得られるものです。社会科学の理解は難しいことではありません。人が実際に研究をしているやり方が理解できはじめるならば，むしろ楽しみになるでしょう。社会についての「知識」は社会を研究するところからやってきます。その知識が信頼できるものかどうかは，「研究する」ことがうまく実行できているかどうかにかかっています。社会調査法とはそういうことなのです。

ユーザーズ ガイド

| 一文による定義 | 評価研究：評価研究は社会政策もしくは組織における革新の過程と結果を評定する。 |

| 節の要点のアウトライン | 【アウトライン】：応用社会研究としての評価研究。社会変化の測定と説明。「外部」評価者にまつわる問題。評価によって追い込まれるプログラムの明細化：「測定可能な結果」。焦点は「過程」か「結果」か。被評価者との共同作業。プログラムの評価：誰がどのようにかかわっているか。それは機能していたか。評価における権力と政治。例：健康教育局 |

| 約1250語で詳細な議論（ここの例では一部のみ紹介） | 評価的な研究は，何らかの——プログラムや政策，あるいはプロジェクト——の価値や成果を評価するために行なわれる。社会評価は，ソーシャル・サーベイや参与観察といった方法もしくは技法でない。それは応用社会調査の特徴的かつ急速に普及したタイプであり，本書で論じられている他の研究方法のいずれかを用いる。評価研究が他と区別されるのはその目的にある。すなわち，変化を後押しするもしくは導入するための対策に志向していることにある（Clarke and Dawson 1999）。 |

| 本書の他節における主な関連項目 | 評価研究は社会的なインプット，アウトプット，および過程を測定すること（数値的測定と記述的測定とがあるが，通常は前者）に焦点をあわせる。典型的には変化について研究する。もっとも基本的なところでは，評価は古典的な科学的実験法を再現したものである（→**実験88頁**）。つまり，人びとの観察は，彼らに対して何事かがなされる前と後に行なわれ，次いで2つの観察結果が比 |

較される。もし観察結果に差異があれば，それはなされた何事かに起因する可能性が高い。もっとも，人間行動は実験室の実験で統制できるものよりずっと多くの要因がかかわっている。観測された差異を生み出したのは介入したことによるものなのか，それとも何か別の要因であったのか。「統制集団」（→**実験88頁**）を用いた評価はほとんどなく，そのことが評価の信頼性を弱めることにつながっている。

> みなさんの理解度をチェックするための**キーワードないしは，用語**

【キーワード】
協働的な評価
測定可能な結果
過程の評価
社会的インプットとアウトプット
利害関係者

【関連項目】
アクションリサーチ
倫理実験
公式統計
実験

> 典拠や他の詳しい説明と実用的な研究例のための**参照文献**

【参照文献】
一般
Clarke, A. and Dawson, R. (1999) *Evaluation Research*. London: Sage.
House, E. and Howe, K. (1999) *Values in Evaluation and Social Research*. London: Sage.

研究例
Curtice, L. (1993) 'The WHO Healthy Cities Project in Europe' In J. Davies and M. Kelly (eds.), *Healthy Cities: Research and Practice*. London: Routledge.

目 次

Action Research アクション・リサーチ　　1	Ethnography エスノグラフィ　　72
Association and Causation 連関と因果　　5	Ethnomethodology and Conversational Analysis エスノメソドロジーと会話分析 78
Attitude Scales 態度尺度　　10	Evaluation Studies 評価研究　　83
Auto/biography and Life Histories 自伝／伝記法とライフ・ヒストリー 17	Experiments 実験　　88
Bias バイアス　　22	Feminist Research フェミニスト調査　　93
Case Study 事例研究　　27	Fieldwork フィールドワーク　　99
Coding Qualitative Data 質的データのコーディング　　32	Grounded Theory グラウンデッド・セオリー　　105
Community Profiles コミュニティ・プロフィール　　39	Group Discussions/Focus Groups グループ・ディスカッション／フォーカス・グループ 110
Community Studies コミュニティ研究　　44	Hawthorne Effect ホーソン効果　　115
Content Analysis 内容分析　　49	Hypothesis 仮説　　120
Contingency Tables クロス表　　54	Indicators and Operationalisations 指標と操作化　　125
Documentary Methods ドキュメント法　　59	Internet and Other Searches インターネットと他の検索法 129
Ethical Practice 倫理実践　　66	Internet Polling インターネット世論調査　　134

Interviewing インタビュー	139		Sampling: Estimates and Size 標本抽出：推定量と標本の大きさ	222
Key Informants キー・インフォーマント	146		Sampling: Questions of Size 標本抽出：標本の大きさをどう決めるか	226
Levels of Measurement 測定水準	152		Sampling: Types 標本抽出：タイプ	231
Longitudinal and cross-sectional Studies 縦断的研究と横断的研究	157		Secondary Analysis 二次分析	237
Methods and Methodology 方法と方法論	163		Social Surveys ソーシャル・サーベイ	242
Objectivity 客観性	168		Telephone and Computer-assisted Polling 電話とコンピュータ支援の世論調査	248
Observation 観察	173		Unobtrusive Methods and Triangulation 非干渉的方法と複眼的測定	254
Official Statistics 公式統計	178		Validity 妥当性	260
Participant Observation 参与観察	183		Visual Methods ヴィジュアル・メソッド	265
Positivism and Realism 実証主義と実在論	188			
Qualitative Methods 質的調査法	193			
Quantitative Methods 量的調査法	200			
Questionnaires 質問票	206			
Reflexivity 反省	212			
Reliability 信頼性	217			

Action Research
アクション・リサーチ

　アクション・リサーチとは，社会問題を特定しつつ，主にその可能な解決策の経験的な分析を行なうようにデザインされた調査の一種である。政策や手続きにおいて変化を引き起こすような新しいアイデアが解決策となり，それが社会調査によって監視される。

　【アウトライン】社会実験としてのアクション・リサーチ。世界を理解することと変えること。応用領域：実践的技術と調査技術。例：地域開発計画。最近のモデル。調査と変化の達成との間の対立。社会実験における統制と解釈の問題。

　なぜわれわれは社会調査をするのか。それには2つの主な理由がある。ひとつには，そこに知的な挑戦があるからである。われわれは，自分の知識の空白を埋めたいと思っている。もしくは，現在受け入れられている理論が新たな証拠で検証されるべきである，と信じている。もうひとつの理由は，この世界を変えたいからである。後者のタイプの応用調査は，私的な組織（たとえば，ホーソン工場の所長。彼は生産性を上げたがっていた。**ホーソン効果115頁を参照。**）によって後押しされる場合もあるし，犯罪や健康や社会的排除といった社会問題にとりくむ公的な組織によって後援される場合もあるだろう。アクション・リサーチとは基本的には社会実験としての社会調査である。アクション・リサーチでは，新たな社会政策が導入され，それが監視されるのである。

　前者のタイプの調査では，通常，調査者は調査の対象から一歩さがった立場にたつ。そして，客観的で公平な観点からものをみる（→**実証主義と実在論188頁**）。その目的は，調査対象を変えることではなく，それを説明することである。よい調査の基準とは，それがいかに調査対象を理解する助けとなるか，ということである。われわれは，自らの調査活動が世界をいかに変化させたか，ということだけで判断されることを望まない。

　たとえば，貧困や人種主義などを調査する場合，われわれの課題は貧困を廃絶したり人種主義を防止することにあるのではない。もちろん，研究者が市民としての関心から，調査課題に取り組むことはよくある。調査によって，貧困者の状態や，人種的マイノリティの地位が改善されたとしたら，それは歓迎さ

れることである。しかしながら，そうであっても研究の本来の動機は，その課題に関する知的な問いにもあるだろう。

　社会政策，公衆衛生，ソーシャル・ワークなどの領域は，本質的に応用的なものである。それらは，いわゆる社会学に比べれば，より実践的な関心をもつ傾向にある。その領域の学生は，社会的現実にかかわり，よりよい方向に現実を変化させるように訓練される。もちろんこれらの領域でも，純粋に探索的な方法で型どおりの調査が行なわれることは多々ある。しかし一方で，社会的な変化の達成に直接つながるような調査も推進されている。それが「アクション・リサーチ」である。

　初期のアクション・リサーチにおいては，研究者がプロの実務家とチームをくみ，社会問題に取り組む新しい方法に挑戦した。研究者は，最初に社会状態の記述を提供する。一方実務家はその社会状態に対する政策的な対応を実施する。そして研究者は，政策の結果として発生する変化を調査する。両者が情報のやりとりを継続することにより，新たな改変が発展しうる。この場合の調査の目的は，介入を補助することであった。研究者はそのために実務家が必要とする情報を提供したのである。

> 　強調すべきことは，社会調査者と実務家の間の動的な相互作用である。それは，進行中の実験過程の一部であり，統制されたものというよりもむしろ，適応的なものである。そしてそれは，自覚を増し，機会を生成するような変化を伴う（Lees 1975 4-5頁）。

　このようにみると，アクション・リサーチは社会実験の一種とみなせる。そこでは，介入が検証され，そこで得られた結果をもとにして，修正が施される（→**実験88頁**）。

　この手順は，二つの問題点を浮き彫りにする。第一に，たいていの実務家は調査者としての訓練を受けていなかった。それゆえ，何が実際に起こっているかを監視する社会調査において，実務家は専門家の助けが必要だったのである。第二に，変化を提供している実務家は，それが成功するのを見たいという関心をもっている。その介入の成否を評価する際に中立の研究者を利用することにより，バイアス（偏り）への非難が起こりにくくなるのである。

　もっとも大規模なアクション・リサーチのプロジェクトの一つは，1970年代初頭におけるイギリスの「地域開発計画」（CDP：Community Development

Project）だろう（Home Office 1971）。高水準の社会的ニーズをもつ12の地域において，「プロジェクト」もしくは「実践」チームがその地域の当局によって雇われ，介入を行なった。大学や総合技術専門学校を基盤とする研究チームが調査を支援した。

CDPは成功しなかった。複数の政府機関がかかわっており，優先順位の調整がなされなかったのである。スタッフの転職は仕事の継続性を弱めた。「調査における実験的な実践と"専門家の洞察力"がどうにかして解決の秘訣を見極めるだろう」（Smith 1975 191頁）という信念が，過度の楽観的な期待をもたらし，それが失敗へとつながった。研究者が問題に深く干渉してしまうこともあった。そしてそれは，研究者の中立的立場を損なわせる結果となった。また，実践チームと研究チームが仲たがいしてしまうこともあった（詳細はPayne et al. 1981を参照）。

より最近のアクション・リサーチでは，専門の社会調査者を排除している。昨今の実務家は，社会調査技術の訓練を受けている傾向にある。昔に比べて彼らは，調査の仕方の参考になる調査報告書や資料に親しんでいる。彼らの訓練では，単に基礎的な訓練に従って紋切り型の知識を受け入れることよりも，証拠を利用することの重要性がより強調される傾向にある（「証拠に基づいた（evidence based）実践」）。より現実的には，実務家と専任の研究者の両方を雇う余裕があるプロジェクトはあまりないのである。現在では，ほとんどのアクション・リサーチは一人か多くてもごく少数のチームで運営されている。

この最近のアプローチでも，初期のアクション・リサーチが扱おうとした「専門知識」の問題をいくらか避けることができる。しかしながら，専門の研究者とおなじくらいに実務家が社会調査に長けていると期待するのは非現実的である（Clarke et al. 2002）。実務家は訓練において，単なる社会調査技術以外にもたくさんのものに集中する必要がある。彼らが資格を得た後に行なう日常業務には，実践的な調査活動はあまり含まれないのである（→コミュニティ・プロフィール39頁）。調査と実践の統合は上述の第二の論点，つまり介入の信用性が調査と介入の分離によって高められるということ，を解決するのに役立たない。

したがって，対立する2つのアプローチがあることになる。「純粋な」調査は，その最悪の意味での「アカデミックさ」を批判されることがある。たとえば，超然としすぎている，理論的すぎる，大学の内輪で通用することのみを考慮しているなどである。一方で，問題解決への個人的かかわりがある場合を除

いて，人種主義のような社会問題を直接扱う市民や専門的実務家のことを考慮した調査は，研究者の目的から外れたものになる。しかしながら，このような調査は判断の独立性をもたらす。調査者が当該の社会問題にかかわりが無いということそのものは，その調査結果が客観的知見であると主張することに役立つ。（別の議論は，倫理実践 66 頁とフェミニスト調査 93 頁を参照。）

　アクション・リサーチへの批判は，2 つの点に集中する。第一に，調査が介入よりも軽視される傾向にある，ということ。それは対等な協力関係ではない。実際，CDP でもそうであったように，研究者と実務家はその関係を維持するのが不可能になることがある。ある場合は衝突が生じるし，ある場合には関係が絶たれてしまう。1 人の実践的調査者だけがいる場合，こうした緊張は個人の水準で経験される。実務家は，社会調査の信頼性よりも，自分の職業上のキャリアの方に関心があるかもしれない。予想される結果や「成功」の定義が前もってなされ，それらがきっちりとした指標や操作化（→指標と操作化 125 頁）にもとづいて測定されない限り，調査部門は侵食されてしまうだろう（Sapsford and Abbott 1992 101-7 頁）。健康分野の実践的介入の仕事から，ガービッチ（1999 193-214 頁）はアクション・リサーチをうまく説明している。そこでは，適切な評価が必要であることが強調されている（→評価研究 83 頁）。

　第二に，実験室での化学実験が統制された環境で少数の要因を操作するのに対して，社会生活そして社会実験はより複雑である，ということ。多数の要因が含まれ，統制ができない。考慮していない要因が社会実験になんらかの影響をもたらさないということを，論理的に確証することはできない。とくに，介入がないような比較可能な独立した状況なしでは，何が変化をもたらすのかを説明することはできないだろう。政策的介入の後に何かが起こったからというだけでは，介入が原因でそれが発生したとはいえないのである。（Association and Causation の交絡変数に関する説明を参照）

【キーワード】
偏りと客観性
「理論的研究」と「応用研究」
社会実験
社会的介入

【関連項目】
連関と因果 5 頁
コミュニティ・プロフィール 39 頁
倫理実践 66 頁
評価研究 83 頁
実験 88 頁
フェミニスト調査 93 頁

ホーソン効果 115 頁
指標と操作化 125 頁
実証主義と実在論 188 頁

【参照文献】
一般

Grbich, C.（1999）*Qualitative Research in Health*. London: Sage.（キャロル・ガービッチ『保健医療職のための質的研究入門』上田礼子・上田敏ほか訳，2003，医学書院）

Lees, R.（1975）*Research Strategies for Social Welfare*. London: Routledge & Kegan Paul.

Payne, G., Dingwall, R., Payne, J. and Carter, M.（1981）*Sociology and Social Research*. London: Routledge & Kegan Paul.

Sapsford, R. and Abbott, P.（1992）*Research Methods for Nurses and the Caring Professions*. Buckingham: Open University Press.

研究例

Clarke, S., Byatt, A., Hoban, M. and Powell, D.（2002）*Community Development in South Wales*. Cardiff: University of Wales Press.

Home Office（1971）CDP: *An Official View*. London: HMSO.

Association and Causation 連関と因果

2つの社会現象の間の関係性を連関と言い，一方の現象に変化が生じると他方の現象も変化する，その傾向性で表現される。これに対して因果は連関の特殊ケースであり，一方の変化が，系統的に他方の変化を直接引き起こすことを言う。

【アウトライン】連関と厳密さを欠く関係性：教会通いと年齢。連関と相関。関係の方向：物語。疑似的な関連：階級と政治的態度，病気を説明すること。必要条件と十分条件。量的方法と質的方法における因果性。

研究を通じて，その対象となっているものが描き出され記述される。そうした記述の中には，2つの社会現象を関係づけることで，それらの現象は一緒に起こる傾向があるとか，同時にはめったに起こらない，あるいはある現象が先に生じるとたいていその後にもう一方の現象が生じるといった言い方ができるものがある。こうした関係性（connections）あるいは「関連（relationships）」は連関（associations）と呼ばれている。また，ある事柄がなぜ生じるのかを別の事柄を使って説明するといった特殊な強い連関を因果関係と言う。われわれは社会がなぜこのようなものであるのかを知りたいと考えている（とりわけわれわれの哲学的な志向が説明に向けられる場合。**実証主義と実在論188頁を参照**）。そのため，連関を誤って因果関係とみなす過ちを冒すことがよくある。

　まず手始めに，ある部屋の中にいる人びとについて何かを推測してみるとよいだろう。事前の情報が何もないので，推測の精度は低いであろう。しかし，推測しようとしていることに関連する何かを知っていたとすれば，その情報は助けになる。ローズとサリバン（1993 21-31頁）は，第一に住居が賃貸か持ち家か，第二にどの社会階級に属しているを知ることで，人びとの政治的態度についての推測がどれほど改善されるかを明らかにしている。

　社会科学において，社会現象間の関係性は一般にそれほど厳密なものではない。まず，研究しようとしている社会現象のおのおのについてそれらをどのようなものとして捉えるのかを決めなければならない（**→指標と操作化125頁**）。それらの現象のあいだには因果関係以外にも，多様な連関が見いだされるだろう。というのも，研究対象の現象は複雑でありひとつの原因によって生じているということはまずないからである。われわれの調査方法もまた不完全であり，現実世界を要約し単純化することは避けられない。たとえそこに発見すべき因果関係があるとしても，それらを特定することは難しい。

　2つの社会現象もしくは変数間の連関でもっともよく見られるのは，ある現象が存在するときに，他の特定の現象が，必ずというわけではないにせよ多くの場合に発見されるというものである。たとえば，イギリスでは年齢とキリスト教教会に通うことは連関している。教会に通う人の割合は，年少者に比べ年長者の方がずっと高い——年少者14％に対して年長者28％（Gill 1999）。しかしながら，年齢と教会通いとの間の連関は完全なものとは言えない。とりわけ注目すべきことは，すべての年齢層で教会に行かない人びとがもっとも多いということである。つまり，年少者であっても教会に通う人がいる一方で，年長者であってもすべての人が教会に通うわけではない。せいぜい言えることは，

あるひとりの年長者が教会に通っている確率は10分の3くらいだということだけである。厳密さを欠くこの種の「確率的」な連関は社会学的な知見に典型的なものである。

われわれの解釈は，たとえば年長者の中でも教会通いに様々な程度があること，教会通いの程度にどのくらい違いがあるか，年少者における教会通いの割合など，経験的なデータによって影響を受ける。連関の証拠を判断する際の最初のステップは，データからクロス表（**クロス表54頁**）を作りそれを調べることである。連関の強さを測定するために，標準化された統計手法（たとえば「相関」）を利用することもできるし，得られた関係性が偶然の結果生じたものかどうかを調べることもできる（たとえば「カイ二乗検定」）。相関は，連関のひとつのタイプである。ただし，2つの事柄の間に相関があるといっても一方が他方の「原因」であるということにはならない。さらに，第3の要因が2変数間の連関もしくは相関のパターンを生み出していないかどうかを調べる必要がある。これは，発見した事柄の妥当性（**妥当性260頁**）の問題である（Rose and Sullivan 1993）。

因果関係があるなら，それは「年長者であること」が「教会通いの多さ」の原因でなければならず，教会通いが人びとに歳をとらせるということではない。連関の向きを知ることで，連関の理由を探求することができる。年長者はより死を恐れており，宗教的な安楽が必要だと感じやすくなっているのだろうか。年長者はずっと孤立しており，それゆえ仲間を求めて教会の集会を利用する傾向があるのだろうか。教会に通うことが普通だった時代に育ちその習慣を今でも持っているがゆえに，教会通いをする年長者が多いのだろうか。この種の「物語」や「理由づけ」は経験的にさらに探求することができる。類似の変数間に多くの相関がみられる場合でも，相関を示すだけでは十分ではない。なぜ相関関係を超えて因果関係について語りうるのかを教えてくれる物語ないし説明理論が必要なのである（Hage and Foley-Meeker 1988；Blalock 1970 63-78頁）。

物語は，因果の方向性を明確にし，ばかげた解釈を防ぐために役立つ。『ガーディアン紙』（2003年3月3日付）によれば，「毎日ひげをそらない男性は毎日ひげをそる男性に比べ脳梗塞に罹る可能性が70％高い」。一体どのような物語がこのことを説明しうるのだろうか。実際，この研究では，肉体労働者，なかでも独身の人や喫煙者はあまりひげをそらないことが明らかにされている。言い換えれば，不利な状態に置かれ社会経済的地位が低い人びとと，食事やライ

フスタイルが健康的でない人びとは脳梗塞に罹りやすい傾向にある。無精ひげは真の原因の副産物に過ぎない。

2つの変数間（無精ひげと脳梗塞）の見かけ上の関係性が，実際は第3変数（不健康なライフスタイル）によって生じている場合，その相関は「疑似相関」と呼ばれている。研究者が条件をコントロールできる本式の実験（**実験 88 頁**）であれば，ひとつの変数（「原因」もしくは「独立変数」）を操作し，他の変数（「結果」もしくは「従属変数」）にどのようなことが起こるかを見ることは容易である。しかし，「横断的」調査やフィールド調査では，そこで生じていることを単に測定するだけであり，状況を変化させることはできない。反復して行なわれた研究（「反復」）や縦断的研究（**縦断的研究 157 頁**）によるデータがなければ，因果性を示すためのひとつの要請である，一方の事柄が他方の事柄より先に生じたということを示すのは難しい。

しかしながら，調査結果が複数の連関を暗示しているからといって，自動的にそれらの連関が疑似的であるということにはならない。人びとの社会経済的地位が病院や学校に対する政府支出についての意見にどのように影響するかを調べる場合を考えてみよう。下層階級に属する人びとの，すべてではないにせよより多くが高額の支出に賛成しているが，上層階級の一部もまた賛成しているということを発見するだろう。階級と政治的態度との間に連関が見い出される傾向があるのは，ある特定の，限定された場合だけである。われわれは強い因果関係を主張することはできない。なぜなら，因果性に関して疑う余地のない古典的な種類の事例，すなわち，ある事柄（下層階級）が存在する場合，つねに，そしてそのときに限りもうひとつの事柄（政府支出に対する賛意）も存在する，という事例を手にしていないからである。

階級と態度の間の因果関係は弱いというわれわれの発見は，驚くほどのものではない。他の要因，たとえば，ジェンダーやエスニック集団への帰属といった要因が態度に影響を及ぼしている。教育や年齢，健康状態，家族環境（年少の子供がいるかどうか），雇用（公的機関または私企業での）もまた，態度に影響する可能性の高い要因である。たとえば，教師や看護師（下層階級には属していない），年齢が30代である人びと（子供の養育局面にある）は，高い政府支出の強力な擁護者である。教師と看護師は女性が大部分を占める職業である。では，政府支出に対する彼女らの支持はジェンダーの産物なのだろうか。あるいは，むしろ職業や家族環境のせいなのだろうか。

社会学的説明にとって同様に典型的なその他の問題としては，疾病と早期死

亡の分布に関する研究があげられる。その分布を説明する要因のなかには，人生経験，健康サービスへのアクセスにかかわる社会的な不平等，両親の社会経済的地位が低いこと（妊娠期間と幼児期を通じて影響する），遺伝的にある種の病気に罹りやすいこと，生活習慣（喫煙，アルコール，食習慣），仕事の種類，教育（症状と処置に関する知識）などが含まれている（Payne and Payne 2000）。これらのすべてが人びとを病気に罹りやすくする素因となるが，どれに重点をおくかによって社会政策に大きな違いが生じる。ウイルスナックらによる女性の飲酒行動の先行要因とその帰結に関するサップスフォード（1999 27-33頁）の議論は，健康研究における原因と結果についての社会学的な具体例を与えている。証拠にもとづいて実践するためには，単なる学問的関心で求められるもの以上に因果性が重視されるのである。

　いくつかの原因あるいは「先行条件」は「必要条件」と呼ばれることがある。必要条件は，ある結果が生じた場合に必ず存在する条件であるが，その条件があるからといってつねに同じ結果が生じるわけではない。なぜなら他の条件もまた同時に存在していなければならないからである。もうひとつの条件は「十分条件」である。十分条件である場合その条件が存在していれば，他の要因の有無にかかわらず同じ結果が生じる。しかしながら，そのような先行条件がない場合でも，特定の結果が生じる可能性は依然として残されている。因果性を立証するためには，「必要条件と十分条件」の両方の基準を満たさなければならない。この基準を満たすこと，あるいはどの「原因」がより強い原因なのかを示すことは容易ではない。ラテンアメリカのゲリラ運動と革命に関するウィッカム＝クロウリーの研究（1992）は，さまざまな出来事がどれほど相互に関係しているか，そしてその関係性がいかに複雑で重層的であるかを明らかにしている。多変量解析は，変数群がどのように相互作用をして従属変数に作用するかを示すための一連の統計的方法である。

　研究を企画・立案する際には，先行する理論モデルが示唆するすべての要因が結果と関連をもつ可能性があると考えるとよい。もちろん，すべての要因を扱うことはできない。むしろ連関をもつ少数の要因群で終わることがしばしばである。結果として，ふつう社会学者は「原因」よりも「連関」という用語を用いて安全策をとることになる。因果性の問題は，社会的な規則性を特定し説明するという目的を持つ量的研究において特に重要である（→**量的調査法** 200頁と**質的調査法** 193頁）。文脈固有の意味を解釈することのみを求めるというタイプの質的研究においては因果性は差し迫った問題ではない。

【キーワード】
因果の方向
相関
横断的
従属変数
独立変数
物語
必要条件と十分条件
理由づけ
疑似的

【関連項目】
クロス表 54 頁
実験 88 頁
指標と操作化 125 頁
縦断的研究と横断的研究 157 頁
実証主義と実在論 188 頁
質的調査法 193 頁
量的調査法 200 頁
妥当性 260 頁

【参照文献】
一般

Blalock, H. (1970) *An Introduction to Social Research*. Englewood Cliffs, NJ: Prentice-Hall.

Hage, J. and Foley-Meeker, B. (1988) *Social Causality*. London: Unwin Hyman.

Rose, D. and sullivan, O. (1993) *Introduction to Data Analysis for Social Scientists*. Buckingham: Open University Press.

Sapsford, R. (1999) *Survey Research*. London: Sage.

研究例

Gill, R. (1999) *Church-Going and Christian Ethics*. Cambridge: Cambridge University Press.

Payne, J. and Payne, G. (2000) 'Health', in G. Payne, (ed.) *Social Divisions*. Basingstoke: Palgrave.

Wickham-Crowley, T. (1992) *guerrillas and Revolution in Latin America*. Princeton, NJ: Princeton University Press.

Attitude Scales
態度尺度

態度尺度とは，態度，意見，価値などを量的に測定したものである。測定は

調査者が与える質問文に対する人々の反応を数値化してまとめることによってなされる。質問文は，潜在的テーマの諸次元を探索するように作られたものである。

【アウトライン】量的な調査で意味を探る。質問文に対する賛成と反対。例：イスラム教の教義。客観的意味。尺度の特徴。単一次元への誘導，体裁と配置。尺度：リッカート，サーストン，ボガーダス，ガットマン，SD法。尺度の短所と長所。

量的調査は，行為者がその行為にもたせる意味にあまり関心をもたないといわれる。しかし，多くの研究は実際にはそうした分野に関心を寄せている。とくに，市場調査などは商品やサービスの評価をたずねる。意味をくみとるためにつかわれる主要な調査方法は，態度尺度である。

「態度尺度」（もしくは「指数（index）」や「評価（rating）」など。Schutt 1999 75-81頁を参照。また，その構成法については Hoinville et al. 1982 33-37頁を参照。）は，項目文（または質問文）とそれに対する対象者の一定範囲の水準での反応によって成り立つ。たとえば，イスラム社会おける信仰心，市民の権利，ジェンダーなどの研究では，次のような文章に対する賛否の水準を測る：

- イスラムは政教分離していない。
- すべてのイスラム教徒は，イスラムに対する西洋社会の挑戦にともに立ち向かわなければならない。
- 女性がベールをかぶるように，家族は強要すべきだ。
- 西洋の衣服は伝統的な衣服よりも実用的だ。

それぞれの項目文は，信仰心，女性の参政権，「伝統主義」といった問題に関連づけられている。そしてそれらは，総体として態度を構成する（Rizzo et al. 2002 651頁）。

この態度尺度と質的調査との顕著な違いは，意味のカテゴリーが調査対象者ではなく調査者によって明確に決められる，という点である。態度尺度では，「意味」はその調査によって外的に決められた客観的枠組の中で探索される。反対に，質的調査では，調査者と対象者との長時間の詳細なやりとりによって主観的な意味が明らかになると考えられている（→質的調査法193頁；量的調

査法 200 頁)。

　態度尺度の背後にあるロジックは，社会心理学的なものであり，人びとが各自の視点で体系的にものごとを識別していると想定している (Eysenck 1953)。そして項目文への反応から人びとの視点をよみとることができると考える。人びとの識別は，項目文への反応として，肯定から否定への連続体を構成することになる。複数の識別の組み合わせは内在する態度を反映する。そしてその態度は，他の社会学的な諸変数と関連する。

　ひとつの問題（例：「高額所得者はもっと高い税金を払うべきだ」）に対する単純な「意見」や「反応」と，態度集合（例：政治的・社会的問題一般に進歩的見解をもつ）とを区別することは重要である。社会学的調査の調査票は，しばしば特定の意見に関する質問を含む。その調査が，そうした具体的意見への回答そのものに関心がある場合はなおさらである。態度尺度は，特定の回答にはあまり関心がない。そのかわり，その中に潜む態度を特定する手段としてその回答を扱うことに関心がある。どのような話題であっても，単一の問題にしぼって表現されうる。英国社会態度調査年報 (the Annual British Social Attitudes Surveys) は，環境，ジェンダー，雇用，階級，人種，家族，規範，そして宗教といった分野を網羅する論文を集めている。最近の調査では，交通，ローン，教育，ドラッグ，他者への寛容性といった問題を扱っている (Park et al. 2002)。この種の研究は「態度」について語り，さらに態度尺度の測定で使用されるのとよく似た形式の項目文を含んだりしていることもあるが（英国社会態度シリーズの調査票を参照。Ashford and Timms 1992; Hoinville et al. 1982），背後に潜む態度集合に関する仮定があることは稀であるし，各回答をまとめて尺度化することもあまりない。

　尺度には，その複雑さと目的によっていくつかの異なる型がある (Kumar 1999 127-35 頁)。それらに共通する特徴は，次のようなものである。

- 一連の刺激の提示（通常は項目文）
- 固定され，限定された選択肢から反応を選ばなければならないという要件（たとえば，「すごくそう思う」「そう思う」「どちらともいえない」「そう思わない」「まったくそう思わない」）
- 反応の数値化（たとえば，各項目文に 1 から 5 を割り振る）
- そうした数値を組み合わせてひとつの「尺度」を作成

通常は,「自由記述」の「予備面接」を実施して,少数の対象者に回答してもらう。これによって,人々の意見,信念,視点がもつ幅を発見できる。それらは,項目文へと翻訳され,他の対象者に試される。本調査に使用される一連の項目文は,全体で一そろいではあるが,それぞれが一つの概念に関連するものでもあり,「下位尺度」として参照される場合もある。この「一次元性」の分析は,まずは因子分析のような統計的分析にもとづくのが普通で,そうした分析で明確な解答を提示しえない場合は簡単な点検と論考にもとづく場合もある。ほぼすべての対象者が賛成もしくは反対を表明するような項目文は捨てられる。なぜなら,そうした質問は人びとを識別できないからである。残りの要素はそれぞれ強く関連していると想定され,「内的一貫性」がある。

　刺激となる項目文の言い回しや提示は,調査票設計に適用されるのと同じルールによってなされる (→**質問票**206頁)。言葉は単純であるべきである。そして,技術的な専門用語を避けるべきである。偏った趣旨や特定の意味を導くような言葉は除外されるべきである。たとえば,「決して」「いつも」「唯一」「ほとんど」などである。項目文は短くすべきである (経験的には英語では20単語以下)。各項目文は,複雑でないひとつの文となるべきである。二重否定は避けたほうがよい。

　各項目文は,あいまいでなく明確にしなければならない。また,ひとつの項目文はひとつの話題を扱うべきである。先述の例:「女性がベールをかぶるように,家族は強要すべきだ。」は,実際には,二つの話題を扱っている。ひとつは,女性がベールをかぶるかどうか,もうひとつは家族がそれを強要すべきどうかである。したがって,これは完全な選択肢ではない。項目文は自己完結的である必要があり,そして他の考えと重なることなく,ひとつの論点に関してすべての側面を網羅しておくべきである。

　とくに「自記式調査票」の場合は,説明は明確でなければならない。ひとつの例が,最初の項目文の前に示されているのが通例である。一連の項目文は,いっしょにまとめられている必要がある。そして,ページをまたがないようにすべきである。なぜなら,そうしないと回答者がしばしば混乱するからである。

　スペースが許すならば,選択肢は縦に並べるほうがよいとブライマンは推奨している (2001 134-5頁)。そうすると,回答者が間違えて自分の意見と異なる反応に丸をつける可能性が減る。そして,回答の数値化 (→**ソーシャル・サーベイ**242頁) をより簡単により早く行なえるようになる。配置の具体例は,次のとおりである。

- イスラムは政教分離していない。
    □すごく　　□そう思う　□どちらとも　□そう思　□まったく
    　そう思う　　　　　　　　言えない　　　わない　　そう思わない

- イスラムは政教分離していない。
    □すごくそう思う
    □そう思う
    □どちらとも言えない
    □そう思わない
    □まったくそう思わない

しかしながら，この例からもわかるように，縦配置はスペースを多く必要とする。一方，紙面には制約がある。

　とくに，横配列が不可避な場合，たとえば賛成がいつも頁の左で反対が右（もしくは配列の最初や最後）など，すべての項目文で同じ形式の配置に統一しないほうがよい。なぜなら，回答者がだらけて，おきまりのパターンで丸をつけてしまうからである。いくつかの項目文の主意を反転させれば，回答者は各項目文ごとに個別の刺激をうけ，それぞれに反応することになる（このような反転刺激を使用する時は，数値も反転させる。たとえば，1を5にするなどして，すべての項目文で同じように数値化が行なわれるようにする）。

　もっとも広く使われている尺度は，リッカート尺度であろう。リッカート尺度は，賛成／反対を五段階で評価する。その構成ルールの多くは，しばしば無視されるが，その厳密な形式では，多大な「候補」リストのなかから（100くらい）えらばれた広大な項目文のリストを必要とし，さらに精密な内的一貫性の検定を必要とする。態度尺度がより大きな調査の一要素にすぎない場合，こうした準備は非現実的である。したがって，少数の項目文で充分である。

　リッカート尺度の先駆者はサーストン尺度である。その違いは主に二つある。尺度を構成するときに，その項目文は最初に専門的「審判」によってその肯定感の程度について評価を受ける。そして，専門家の間で意見の一致がみられたものについては，その項目文に中央尺度値が与えられる。他の項目文については，研究者が平均値のまわりに一定の範囲で数値を付与する。回答者は，各項目文に賛成か反対かを尋ねられるだけである。全体としての賛成の程度（もし

くは「態度の表明」)は，審判や研究者によってなされた最初の評価に由来することになる。こうしたやっかいな過程は，態度に関する心理学的実験ではかろうじて使いものになったが，社会学的研究の複雑さには耐えうるものではなかった。

態度の階層性に基礎をおいた尺度が他に2つある。ここでいう階層性とは，ある水準の「賛成」は，その項目文に関するより下位の水準の賛成を含むということである。たとえば，人種関係の調査において，マイノリティ集団の誰かを結婚相手として受け入れられると考えることは，友達として，隣人として，そして同僚としても受け入れられるということを仮定する。しかし，隣人として受け入れられると考えることは，同僚として受け入れられることのみを仮定する。ボガーダス社会的距離尺度においては，同じ項目文における変動として，この階層性を表現する。そして距離は，集団の平均値を基礎にして計算される。ガットマン尺度では，回答者は複数の項目文に回答する。それらは，お互いに異なるが関連したものであり，あらかじめ階層的順番に並べられている。

最後に紹介する尺度は，SD法（Semantic Differential Scale）である。対になる概念の組（強い／弱い，民主的／独裁主義的）が，集団や過程と関連すると考えられる。点数は，普通6から0の間で，概念対の間に分布する。回答者は，その意見をいちばんよく反映する数を選択する。この尺度とその実践的構成方法の最良でそして最も詳しい解説は，古い教科書にのっている（Goode and Hatt 1952; Festinger and Katz 1954; Moser 1958 235-41頁)。

態度尺度の利点は，複雑な態度というものをひとつの点数で単純化すること，標本から簡単に収集できること，統計的操作が可能なこと，などである。尺度は高い信頼性をもつ（→**信頼性 217 頁**）。麻薬，ジェンダー，そして不平等といった「問題」に触れることができるので，学生は単に「事実」を調査するよりも尺度をこのむ。しかしながら，尺度は不確実なものというよりも一貫した態度を想定しているし，また特定の文脈に対する反応ではなく一般的態度を想定している。さらに，仮説的項目文が現実と一致していると想定している。反応にわりふられた数値は，均一に分布しているものとして扱われ（→**測定水準 152 頁**)，質的調査によって主張されるような，意味の複雑性を捉えることに失敗している。

【キーワード】
ボガーダス社会的距離尺度

【関連項目】
測定水準 152 頁

態度尺度

ガットマン尺度
内的一貫性
リッカート尺度
SD 法
刺激
サーストン尺度

質的調査法 193 頁
量的調査法 200 頁
質問票 206 頁
信頼性 217 頁
ソーシャル・サーベイ 242 頁

【参照文献】
一般

Bryman, A. (2001) *Social Research Methods*. Oxford: Oxford University Press.
Eysenck, H. (1953) *Uses and Abuses of Psychology*. Hormondsworth: Penguin.
Festinger, L. and Katz, D. (eds.) (1954) *Research Methods in the Behavioural Sciences*. London: Staples Press.
Goode, W. and Hatt, P. (1952) *Methods in Social Research*. New York: McGraw-Hill.
Hoinville, G., Jowell, R. and Associates (1982) *Survey Research Practice*. London: Heinemann.
Kumar, R. (1999) *Research Methodology*. London:Sage.
Moser, C. (1958) *Survey Methods in Social Investigation*. London: Heinemann.
Schutt, R. (1999) *Investigating the Social World* (2nd edn). Thousand Oaks, CA: Pine Forge Press.

研究例

Ashford, S. and Timms, N. (1992) *What Europe Thinks: a Study of Western European Values*. Aldershot: Dartmouth.
Park, A., Curtice, J., Thomson, K., Jarvis, L. and Bromley, C. (eds.) (2002) *British Social Attitudes: the 19th Report*. London:Sage.
Rizzo, H., Meyer, K. and Ali, Y. (2002) 'Women's Political Rights: Islam, Status and Networks in Kuwait'. *Sociology*, 36 (3) : 639–62.

自伝/伝記法とライフ・ヒストリー
Auto/biography and Life History

　ライフ・ヒストリーは，人びとの個人的経験，および，そうした経験と過去の社会的出来事との関係についての記録である。一方，自伝/伝記法は，こうした過去の経験に関する記述を，すでに確定された事実としてではなく，さらなる探求や再解釈が必要な社会的構築物としてとらえる。

　【アウトライン】スナップ・ショットと歴史。ライフ・ヒストリーを収集する。ライフ・ヒストリーの広範な文脈：世界観。オーラル・ヒストリー。歴史的状況における個人。対立する説明。集合的なライフ・ヒストリー。自伝/伝記法：人為性，構成性，反省と創造的非一貫性。

　社会調査はたいてい非常に限定された期間内に実施されてきた。サーベイ調査は，面接調査時における物事の状態に焦点をおく。観察法や深さのあるインタビューは，社会過程における一連の出来事を探求するけれども，どちらも一般に非常に短い行為のつながりしか扱わない。それに対して研究対象とされた人びとは，それぞれに固有な歴史的時間のなかで揺りかごから墓場までの実人生を生きている。私たちの調査が行なうスナップ・ショット的な描写は，彼らの全体的な生活と個人史とが交錯するほんの一断面しかすくい取れないために，しばしば彼らの生きる時代的文脈を無視しがちである（→縦断的研究 157 頁）。「歴史を扱わない社会学なんて，ハリウッド映画のセットみたいなもの。壮大な舞台，きらびやかに描かれてはいるが，その裏側にまわれば，何一つ見あたらないし，人っ子一人いない」(Tilley 1992 1 頁)。
　ライフ・ヒストリー調査は，諸々の出来事を語り手の人生のなかに再構成することによって，この問題にこたえようとしている (Denzin 1981 および Plummer 1983)。インタビューにおける語り手は彼らの過去について語るよう求められるが，それによって彼らの経験に関する個人的で，独自な解釈がもたらされる。インタビューは，「構造化されていない」ことが多いけれども，はじめた場所から系統的に現在へ，あるいは過去へと進めていくのが良いやり方である。そうすれば語り手が一つの記憶から次の記憶へとたどっていくのが容易になるし，さらにインタビュー後の分析がしやすくなる。とはいえライフ・ヒストリーは，たんに出来事を年代順に並べたリストではない。ルイスが，自

らの試みを報告したところによると，

> （ライフ・ヒストリー調査では）広範な主題を体系的に網羅しておく必用がある。その主題とは，語り手の最も古い記憶，彼らの夢，希望，恐れ，喜び，そして苦悩。彼らの仕事。友人や親族や雇用主等との関係。性生活。正義や宗教や政治についての観念。地理や歴史の知識。要するに，彼らの包括的な世界観のことである（Lewis 1961 xxi 頁）。

　ライフ・ヒストリーは，ときに語り手の人生における特定の側面に集中することがあるが，かならずしも幼年期，中年期，老年期などといった「ライフ・コース」の諸段階ごとにまとめられるわけではない。歴史的な見方をする目的は，ライフ・コース自体を探求するよりも，ルイスのトピック・リストにあるような特定の論点をめぐり，経験や出来事がどんなふうに関連して生じたかを明らかにすることにある。
　ライフ・ヒストリー・アプローチは，「語りを引き出すインタビュー」（narrative interview）の一類型である。インタビューによって収集されたデータに加え（→インタビュー139頁），日記や手紙，写真，新聞の切り抜き，行政資料，さらにはセンサス（国勢調査）報告からも情報を得ることができる。ライフ・ヒストリーのその他の呼称としては，「伝記法」や「オーラル・ヒストリー」がある。オーラル・ヒストリーは，普通，斜陽産業における肉体労働者や，農村共同体における古老や住民など，その経験が記録に残らずにいずれ失なわれていく人びとによって語られた，特定のトピックについての歴史を収集すること，とされている。
　ライフ・ヒストリー調査は，社会を実体のない「構造」とみなしたり，あるいは，社会を個々の「行為者」や「主体」による諸行為の結果とみなしたりするよりも，諸個人の個々の回想を，他の集団や出来事からなる文脈に結びつけようと努めてきた。これは，構造と主体とを互いに関係づけてとらえる試みといえる。ミラー（2000）は，諸個人の人生に関する個人的解釈を「ライフ・ストーリー」と呼ぶ。彼は，「ライフ・ヒストリー」という用語を，そうしたストーリーを手紙のような他の情報源と組み合わせることによって，固有のコホート（同年代に生まれた集団）を同じ時点で形成する同時代の人たちの文脈において解釈することと位置づけている。この関連性は，とても重要である。なぜなら，この連関は，諸個人の歴史を社会的背景と結びつけることによって，

もっと守備範囲の広い，真の社会史を生みだすことになるからである。

　ライフ・ヒストリー法がめざすのは，よく言われるような，目撃証言をつうじて「何が起こったか」を探求することだけではなく，「自分たちを取り巻いている世界を人びとがどのように解釈し，理解し，定義しているかという，人びとの内的経験」を明らかにすることでもある（Faraday and Plummer 1979 776 頁）。語り手や伝記「作家」は，彼らが自己や社会的世界をいかに知覚しているかを教えてくれる。われわれは，行為者の観点やアイデンティティについて研究することもできるし，社会的な環境がどのように彼らの経験や語りに影響を与えているかについての情報を導き出すこともできる。これらの個人的回想にもとづいた主観的印象は，社会過程に関するわれわれの集合的な認識を形成する。しかし，そうした主観的印象は，歴史家や政治家たちによって著された他の「歴史」に対しては対立関係に立つことになろう。われわれは，ブレイキーが転倒してみせた慣用句のごとく，たんに他者がわれわれを理解するようにではなく，自分たちのことを理解しなければならないのである（Blaikie 2003）。

　ライフ・ヒストリーの収集データは，いくつかの異なったやり方で分析できる。たとえば，特定のトピックごとに述べられたことをひとまとめにしたり，理論的ポイントについての具体例をそこから選別したり，分類やタイプ分けのためにデータをカテゴリー化したり，事例と変数とのあいだの統計的連関（→**連関と因果 5 頁**）を解明するために数量化の技法を適用したりすることができる。これらのいずれの分析法も，ある種の内容分析（→**内容分析 49 頁**）を用いながらおこなう一まとまりのデータの探究にもとづいている。

　ライフ・ヒストリー法のもつ歴然たる魅力にもかかわらず，この方法は 10 年前まではあまり広く用いられなかった。携帯用テープレコーダーの開発も，この方法を広めるのにはあまり役立たなかった。したがって，もっともよく知られたライフ・ヒストリー研究の 3 作品は，今となってはもうみな古すぎる。トマスとズナニエツキの『ポーランド農民』（1958）は，中央ヨーロッパからアメリカへ渡った移民たちの経験にもとづいており，今から百年ほど前に聴取されたものが，第一次世界大戦後にはじめて出版された。『ジャック・ローラー』はギャングの個人史であり，今から 75 年前に刊行された（Shaw 1930）。また，オスカー・ルイスによる一家族の貧困生活の記述である『サンチェスの子どもたち』（1961）は 1950 年代までさかのぼる。

　長い間，ライフ・ヒストリー調査がなされなかったのは，一つには，それ以

外の手法の方が関心を惹いていたこともあるが，もう一つには，個人の回想が「正確な」報告（→**客観性** 168 頁）たりうるかどうか疑問視されていたことがあげられる。つい近年になって，この「正確さ」についての関心は，はるかに洗練されたアプローチの形式をとるようになった。いわゆる「自伝／伝記法」と呼ばれるものが，「向こう側の」世界に関する真実の観念に疑問を投げかけた。すなわち，ストーリーを語るプロセスや，語り手にとってストーリーがもつ意味合いや，あらゆる歴史的説明につきまとう厳密な意味での信頼不能性にたいして，はるかに大きな関心が払われるようになったのである。

自伝／伝記法は，ポストモダニズムとフェミニズムという 2 つの伝統に大きく負っている。ポストモダニズムからは，あらゆるテクストは社会的に構築されているという考え方を受け継いだ。つまり，すべてのテクストは，私たちに世界を直接的に伝えているのではなく，むしろそれ自体が研究対象なのである。したがって，従来の伝記や自伝というものは，人生についての選択と解釈の産物なのである。自伝や伝記がどのように研究されるべきかといえば

> （自伝や伝記は）このジャンルにおける時間や構造化についての約束事や，レトリックや，著者の「声」の用いられ方に細心の注意を払いながら，巧みに構成された作品として扱われるべきである。ここにおいて伝記や自伝は，中立的な情報源としてではなく，その本来の性格からして研究のトピックとして位置づけられる（Stanley 1993 2 頁）。

現実の解釈と現実それ自体は，分かちがたく結びついている。これらの情報源は，社会的行為に関する純粋に個人的な解釈ともみなせないし，また，たんなる社会構造の諸側面ともみなせない。なお，こうしたアプローチにおいては，構造化されていないインタビューと同様に記述されたドキュメントについても，われわれは，被調査者への影響を最小限におさえる手法で取り組んでいくことになろう（→**非干渉的方法** 254 頁；**ドキュメント法** 59 頁）。

自伝や伝記は，生きられた日常的経験に接近しようとする。そうした経験のなかには，一定期間の回想を伸ばしたり縮めたりすることによって，記憶が「錯覚を生む」様式も含まれている。個人的な人生は，社会学的反省のために豊かな情報をもたらしてくれる。そして，フェミニズムの伝統が重要な役割を果たすのは，まさしくここにおいてである。（ジェンダーに関する）「反省」は，主観性よりも客観性を重視する要請への挑戦や，公的生活と私的生活の分離に

対する挑戦を含みつつ，フェミニズムの方法論にとって中心的な位置をしめている。自伝／伝記法が強調するのは，回想された人生についてその複雑さを丸ごと受けとめることであり，また，読者自身の抱える個人的経験の機微をそのまま考察の対象とすることである。

【キーワード】
編年的出来事
ライフ・コース
ナラティブ・インタビュー
オーラル・ヒストリー
再帰性

【関連項目】
連関と因果 5 頁
内容分析 49 頁
ドキュメント法 59 頁
フェミニスト調査 93 頁
インタビュー 139 頁
縦断的研究と横断的研究 157 頁
客観性 168 頁
非干渉的方法と複眼的測定 254 頁

【参照文献】
一般

Denzin, N. (ed.) (1981) *Biography and Society*. Beverly Hills, CA: Sage.

Faraday, A. and Plummer, K. (1979) 'Doing Life Histories'. *Sociological Review*, 27 (4): 773-98.

Lewis, O. (1961) *The Children of Sanchez*. New York: Vintage. (柴田稔彦・行方昭夫訳，1986,『サンチェスの子供たち――メキシコの一家族の自伝』みすず書房)

Miller, R. L.(2000) *Researching Life Stories and Family Histories*. London: Sage.

Plummer, K. (1983) *Documents of Life*. London: Allen & Unwin. (原田勝弘監訳，1991,『生活記録（ライフ・ドキュメント）の社会学――方法としての生活史研究案内』光生館)

Stanley, L. (1993) 'Editorial Introduction'. *Sociology*, 27 (1): 1-4 (Special Issue on Auto/biography in Sociology).

Tilley, C. (1992) *History and Sociological Imagining*. Working Paper Series No. 134. New York: New School of Social Research.

研究例

Blaikie, A. (2003) *Scottish Lives in Modern Memory.* Edinburgh : Edinburgh University Press.

Shaw, C. (1930) *The Jack Roller.* Chicago : University of Chicago Press. (玉井真理子・池田寛訳, 1998, 『ジャック・ローラー——ある非行少年自身の物語』東洋館出版社)

Thomas, W. and Znaniecki, F. (1958) *The Polish Peasant in Europe and America.* New York : Octagon Books. (桜井厚訳, 1983, 『生活史の社会学——ヨーロッパとアメリカにおけるポーランド農民』御茶ノ水書房) (部分訳)

バイアス
bias

　バイアスとはデータ収集あるいは分析において，技術的な手続き（たとえば標本抽出やインタビューやコーディングなど）の誤使用により生じる系統的な間違いである。

　【アウトライン】バイアスと客観性。手続きの間違いとしてのバイアス。標本バイアス：代表的標本と設定。インタビューバイアス：データのゆがみ。選択性バイアス：分析上の欠点。透明性と反省。客観性の欠如はバイアスを生む。

　バイアスは，しばしば客観性（→**客観性** 168 頁）の欠如に結びつけられる概念である。一見したところ，バイアスと客観性は同じ原則の両極端に位置しているように見える。バイアスは個々の観察者に特有の個人的な判断，露呈したひいき，導入された証拠の歪み，を示している。一方で，客観性は関与の欠如，報告や解釈における誠実さ，判断の中立性と独立性を示唆している。バイアスがかかると研究は不適切なものになってしまう。客観性は，よりよい「知識」を生み出す。しかしこうした見方は，どのようにそしてどんな種類の研究をすべきか，ということに関する暗黙の前提があってこそのものである。注意深く考えると，これはそれほど明確なことではない。

　「バイアス」と「客観性」は同じ問題を語るときによく使われる（たとえばHammersley 1998; Hoinvillw et al. 1982）。問題の異なる次元を分けておこう。ここでは，バイアスを手続きの間違いに言及する場合に使い，客観性を研究の

方向と解釈の問題に言及する場合に使う。特にわれわれが量的な研究から質的な研究に移行する場合には、バイアスと客観性の二項対立がしっかりと維持されるとは主張できないが、少なくとも、どうして、そしてどこで2つの用語が重なるのかを理解することはできよう。

　研究が信用できるかどうかは、研究のやり方に明らかな間違いがないことに大部分、依存している（→**信頼性**217頁；**妥当性**260頁）。これは量的な研究においてもっとも簡単に示すことができる。研究に適した環境が選ばれるとき、その環境は、のちに知見が適用されるであろう他のすべての環境も代表していなければならない。たとえばシカゴで行なわれた研究は、すべての大都市やアメリカの大都市について一般化できるかもしれないし、あるいはその研究は、その都市に固有のものかもしれない。たとえば都市内経済やゲットーに関する議論があげられる（Massey and Deaton 1993; Waldinger 1996; Wilson 1978, 1987, 1997）。シカゴを選択したことは結論にバイアスをかけ、その結果他の都市には結論を適用できない、ということになるのだろうか？　ここで問題は、一般化の主張がどんなものかということである。バイアスのかかった主張はすべて技術的な問題であり、なんら個人的な好みには関係がない。

　この問題の特定のケースが標本の代表性の問題である。標本はかならず、標本が抽出される母集団を代表するように設計されねばならないし（→**標本抽出：タイプ**231頁），標本枠組みに沿って正確に抽出されねばならないし、フィールドワークによって完全にカバーされねばならない（すべての標本要素が正確に含まれていなければならない）。たとえば不完全な「標本枠組み（電話帳）」が使われた場合、何人かの人（古い住所や携帯電話を使う人）は標本から洩れてしまう。リストから漏れた人は、リストに載っている人とは違うので、これでは標本設計がだめになってしまう。第二に、名前の選択が注意深くなされていなかったり、チェックが不十分だったりすると、特定の街区に住んでいる人びとがまるごと抜けてしまうかもしれない。もしデータが標本の全員から集まらなかったとしたら、さらなるデータのバイアスを生じさせることになるだろう。標本に含まれている人と除外された人とでは異なっていることが多いのだから。

　こうした失敗は通常「標本抽出バイアス」と呼ばれている。標本抽出バイアスは標本を集める手続きに間違いがあったことから生じるのであって、これと「標本誤差」を混同してはならない。標本誤差は標本と母集団との全体的な違いに関わっている。

ある特定の種類の標本抽出バイアスはインタビュアーの行動から生じることもある。体系的なバイアス——たとえば通常の時間に働いていない人には話を聞かなかったり，「割当て標本」が完全にとれていなかったりすること——は知見を歪ませる（→**標本抽出：タイプ**231頁）。調査者は，自身の割り当てを近づきやすそうに見える人や，身なりのちゃんとした人や，調査に協力する時間のある人で済ませようとする傾向を持っている。それゆえ割当て標本では子供のいる女性が目立ちやすくなるし，社会の周辺にいるような人は除外されやすい。このような効果は調査者の行動によって引き起こされるのであるが，標本の一部が不良であるために「標本バイアス」と通常は呼ばれている。体系的な標本バイアスは研究の知見をだめにする。というのも「完成した」標本が，もともと代表しようとしていたものを適切に反映していないからである。

　一方「インタビュアー・バイアス」は調査者がインタビューを行なうやり方に関するバイアスである。彼らは（おそらくは無意識のうちに）質問票から逸脱したり，回答を誘導したり，回答の記録を付け間違ったりして，データをゆがめてしまう。もし質問が言い換えられたり，実際に被調査者が発した言葉ではなくインタビュアーが考えた言葉で回答が書き直されたりすると，信頼できない記録が作られてしまう（→**インタビュー**139頁）。

　第三の種類のバイアスは，データそのものが内在的に歪んでいることである。これは「客観性の欠如」に極めて近い。もし質問文そのものが悪かったり，質問票の構成が悪かったとしたら（→**質問票**206頁），どんなに標本設計が良くても，フィールドワークが厳密でも，面接が良くできても，バイアスを避けることはできない。これはしばしば，回答者が専門用語を知っていると思いこんだりするといった，単純なミスである。質問が争点のすべての範囲をカバーできない場合（たとえば，仕事のどんなところが嫌いかを聞いていても，どこが好きなのかは聞いていない），これが無能力の結果なのか，何が発見される見込みがあるのかについて先立つ仮定（労働者が仕事を嫌うこと）なのかは判断しがたい。ときおり「あなたは労働時間が長すぎることに同意しますか？」といった質問のように，質問が明らかに底意がある場合もある。

　この種の「質問バイアス」は質問紙調査をスポンサーの望むどんな答えでも生み出せるような調査へと作り替えてしまう。このことに関していくつかの事実が存在する。ある種のシンボリックな言葉は回答に影響を及ぼすのだ。2003年のイラク戦争に対するアメリカ大衆の支持は，単に戦争そのものへの支持を聞いた場合よりも，「アメリカ政府の政策」や「大統領の行為」に関して尋ね

た調査の方が支持率が高かった。正しい手続きは，こうした効果の害を避けねばならない。すべてのバイアスの潜在的な源が等しく明白であるわけではないが，標本設計や質問票やアーカイブデータ（→二次分析237頁）の可視性は，量的研究の，バイアスは制限できるという主張を支持するのに役立つだろう。

バイアスの告発に対する防御として透明性を喚起することは，質的研究には，より困難である。データ収集の経過は「フィールド・ノート」を通してしか見ることはできない。しかしながらフィールド・ノートに表現された出来事やインタビューの書写（「証拠の証拠」として，いつでもアクセスできる記録を提供するために，インタビューは常に書き写しておくべきである。）は通常一人の研究者が創作したものである。読者は研究者のノートの組み立てに依存的である。いかにフィールドワークが熟達していたかを知ることは，より難しい。実際，手続きの「ルール」はより明確ではない。質的な仕事の良さの一つは，展開する環境に対してそれらが自然に生じるのに合わせて柔軟に応答する能力にある。

研究者は出来事と読者の間，そして技術的な研究の遂行と読者の間にいる。量的研究においては，研究のプロセスは原則として「追試」（実際にはまれにしか起こらないが，ほぼ同じ手法によって繰り返される研究）によって調査されうる。質的研究では，各場面設定は独自のものとしてあつかわれる。研究のプロセスはインフォーマントへの研究者独自のかかわりが唯一無二であることを認めている（→反省212頁）。

他の要素（→質的調査法193頁）もある。これは質的研究が「バイアス」がかかっているとよく批判される理由の一つでもある。実際，通常この文脈で「バイアス」によって意味されるものは「客観性の欠如」である（Hammersley 1998:58-92）。というのもわれわれは客観性の観点から語りたかったために，手続き的な事柄を表すのにバイアスというラベルを限定して用いてきた。しかしここでは重なる部分がある。たとえばもし参与観察者が「その集団の成員になりきろうとする」（→参与観察183頁）としよう。これは客観性の欠如（インフォーマントに対する過度の自己同一化）であり，バイアス（データ収集と解釈の非代表的選択性）でもある。客観性の欠如はバイアスを生むのである。

【キーワード】
フィールド・ノート
インタビュアー・バイアス
促進

【関連項目】
インタビュー 139頁
客観性 168頁
参与観察 183頁

質問バイアス	質的調査法 193 頁
追試	質問票 206 頁
研究設定	反省 212 頁
標本バイアス	信頼性 217 頁
標本設計	標本抽出：タイプ 231 頁
	二次分析 237 頁
	妥当性 260 頁

【参照文献】

一般

Hammersley, M. (1998) *Reading Ethnographic Research* (2nd edn). Harlow: Addison Wesley Longman.

Hoinville, G., Jowell, R. and Associates (1982) *Survey Research Practice*. London: Heinemann.

Shipman, M. (1997) *The Limitations of Social Research*. (4th edn). Harlow: Addison Wesley Longman.

研究例

Massey D. and Denton, N. (1993) *American Apartheid*. Cambridge, MA: Harvard University Press.

Waldinger, R. (1996) *Still the Promised City?* Cambridge, MA: Harvard University Press.

Wilson, W. (1978) *The Declining Significance of Race*. Chicago: University of Chicago Press.

Wilson, W. (1987) *The Truly Disadvantages*. Chicago: University of Chicago Press.

Wilson, W. (1997) *When Work Disappears*. New York: Vantage Knopf.（川島正樹・竹本友子訳，1999，『アメリカ大都市の貧困と差別――仕事がなくなるとき』明石書店）

事例研究
Case Study

事例研究は，それ自体において一つの社会単位とみなされたり，全体的存在とみなされている，（社会過程・組織・集合体といった）単一の典型例に関するきわめて詳細な調査法である。

【アウトライン】単一の限定された社会単位についての事例研究。一つの典型例であり，見本ではない。小規模な調査設計の利点。単一の事例による反証。固有の関心。一般化可能性。批判的事例・固有の事例・啓示的事例。質的な事例研究。事例研究の境界。

事例研究とは，単一の社会単位についての詳細な研究のことである。その社会単位は，普通，一つの物理的空間に位置している。人びとは，そこに属さぬ人たちから截然と区別されて，当該社会単位を形成している。要するにその単位は，他との識別が可能であるような明快な境界をもっている。それは，一つの学校かもしれないし，一つの生産プラントかもしれないし，一つの住居かもしれないし，一つのコミュニティ（→コミュニティ研究44頁）かもしれないし，路上のギャング一味かもしれない。しかし，事例研究は，定義からいって二つないしそれ以上の数の学校や工場や家庭や村落やギャング同士を比較しようとはしない。事例研究は，長い間にわたり，たくさんのトピックについて用いられてきた。『サンチェスの子どもたち』(1961)におけるルイスの貧困に関する叙述は，メキシコの一家族を考察したものだった。その50年後，ストーン(2002)は，バルカン戦争の報道範囲について検討を行なうために，ある一つのテレビ番組についての文化分析を活用した（→ドキュメント法59頁）。

事例研究の主な特徴は，選ばれた社会単位が，研究対象の単位類型をなすたくさんのケースのうちの一例だという点である。調査者たちは，彼らの発見がそのまま一般化できるとは主張していない。彼らは，一つの典型例（example）を，その本来的な性質や固有の重要性ゆえに研究してきたのであって，たんなる見本（sample）として研究してきたのではなかった。バージェスの有益な論集(1988)のなかで，プラットは，事例研究が修辞的な機能（強力な典型例のもつ劇的効果により説得性を増す機能）と論理的な機能（アイデアを引き出しやすくする機能）とを兼ね備えていると力説している。たった一つの事例を扱ってい

るにもかかわらず，その単位を研究することにより導かれたアイデアが，他の研究者たちによって再考されて知的貢献が認められるということもありうる。それが良い事例研究かどうかは，研究データがどこまで理論的言明を支持しているかにかかっている。

　事例研究は，たった一つの，小区域の単位に焦点をすえるので，詳細だが小規模な基盤のうえで行なわれる。ただ，つねにそうであるわけではなく，たとえば，ステイシーによるバンベリータウンの研究は，後の段階になってからは，4人の調査者からなるチームを起用した（Stacey et al. 1975）。しかしながら，実際にはたいていの事例調査は，十分な研究資金のない単独の調査者によって実施されている。それは，ステイシー自身も研究をはじめた頃にはそうだったように，より高い学位取得をめざす大学院生であったり，いまだ未確立のアイデアをこれから考察し洗練していこうと考える研究者だったりする。調査のアプローチとして事例研究が採用される現実的理由は，事例研究がそなえている規模の限定性と管理しやすさにある。一つの事例に集中することで，複数の事例をカバーしようとした場合に比べて，はるかに深みと細部をそなえた研究をより早く完成させることができる。こうした事例が，時を隔てて再訪されることもある。「ミドルタウン」は，リンド夫妻（1924-5 および 1935）によって二度研究されたし，三度目にはバールらによって研究された（1983）。

　事例研究が採用されるのには，その他にも理由がある。それは，事例研究によって何事かを立証することはできないが，ひとつの事例が理論的言明を反証することは可能だからである。デルブリッジとロウは，「現代の製造工程における監督者と第一線管理者の役割」について研究した（1997 409頁）。彼らは，それぞれが事例研究を行なう一方で，監督者がテクノロジーや会社の規模や統制にどのように関係しているかについての最近の理論を再検討した。そして研究の結果，彼らは，「「監督者の死」があまりにも誇張されすぎてきた」という結論に達した（同 423頁）。彼らの発見から，ただちに新たな管理の一般理論を確立することはできないにしろ，従来の諸仮説にたいする反論は行なえる。

　二番目の理由は，調査者がある社会単位のもつ特定かつ固有の姿に惹かれている点にある。マックロードが認めているように

　　　社会学的調査の場所としてファーンベッグが選ばれたことは，一見しただけでは理解しがたいかもしれない。（中略）スコットランドの北西高地

にあり，吹きさらしの丘陵の，湿った傾斜地に点在する小集落の集まりであるあのファーンベックが。確かなのは，その選択の理由が，ファーンベック（仮名）が調査者の生まれ育ち，現在も住んでいる場所であるという点にかかわっていることである（Macleod 1992 1頁）。

　マックロードの研究は，農村コミュニティについて私たちがもっている知識のストックに，もう一つ別の見解をつけ加えてくれるけれども，彼の主たる関心はファーンベックにこそあった。なぜならそこは，彼自身のコミュニティだったから。彼は，一般的なコミュニティ研究には，さしたる関心を示してはいなかった（→コミュニティ研究 44 頁）。
　事例研究がなされる三番目の理由は，新鮮な洞察を生みだすためである。これは，「パイロット調査」と混同されてはならない。「パイロット調査」とは，調査過程において質問票調査等の手法が「事前にテストされる」段階のことである。それに対して事例研究においては，小規模な調査から得られた特定の単位を理解するための新しい観点が，後の調査の枠組みを提供することができる。スタンワース (1983) による刺激的な議論，すなわち，教室では男子の方が女子よりも教師から指名されやすいという議論は，当初は成人教育学校における上級英語クラスの一事例に基づいてなされたものだった。スタンワース自身は，学校教育についての，学年や教科や学校類型を越えて適用できる普遍法則を発見したなどとは主張していなかった。彼女の知見は，広範な議論に付された。その結論は，結果的に後続の研究から多くの支持を集めたが，最初のあいだは，追加調査を行なうことなしに一般化が可能なように誤って受けとめられていた。
　ヤン (1991) は，事例研究を 3 つに分類する。「批判的事例」は，仮説や理論に対して批判しようとするものである。したがってその単位は，批判を開始するにあたって証拠が得やすいよう意図的に選ばれることが多い。「固有の事例」は，その事例自体に対する固有の関心から選ばれる。ただし，臨床研究における異常類型への着目は，正常なものを理解するためになされる（たとえば，脳損傷の研究が，記憶の心理学を発展させるためになされるように）。「啓示的事例」は，新たな道を拓いて，新しい着想をもたらす。これらの三つの類型は，デルブリッジとロウ，マックロード，スタンワースの研究にそれぞれ対応している。
　厳密にいえば，事例研究は，独立した調査技法ではない。つまり，事例研究は，サーベイ調査とエスノグラフィのどちらでも可能なように，量的調査とし

ても質的調査としても実施することができる（→ソーシャル・サーベイ242頁とエスノグラフィ72頁）。ただし，実際には，事例研究は質的調査法と結びつきやすい。

　そのわけは，量的調査法（**量的調査法 200 頁**）の背後にある思考法が「演繹的」だからである。そうした思考法においては，理論ないし「仮説」がまずあって，データを収集することによってそれを検証する。それが意味するところは，もしもデータが仮説を支持したら，一般的に適用可能なあらたな言明が生みだされるということである。こうした考え方は，事例研究のもつ唯一性とは，なかなか相容れない。とはいえ，ある種の研究は，さほど一般化を志向していないにもかかわらず量的調査法を用いている。すなわち，当該社会単位のな̇か̇で̇，データを諸変数を介して分析し，頻度を測定し，行為を採集する。アボットとペイン（1992）による病院の研究はその一例であり，病院一般の問題ではなく二つの産婦人科病棟にかかわる問題の解決をめざしたものだった。しかしながら，この限定された志向性自体は，特定の事例が実際に一般化への根拠に援用されたときに，さまざまな問題の源となり批判にさらされやすい（Atkinson and Delamont 1985）。

　質的調査法（**質的調査法 193 頁**）においては，反対に，社会学的認識は，社会的行為者が自ら特定の社会的相互作用に付与する意味にもとづくべきだとされている。認識や理論は，研究成果にもとづいて「帰納的に」形成される。こうした伝統においては，調査者は，グランド・セオリー（誇大理論）や一般化の可能性にさしたる関心を払わないし，同様に，事例研究におけるケースの代表性についてもさほど頓着しない。

　たしかに，質的研究が本当に事例研究なのかどうかを問うのに困難な場合もある（Verschuren 2003 は，事例研究をあえて質的用語によって定義している）。質的アプローチを用いる事例研究は，「観察」や「構造化されないインタビュー」や「参加」をデータ収集の方法としている。それらの研究は，データから意味や理論的言明を引き出そうとして，出来事の細部や自然な流れに着目する。それらは，（単一の社会単位を研究する点で）自己完結的であり，一般化に向かわない。これらすべての性質は，事例研究が多くの質的調査研究と共有している特徴である。とはいえ，事例研究ではない質的調査が，ときに自らの研究対象をサンプリングの所産とみなしたり（「理論的サンプリング」：**グラウンデッド・セオリー 105 頁を参照**），他の研究を比較のために引用したり，さらに暗黙のうちに理論的な結論を他の文脈にも適用可能であるかのように扱ったりす

ることがある。こうした違いがもっとも顕著に表れるのは，おそらくヤンの言う「批判的」事例と「固有の」事例においてだろう。

【キーワード】
事例
批判的事例
演繹的
一般化
帰納的
啓示的事例
社会単位
固有な事例

【関連項目】
コミュニティ研究 44 頁
ドキュメント法 59 頁
エスノグラフィ 72 頁
グラウンデッド・セオリー 105 頁
質的調査法 193 頁
量的調査法 200 頁
ソーシャル・サーベイ 242 頁

【参照文献】
一般

Atkinson, P. and Delamont, S. (1985) 'Bread and Dreams or Bread and Circuses: a Critique of "Case Study" Research in Education'. In Shipman, M.(ed.), *Educational Research : Principles, Policies and Practice*. Lewes : Falmer Press.

Bahr, H., Caplow, T. and Chadwick, B. (1983) 'Middletown 111 : Problems of Replication, Longitudinal Measurement and Triangulation'. *Annual Review of Sociology*, 9 : 243-64.

Platt, J. (1988) 'What Can Case Studies Do?' In Burgess, R.(ed.), *Conducting Qualitative Research* (*Studies in Qualitative Methodology, Vol.1*). Greenwich, CT : JAI Press.

Verschuren, P. (2003) 'Case Study as a Research Strategy'. *International Journal of Social Research Methodology : Theory and Practice*, 6 (2): 121-39.

Yin, R. (1991) *Case Study Research : Design and Methods*. London : Sage. (近藤公彦訳, 1996, 『ケース・スタディの方法』千倉書房)

研究例

Abbott, P. and Payne, G. (1992) 'Hospital Visiting on Two Wards'. In Abbott, P. and Sapsford, R. (eds.), *Research into Practice*. Buckingham : Open

University Press.

Delbridge, R. and Lowe, J. (1997) 'Manufacturing Control : Supervisory Systems on the "New" Shopfloor'. *Sociology*, 31 (3) : 409-26.

Lewis, O. (1961) *The Children of Sanchez*. New York : Vintage. (柴田稔彦・行方昭夫訳, 1986, 『サンチェスの子供たち――メキシコの一家族の自伝』みすず書房)

Lynd, R. and Lynd, H. (1929) *Middletown : A Study of Contemporary American Culture*. New York : Harcourt, Brace. (中村八朗訳, 1990, 『ミドゥルタウン』青木書店)

Lynd, R.and Lynd, H. (1937) *Middletown in Transition*. New York: Harcourt, Brace. (中村八朗訳, 1990, 「変貌期のミドゥルタウン」抄訳『ミドゥルタウン』青木書店)

Macleod, A. (1992) 'Social Identity, Social Change and the Construction of Symbolic Boundaries in a West Highland Settlement'. PhD dissertation, University of Plymouth.

Stacey, M., Batstone, E., Bell, C. and Murcott, A. (1975) *Persistence and Change : a Second Study of Banbury*. London : Routledge & Kegan Paul.

Stanworth, M. (1983) *Gender and Schooling*. London : Hutchinson.

Stone, R. (2002) 'Social Theory, the Civil Imagination and Documentary Film'. *Sociology*, 26 (2) : 355-75.

質的データのコーディング
Coding Qualitative Data

　コーディングとは，分析において重要となる要素を特定——質的調査の場合は解釈——するために，記号やラベルを用いてデータに含まれる細かな構成要素をパターンにまとめ概念化することである。

　【アウトライン】プリコーディング：メモや記録，転写の際の書式。テキスト全体の洗い直し。大まかな仕分けをする：家庭日誌，キーワードと索引，内容と意味の付加。コーディングの繰り返し。グラウンデッド・セオリー，コードの重なり，データ分析と解釈。

コーディングはデータを分析する際の独特の手続きであり，この手続きを通じて研究者が点検・理解しやすいように生の材料をより整理された書式に変換する。量的分析の場合は，コンピュータ上で統計処理ができるようにするために回答に数値を与えるのが普通である。(**質的調査法 193 頁**をもちいて収集したデータを）質的に分析する場合，コンピュータ・ソフトの利用を予定しているとしても，コーディングの過程はずっと複雑であり，研究の心臓部となるものである（Fielding and Lee 1991 25-53 頁；Gahan and Hannibal 1998；Grbich 1999 239-57 頁；Richards 1999；Seale 1999 140-58 頁；Seale 2000）。

　データ収集，コーディング，分析は，しばしば同時に進行する。「フィールドワーク」を解釈に変換するにはいくつかの方法がある。ガービッチ（1999 218-38 頁）は，分析と報告書（「原作者」であること）に，さらにはそこで用いられる様々な記号の意味（「記号学」）のなかに，研究者がその個人的かつ専門家としての刻印をいかにして埋め込むかということの重要性を論じている。単純化のため，フィールドワークが完了した後ではじめてコーディングが行なわれたかのようにして，コーディングの主要な特徴を述べることにしよう。すべての場合において，質的データを処理する際の最初の作業は，分類したり並びかえたりするのに適切な書式に情報を整理することである（Miles and Huberman 1994）。

　手書きのフィールド・ノートやインタビュー記録，日記（→**フィールドワーク 99 頁**）は，簡単に読めるようにしてコンピュータに保存しておくとよい。それができない場合は，少なくとも判読できるようにしておかなければならない。この作業は，情報の収集後できるだけ早く行なわなければならない。急いで作ったメモは，そのときは理解可能だと思われていたとしても，後になって意味がわからなくなってしまうことがよくあるからである。

　録音したテープは一字一句書き起こさなければならず，決して「きれいに」しようとしてはいけない。「文章を直したい」とか「うーん」といった部分を捨てたくなることが時々あるが，それは誤っている。テープ起こしには時間と忍耐が必要である。経験的には，録音時間の 3～5 倍の時間がかかる。集団治療に関するローリングスの研究（1988）は，結論を導き出すために注意深くテープを起こしコーディングすることが重要であることを示している。

　この手続きにより，電子的にも手作業でも作業可能な——つまりコンピュータのなかと引き出しのなかの両方に，常に二つ以上のコピーをとって——「テキスト」が保存される。これらのテキストは，その種類（インタビュー，メモ，

図1　予備的精査の例

		行番号
	タッカー婦人、バンタム通り16、年齢<u>60歳</u>、<u>テラスのついたコテージ</u>に<u>病弱な夫</u>と住む。	
	月曜日	
家事の順序	午前7時45分　起きて下に降り、<u>私の</u>やかんを火にかけた。	1
	一半分だけ一。それから<u>私の</u>燃えがらをかき集めて火をつける準備をした。<u>私の</u>灰を始末し、それから<u>私の</u>暖炉を掃除した。それから<u>私の</u>火をつけ、それからしばらく座っていた。	2
		3
		4
呼び方	それから<u>お茶</u>をいれ、<u>私とお父さん</u>が1杯飲んだ。	5
買い物	午前9時20分　<u>デイリー・ミラー</u>に出かけ<u>お父さん</u>のためにタバコを買った。8人くらいの人が笑顔で「おはよう」と声をかけてくれ、私も挨拶を返した。それから家に帰って<u>オートミールとパン、バター、紅茶</u>を用意して、私とお父さんが座って朝食をとった。食べ終わってから、<u>後片付けをして</u>、私の台所を掃除してモップをかけた。	6
人びと／隣近所		7
		8
		9
家事		10
		11
調理	午前11時15分　食事の準備に取り掛かった。そのとき隣のライス夫人が私に、彼女の石炭をなかに入れてくれないかと頼んできた。彼女は洗いものをとりこんでくれるし、私の犬のえさも持ってきてくれる。私たちは<u>母の日</u>について楽しくおしゃべりをした。私は彼女に、アリスが送ってくれた花とカードを見せた。それは心にじんとくるものだった。ジョンからはチョコの小箱、ローズからはストッキングとカード、ビルからはカードと5シリング、子供たちはみんな私のことを気にかけていてくれる。	12
隣人／互酬性／		13
おしゃべり		14
		15
		16
[		17
家族 [		18
		19
		20
来客／食事-食べ物	午後1時　娘のアリスが赤ん坊と一緒にやってきた。みんなで<u>一緒に食事をした</u>。	21
		22
来客／飲み物-軽食	午後2時　娘のローズとその夫が来た。紅茶とケーキを出した。	23
娯楽	午後3時15分　<u>お父さんと私は座って</u><u>ラジオを聴いた</u>。	24
食事	午後5時　私たちは<u>お茶</u>を飲んだ。お父さんは<u>パンとチーズ</u>、	25
家事	<u>私自身はパンとジャム</u>。終わったらまた後片付けをした。	26
来客／確認-関心	午後7時　私の息子のジョンとそのつれあいが仕事から家に帰る途中に、私たちがかわりないかどうか見に寄っていった。	27
		28
家事	午後8時　ちょっとした<u>繕いもの</u>をした。	29
	午後10時　2人とも就寝。	30

（元のテキスト。余白メモ、下線を追加）

要約

女性、既婚、60歳。病気のパートナー
日常の**家事**－起床後の日課の順序：起床、階段を降りた、やかんを火にかけた、燃えがらをかき集めた、火をつける準備をした、灰を始末した、暖炉の掃除をした、火をつけた、お茶

> を入れた、買い物に出かけた、朝食を作った、片付けた、台所の掃除をした、食事の準備をした、お茶を入れた、お茶を飲んだあと片付けた、ちょっとした繕いものをした。「私の」やかん、「私の」火、「私の」台所、等に言及。
> **分業**－すべてをこなしているように思われる。－夫は「病弱」。
> **食べ物／食事**－これらはその１日の区切りになっている。早朝のお茶、新聞－？夫が読む？の後の朝食、食事（昼間にメインの食事）、午後に尋ねてきた家族にお茶とケーキ、自分たちのお茶（軽食－パン＋その他－夫はチーズ、彼女はジャム？費用は－男性はタンパク質を摂る？）この後には飲み物や食事に関する言及がない。
> **家族**－夫、娘２人、息子２人、義理の息子、義理の娘、孫。夫を「お父さん」と呼ぶ。子供たちは名前で参照するが、それ以外は彼らとの関係性で参照する。母の日に子供たちが訪問－食事／お茶を出した。子供たちが全員、訪ねてくる。プレゼントとカード。「みんなが私のことを気にかけていてくれる」。息子とその妻は彼らがかわりないか様子を見に来る－他の子供たちの場合は、様子を見に来ることについて言及していない。
> **隣人／友人**－買い物の間に８人の知り合いと会い、挨拶を交わした。隣人とおしゃべり－好意を求める－互酬性。母の日と家族について話した。
> **娯楽**－ときどき腰掛けること。ラジオを聴くこと。？犬。

（出典：Townsed 1963 296-7）

日記）によって，また最初の段階で適切だと考えた仕分け原則に従って整理される。これでコーディングを行なうためのテキストが準備されたことになる。

まず初めに，全体的な印象を得るために，それぞれのインタビューもしくは観察記録からなるテキストを最初から最後まで通して読む（そして注釈をつける）。この作業には，テキストを要約すること，余白にメモを書きこむこと，反省的な（テキストを読むなかで思いついた）説明を付け加えること，より詳細な分析のために利用もしくは例示として引用する可能性のある重要な単語や句，文章を特定することが含まれる。その際，転写の際の誤りや脱落あるいは本筋と関係のないものをチェックし，テキストをおおまかに分類する。

分類の仕方は，研究のもともとの目的によって決められるが，後で発表する際にどのようにしてどんな書式でデータを提示するかも考慮しておくとよい（一例としてSolomon et al. 2002）。たとえば，年齢，ジェンダー，職業，世帯規模，世帯の局面や種類，健康状態によって分類することができるだろう。それぞれのテキストは，選ばれた分類にしたがって相互に参照される。後で識別しやすくするために，テキストの最初のところに記号や色を使ってコードをつける場合もある。おのおのの分類に参照用の索引を作ることもよくある。この作業は，索引カードや別のコンピュータ・ファイル上で行なう。このような内容分析（→**内容分析 49 頁**）を要約したものをもともとのテキストに添付するか，あるいはより一般的には，要約それ自体にテキスト参照コードをつける。

図1は予備的な分析の一例である。最初のボックスは，タウンゼントによる高齢者に関する1950年代の研究から得たインフォーマントの日記である。タウンゼントの報告に沿っているが，強調部分と余白のメモをわれわれが付け加えている。2つ目のボックスは，このテキストにもとづいたわれわれの最初の解釈を示し，日常の家事，食事のパターンと内容，家族，隣人と友人，娯楽の部分を強調するために下線を引いた。調査日記を依頼する際のもともとの指示は，「起きたとき，朝食をとったとき，隣近所や友人を招いたときなど，その日時を記録すること」というものであった。こうした指示は，要約の中で識別されるカテゴリーに明らかに影響する。

　ここでの予備的分析は一人の人のひとつの日記に記載されたものについてしか行なっていない。通常，日記に書かれたすべてについてこうした作業を行ない，その後に全体的な要約を作成する。この作業はそれぞれの日記について行なう。それから，各回答者の日記を分類し索引をつける。テキストをこのようにして予備的に仕分けカテゴリー化することによって，いくつかのおおまかなテーマが浮かび上がってくることはよくあることである。

　次の段階は，テキストのなかから見つけ出そうとするカテゴリーや概念を特定し分類することである。変数となりうる特定の単語や文を含んだデータをコーディングするための枠組みを工夫して，テキストを再び通読し，出来事や概念，関係，あるいはカテゴリーを記述した単語や句を探す。おのおのの単語や句は潜在的なテーマの一部であり，テキスト参照番号，テキストのなかでの頁，段落，行番号とともに記録される。

　図1の日記テキストの最初の部分は，次のような項目に帰着するだろう。

起床：回答者番号001／日記／1日目／行番号1
下に降りた：回答者番号001／日記／1日目／行番号1
やかんをかけた：回答者番号001／日記／1日目／行番号1
燃えがらをかき寄せた：回答者番号001／日記／1日目／行番号2
火をつける準備をした：回答者番号001／日記／1日目／行番号3
灰を片付けた：回答者番号001／日記／1日目／行番号3
暖炉の掃除をした：回答者番号001／日記／1日目／行番号3
火をつけた：回答者番号001／日記／1日目／行番号4
腰を下ろした：回答者番号001／日記／1日目／行番号4
お茶を入れた：回答者番号001／日記／1日目／行番号5

配偶者：回答者番号001／日記／1日目／行番号5
お茶を飲んだ：回答者番号001／日記／1日目／行番号5

　もっとも，このカテゴリー化は正確ではあるかもしれないが，最初の2つのカテゴリーは「起床」として一緒にされる可能性が高い。「やかんをかけた」と「お茶を入れた」は，「食事／飲み物の準備」としてコード化されるかもしれない。また掃除をしたり火をつけるという過程は，「火回りの家事」として分類されるかもしれないし，あるいは他の家事と一緒に分類されるかもしれない。さらに，家族はそれぞれとの関係（夫，娘，息子，義理の息子，義理の娘，孫）にもとづいて記述することもできるし，あるいは配偶者，子供，孫，義理の，といったより大きなカテゴリーで記述することもできる。
　また，これらのカテゴリーを，たとえば家族や隣人に対する肯定的／否定的コメントに分けたり，図1の余白メモに示したように身内が「訪ねてきた」のか「訪ねていった」のかに分けることが重要だと考えられる場合もあろう。そのカテゴリーが登場した文脈もまた重要である。カテゴリーの文脈化には，ある特定のカテゴリーと関連している他のカテゴリーと一緒に文脈を書きとめておくことが含まれている。カテゴリー化あるいはコーディングのレベルは明らかに研究の目的——あなたが何を見つけ出したいか——によって決まる。全面的な分析ではなく部分的な分析，たとえばジェンダー役割に関するあなた特有の見方に関係するカテゴリーを特定することに絞ってもよい。もっとも，それさえ極めて煩雑で時間のかかる作業になりうる。
　すべてのテキストが処理された後，得られたリストを分類し綿密に調べ，不純物を取り除く。この作業は，完全性と冗長性の観点からカテゴリーを精査することにかかわっている。この過程を通じて，研究主題に関するアイデアや疑問が生まれてくる。そこで浮かび上がってきたパターンを試すために，テキストをさらに詳しく調べる。質的研究におけるこのような繰り返しは，データをすみずみまで探求し解釈したと研究者が納得するまで続けられる。これは，グラウンデッド・セオリー・アプローチにおいてとりわけ重要である（グラウンデッド・セオリー 105頁：Flick 1988 178-98頁も参照のこと）。解釈には，説明をテストするためにもともとのテキストや要約に立ち返ることも含まれる。それゆえ，「コーディング」と「データ分析」，「解釈」は互いに一体のものであるが，コーディングという出発点での厳密な基礎工事に大きく依存するのである。

【キーワード】
カテゴリー
文脈化
フィールド・ノート
索引
繰り返し
反省的な説明
テキスト
転写

【関連項目】
内容分析 49 頁
フィールドワーク 99 頁
グラウンデッド・セオリー 105 頁
質的調査法 193 頁

【参照文献】
一般

Fielding, N. and Lee, R. (1999) *Using Computers in Qualitative Research*. London: Sage.

Flick, U. (1998) *An Introduction to Qualitative Research*. London: Sage. (小田博・山本則子・春日常・宮地尚子訳, 2002, 『質的研究入門──〈人間の科学〉のための方法論』春秋社)

Gahan, C. and Hannibal, M. (1998) *Doing Qualitative Research Using* QSR NUD*IST. London : Sage.

Grbich, C. (1999) *Qualitative Research in Health*. London: Sage. (上田礼子・上田敏ほか訳, 2003, 『保健医療職のための質的研究入門』医学書院)

Miles, M. and Huberman, M. (1994) *Qualitative Data Analysis*. London: Sage.

Seale, C. (1999) *The Quality of Qualitative Research*. London: Sage.

Seale, C. (2000) 'Using Computers to Analyse Qualitative Data'. In Silverman, D. (ed.), *Doing Qualitative Research*. London: Sage.

研究例

Rawlings, B. (1988) 'Local Knowledge: the Analysis of Transcribed Audio Materials for Organizational Ethnography'. In Burgess, R. (ed.), *Conducting Qualitative Research (Studies in Qualitative Methodology, Vol.1)*. Greenwich, CT: JAI Press.

Richards, L. (1999) 'How to Use QSR NUD*IST for Qualitative Analysis'. In Schutt, R. (ed.) *Investigating the Social World* (2nd edn). Thousand Oaks,

CA: Pine Forge Press.
Solomon, Y., Warin, J., Lewis, C. and Langford, W. (2002) 'Intimate Talk between Parents and Their Teenage Children'. *Sociology* 36 (4): 965-83.
Townsend, P. (1963) *The Family Life of Old People.* Harmondsworth: Penguin.

Community Profiles
コミュニティ・プロフィール

　社会計画に役立てる目的でコミュニティ・プロフィールが準備される。それは，（通常ひとつの地域に居住する）集団や組織に関する比較的短い主として量的な記述から構成される。

　【アウトライン】　社会・健康管理局におけるプロフィールの広範な利用。地域データの種類と出所。部局とインターネット・アクセス。キー・インフォーマント。パッケージの例：得失。迅速な評価：ピラミッド型。優先度調査：地元認知の計測。コンパス：クエスチョン・バンク。

　コミュニティ・プロフィールの作成には，公共政策を方向づけたり政策決定を評価する目的で行なわれる主として量的な情報を入手するための調査手続きが含まれる。ここで「コミュニティ」とは，居住地を基礎とした小規模な集団を意味している（→アクション・リサーチ1頁；評価研究83頁；コミュニティ研究44頁）。その多くは出版されることがないけれども，国家機関や圧力団体あるいはコミュニティそれ自身がコミュニティのプロフィール作りに取り組んできた（Payne 1999）。コミュニティ・プロフィールの作成は，保健や社会福祉事業，社会政策といった専門領域においてもっとも多く行われておりそこでは調査プロセスそれ自体は主要な焦点とはならない（例：Ong and Humphris 1994；Driskell 2002 177-201頁）。逆に，イギリスの社会事業運動が知的・政治的に破綻したのは，現実の地域条件や調査を通じた評価に関して，運動の主流をなすテキストの多くがイデオロギー的に無関心だったことによる（例：Clarke et al. 2002；Jacobs and Popple 1994）。
　プロフィール作りは，その地域について容易に手に入れることのできる量的データを収集することから始まる。地域の統計情報をもっとも豊富に持つのはふつう地方自治体である。そこでは人口や住宅，雇用，観光，環境，交通，教

育，社会事業，犯罪を網羅する情報を利用することができる。どの部局が担当であるかは自治体によって異なる。「企画部」，「経済開発部」，「調査・情報部」，「市長公室」などがある。「住宅部」や「環境衛生部」もまた，所管する地域情報を持っている。

イギリス保健機関は，原因別の出生・死亡率，がん登録，その他の保健管理情報を含む年次報告を出している。これらの数値は保健機関が所管する地域全体に関するものであり，それゆえ狭く限定された小地域に関しては，その価値はあまり大きくない。とはいえ，保健機関はより限定された地域についての詳細な情報を提供しうる「調査情報」部門を持っている。

地方保健機関は，しばしばインターネットを通じて情報を提供しているが，個人的に連絡を取るほうがよい。というのも，ウェブ上でふつう入手できるものよりもずっと詳しい情報が得られる可能性が高いからである。直接出向いて情報を入手するための時間を含めても，迅速かつ安価に地域に関する統計的な姿を描くことができる。この方法がよく使われるゆえんである。

プロジェクトが小規模なものである場合には，追加的な情報（質的な情報であることが多い）をキー・インフォーマント（キー・インフォーマント146頁）から収集することができる。特に保健領域で用いられる，より包括的な方法は次の通りである。

- 迅速評価——地域保健のニーズ評価に適したアプローチ。
- 優先度調査——多くの健康都市構想で利用されているパッケージ。
- コンパス——村落評価という農村のプロフィール作成法をもとに開発されたより一般的なコミュニティ・プロフィール作成用ソフトウェア・パッケージ。

上にあげたものについて簡潔に述べることで，コミュニティ・プロフィール作成の実際について例示しよう。

迅速評価は，第三世界の国々におけるコミュニティ・プロフィールの作成法を応用した混合法を採用している。そこで利用されるのは，既存の統計資料，文書資料，コミュニティの直接観察，「キー・インフォーマント」へのインタビューと彼らとの集団討論である（→ドキュメント法59頁；キー・インフォーマント139頁；観察173頁）。収集された情報は，図2に示すように9個の大領域からなる4層の「情報ピラミッド」のなかに分類される。

その名の示すように，これはかなり手早い方法であり——エジンバラでの研究では，5人のコミュニティ専門家が3ヵ月間1日平均4時間の作業を行なった——コミュニティに関する幅広い情報を得ることができる（Murray and Graham 1995）。迅速評価はコストとスピードの点で実践的に優れており，そのことがイギリスにおいて，社会研究の複雑さについて訓練を受けていない，もしくは「コミュニティ」に関して「常識となっている」理論的仮説について無頓着な自治体職員が幅広く利用する理由となっている。
　この方法の主な限界は，キー・インフォーマントがもたらす質的情報の信頼性にある。というのも，キー・インフォーマントがコミュニティのすべての立場を代表しているわけではないからである。もっとも，より広範囲にわたるサーベイ調査と組み合わせることで，迅速評価は地元コミュニティの全体評価に貢献しうる。9個の大カテゴリーに分類された情報は，プロジェクトをまとめあげるためのしっかりとした枠組みを提供し，また他の方法を利用するための土台ともなる。

図2　迅速評価における情報ピラミッドの例

	保健政策 政府，自治体の政策	
教育サービス 学校，大学，保育所	保健サービス 開業医，訪問看護師，医院，病院，薬剤師など	社会サービス 社会福祉士，住宅局，年金など
物理的環境 建物，土地	社会—経済的環境 仕事，収入，家族	疾病と障がい 死亡率，罹患率
地域構成 地域に居住する人々	地域の組織と構造 集団・クラブ・代議員	地域の潜在力 人びとの持つ技能

　これとは対照的に，優先度調査はより明確な「パッケージ」であり，1980年代後半にシェフィールド市議会の作業部会が開発した電子化された質問票からなる。「われわれの世界の見方，構築の仕方の基底には一貫性がある」（Priority Search 1994付録（V））という理論にもとづいて，優先度調査ではその一貫性を解明しようとする。最初に，フォーカス・グループ（→グループディスカッション／フォーカスグループ110頁）で利用するための一般的な質問を設定する。たとえば，「どんなことがあなたの健康や幸福，福祉を改善する

コミュニティ・プロフィール　41

ことになりますか」,「この地域を一層住み良くするためにはどんなことが必要ですか」といった質問である。質問に対するフォーカス・グループからの回答が質問票を作成する際の基礎となる。

　質問票では，こうした一般的質問を選択肢を変えながら繰り返す。調査対象者は，50個の円からなる可動式のものさしを用いて，ある意見と他の意見を比較する（図3を参照）。質問票にはそれぞれの意見が3回含まれており，各回で別の意見と比較される。これで幅広い選択肢が与えられることになる。

図3　優先度調査における比較尺度の例

どんなことがあなたの健康や幸福，福祉を改善することになりますか

失業によりストレスを受けている人びとを助ける　　　　　　　　　　　特に夜間の街路を安全にする

○○○

失業によりストレスを受けている人びとを助ける　　　　　　　　　　　街路に警官が立ち地域のことにかかわる

○○○

特に夜間の街路を安全にする　　　　　　　　　　　特有のニーズや問題を持つ子供や大人の自助グループを増やす

○○○

出典：Priority Search 1994 より転載

　次に，質問票に対する回答を「主成分分析」を用いて分析する。この統計的手法は，すべての回答や選好をより少数の潜在的態度に集約する。たとえば，いじめと人種主義，安全な街路と警察の見回りは，セキュリティについての言及であり，より多くの保育所や遊び場，10代の居場所を求めることは子育てにかかわるものである。委託を受けた研究者が面接調査を受ける地元の人びととともに一般的な質問を決めるのであるが，フォーカス・グループを立ち上げ，質問文を作成・分析し，最終報告書の準備をするために優先度調査チームを立ち上げる必要がある。あるいは，この方法に近似したものをより低コストで局所的に行なうこともありうる。

　地方コミュニティ調査部と政策研究所リーズによって開発されたコンパスも

また，質問票の作成とデータ処理・分析を管理するための著作権つきのコンピュータ・パッケージである。コンパスには住宅や健康，雇用，収入，教育，訓練，環境をカバーする400以上の質問文がある。利用者はこのリストから選ぶか，独自の質問を加える。選ばれた質問文は，自記式でも面接調査形式でも利用することができる（→**質問票206頁**）。このパッケージでは，回答を入力するためのデータ入力フォームを作成したり，統計分析をして表やグラフ，図を作成することもできる。開発者によるサポートも万全である。

　質問票に柔軟性があり作成コストも適当であることから，自分で質問票を作るための時間ないし技術のない研究者にとって，質問票作成の問題を解決するパッケージとなっている。しかしながら，このパッケージが広く利用されているというわけではない。おそらく，プロジェクトを完全に外注できるという場合でなければ，サンプリングや面接，報告書の執筆といった調査業務が依然として研究者に要求されるからであろう（Hawtin et al. 1994も参照のこと）。

【キーワード】
コミュニティ
情報ピラミッド
キー・インフォーマント
混合法
主成分分析

【関連項目】
アクション・リサーチ1頁
コミュニティ研究44頁
ドキュメント法59頁
評価研究83頁
グループ・ディスカッション／フォーカス・グループ110頁
キー・インフォーマント146頁
観察173頁
質問票206頁

【参照文献】
一般

Hawtin, M. Hughes, G. and Percy-Smith, J. (1994) *Community profiling: Auditing Social Needs.* Buckingham: Open University Press.

Ong, B. and Humphris, G. (1994) 'Prioritizing Needs with Communities'. In Popay, J. and Williams, G. (eds.) *Researching the People's Health.* London: Routledge.

Payne, J. (1999) *Researching Health Needs.* London: Sage.

研究例

Clarke, S., Byatt, A., Hoban, M. and Powell, D. (eds.) (2002) *Community Development in South Wales.* Cardiff: University of Wales Press.

Driskell, D. (2002) *Creating Better Cities with Children and Youth.* London: Earthscan Publications/Paris: UNESCO Publishing.

Jacobs, S. and Popper, K. (eds.) (1994) *Community Work in the 1990s.* Nottingham: Spokesman.

Murray, S. and Graham, S. (1995) 'Practice-based Health Needs Assessment: Use of Four Methods in a Small Neighbourhood'. *British Medical Journal*, 1443: 8.

Priority Search (1994) *What Would Improve Your Health, Happiness and Wellbeing?* Swindon: Heathy Thamesdown.

Community Studies
コミュニティ研究

　コミュニティ研究は，居住地域のローカルな社会ネットワークを探求するために，典型的には研究者がその地域に住み込んで遂行される。通常，凝集した社会的まとまりを構成するものとして住民をとらえる質的な方法が用いられる。

　【アウトライン】　概念としてのコミュニティ。空間共有コミュニティのエスノグラフィ。コミュニティ研究の３つの課題：住んでいること＝コミュニティではない；境界；男性の職業集団。コミュニティ研究のサバイバルと展開。人類学的なインプット。エスノグラフィに対するオルターナティブ。コミュニティに住み研究するということ。選択性とアクセス。「帰属している」という研究者の幻想。

　コミュニティ研究は，単一の社会学的概念，すなわち「コミュニティ」と結びついた調査実践の一例である。もっともよくみられるコミュニティ研究は，「空間共有コミュニティ」（place community），すなわち人びとが一定の地域に住むことで生じる社会関係についての研究である。研究の焦点は，その地域におけるローカルな社会システムにあり，こうした社会システムとそのなかで暮

らす人びとを，ひとつの「コミュニティ」としておおまかにとらえてきた。そのようなコミュニティ研究ではほぼ例外なしに，プロジェクトが継続している間，研究者は研究対象の人びとが居住する地域に住み込むことになる。研究方法は，ほとんどが質的なものでありエスノグラフィックな性格をもつ（→**質的調査法 193 頁**；**エスノグラフィ 72 頁**）。

コミュニティという概念は，多くの微妙に異なった仕方で用いられる（→**指標と操作化 125 頁**）。その中核となるアイデアは，人びとの間の関係性のネットワーク，共有されたアイデンティティ，特徴的な形態を持つ関係性，そして空間共有コミュニティの場合は地域との一体感である。「関心共有コミュニティ」（interest community）を持ち出すこともできる。コミュニティの成員は物理的に同じところにいるわけではないが，より大きな社会における社会的な位置を共有している。また，「愛着共有コミュニティ」（attachment community）では，その成員は共通のアイデンティティ感覚を分ち持っている。

空間共有コミュニティの研究に対する支持は，コミュニティ概念の位置づけの変化に伴って揺れ動いてきた。20 世紀前半，アメリカ社会学（そしてイギリスの社会人類学）は，人間生活が社会的連帯性にどのように作用するかにとりわけ関心を持っていた。何が社会をまとめているのか，さまざまな社会過程はより大きな社会の機能的凝集性に対してどのように寄与するのか。その後，より洗練された参照枠組みが重要視されるようになり，コミュニティ研究も専門分化した。そして，小地域における社会関係がより大きな社会的パターンを説明し得るというアイデアは受け入れられなくなった。

コミュニティ研究に対して，主として 3 つの難点が指摘されてきた。第一に，ある場所に共に住んでいるということが自動的にコミュニティの存在を意味するわけではない（Stacey 1969）。第二に，小規模な居住地域であっても，それはより大きな社会的，文化的なシステムの一部としてよりよく理解されるのであり，そこに閉じた社会的境界は存在しない（Blaikie et al. forthcoming を参照のこと）。第三に，研究が典型的には単一の産業（採鉱，漁労，農業など）によって支配されている労働者階級居住地域の男性の生活に限定されている。

多くの社会学者が「コミュニティの死」を宣告しているけれども，実際には数多くのコミュニティ研究が続けられている。その研究の多くは，コミュニティという文脈の中で，犯罪や地方政治，失業，友人関係，教育，階級，人種間関係，社会福祉，あるいは住居といった特定のトピックに焦点をあてている。これらの研究では，たとえ実際にやっていることがコミュニティ研究そのもの

であったとしても，必ずしも自らの研究をそうだとは言わない（Payne 1996）。これら専門特化したコミュニティ研究は，農村集落という基盤――「ケルト辺境」という用語がアイルランドやウエールズ，スコットランドにおけるイギリス村落研究にしばしば適用されている――から，都市の領域にまで拡張されている。実際，都市コミュニティや都市の生活状態についてのこうした関心は，コミュニティ研究の伝統における第二のテーマであり，アメリカにおけるシカゴ学派の初期の研究やロンドンにおけるヤングとウィルモットの研究を生み出した。多数のコミュニティ研究に関する便利な要約をフランケンベルク（1966）やベルとニュービィ（1972），クロウとアラン（1994）の中に見いだすことができる。

　コミュニティ研究はアメリカで始まった。そのもっともよく知られたものは，リンド夫妻による中西部における生活の研究である。その前期の研究は，1929年に『ミドルタウン』として出版されている。この研究の後，ウォーナーによる『ヤンキーシティ』の研究が1930年に始まった。ウォーナーはイギリスの社会人類学者であるラドクリフ＝ブラウンとマリノフスキーの影響を受け，1930年代初期のアレンスベルグとキムボールによる最初の「イギリス」研究をお膳立てするのに一役買った。西部コミュニティに住み込むという方法は，大英帝国との契約のもとで仕事をすることにしだいに困難を感じるようになった社会人類学者たちに適していた。変数としての分析や短期間の脱文脈化された分析ではなく，細部において自然発生する過程として社会生活を理解したいと考える初期の質的社会学者も同様であった。

　しかしながら，コミュニティ研究がエスノグラフィックな方法だけを用いるというのは正しくない。たとえば『ヤンキーシティ』では，家計費に関する情報を得るために標本調査を行なっている。また，おそらくイギリスにおいてもっとも影響力をもつコミュニティ研究である『東ロンドンにおける家族と親族』の原本から，ウィルモットとヤングの研究の多くがカード仕分機と大型計算機によって可能であったことがわかる。ブロディ（1973）は，アイルランド農村に関する研究の一部でセンサスなどの文書記録を利用して，安定性と凝集性，連続性を強調するアレンスベルグとキムボールの研究（1940）に挑戦した。ロンドン再開発について説明を試みたフォスターの『ドックランド』（Foster 1999）では，彼女自身が地域コミュニティに深くかかわると同時に，その地域外の有力者に対する面接調査にも多くを依っている。また，ベルとニュービィ（1972 54-81頁）は，コミュニティはより広範な文化のサンプルとみなすこと

ができると示唆している。

しかしそれでもなお，質的研究法はアイデンティティの感覚や地域との一体感，特殊な関係性といった空間共有コミュニティにとって中心的なものに迫るためのよりよい方法である。コミュニティに住み参加すること（→**参与観察183頁**）で，研究者は他の方法では獲得できないような理解に達することができる。出来事の直接観察や構造化されていないインタビューは，社会過程を認識し住民が日常生活のなかで使っている象徴的な意味を発見するための強力な手段である。

他方，コミュニティ研究に特有の3つの方法論的な問題がある。その第一は，規模の問題である。ひとつの学校あるいは一人の医師の実践についての研究ならば管理も容易であろうが，空間共有コミュニティには，学校や商店，職場，教会，クラブ，バー，家庭が入り混じっている。観察者が小さなチームを組んだ場合でさえ，24時間休みなく進行している出来事をすべてカバーできるわけではない。何がカバーされるかは，研究者（たち）の選択と発見の才能に依存している。最終的に説明されたものが実際に起こったことの典型であるかどうかをいったいどのようにして判断しうると言うのだろうか。

実際それは，研究者がそのコミュニティの中で社会的にどのように位置づけられているかにも依存する。最初の働きかけをどうするかは，一人もしくは複数の鍵となるプレイヤーとのローカルな接触を通して取り決めるのが普通である。ステイシーが持つ労働党地方支部とのつながりは，こうした働きかけがいかにしてバンベリーの扉を開けそして閉じたかの一例となっている。ステイシーと彼女のチームは政治観のある部分を（労働党地方支部と）共有していたため，彼女らの労働党地方支部への働きかけは，労働党に対して政治的に反対の立場をとる人びとや労働組合とかかわりを持たない人びとから逆の反応を引き起こした。同様に，マクロードは，彼が持つ地元コミュニティとの個人的なつながりは大いに役に立ったが，自身が何者であるかを皆が知っていることでかえって移住者への対処や若い女性の世界に入り込むことが困難になったと感じている（→**フェミニスト調査93頁**）。このようなアクセスの問題はあらゆるフィールドワークにあてはまる。しかし，空間共有コミュニティは規模や複雑さがより大きいので，アクセスの問題は潜在的に大きな問題となる（→**フィールドワーク99頁**）。

それゆえ，コミュニティを研究することに関するよくある伝統的な関心事が，研究者が「土地の人になる」（ロンドンに上司のいる植民地行政官により採用さ

れたチームであるにもかかわらず，自分たちは管理される側の人びとの立場を取っていると認知する）ことであるのは驚くべきことであろう。住民をあまりに知りすぎると，研究者はおそらく新鮮さや独立した視点を失うことになる。つまり，分析的視点を確保するための社会的距離が消失してしまうのである。とはいえ，われわれが地域コミュニティについて知っている常識のひとつは，新来者はよそ者でありそこに何十年か住んだ後でさえ「地元の人間ではない」という感情をつねに訴えるということである。たった数ヶ月もしくはせいぜい2年程度で，社会学者はいかにして土地の人になることができるのであろうか。孤立感が過剰に補償されることで「受け入れられている」と認知してしまう誤った思い込みに観察者はとらわれてしまう。しかし，もっとも熟練した社会研究者でさえ，即座にコミュニティの成員として完璧に認められ受け入れられることはないのである。

【キーワード】
「土地の人になること」
新来者
空間共有コミュニティ
一体感
社会的境界

【関連項目】
事例研究 27 頁
エスノグラフィ 72 頁
フェミニスト調査 93 頁
フィールドワーク 99 頁
指標と操作化 125 頁
参与観察 183 頁
質的調査法 193 頁
量的調査法 200 頁

【参照文献】
一般

Arensberg, C. and Kimball, S. (1940) *Family and Community in Ireland*. London: Peter Smith.
Bell, C. and Newby, H. (1972) *Community Studies*. London: Allen & Unwin.
Blaikie, A., Inglis, D. and Payne, G. (in preparation) *Community: Social Solidarities from Local to Global*. Basingstoke: Palgrave.
Payne, G. (1996) 'Imaging the Community'. In Lyon, S. and Busfield, J. (eds.), *Methodological Imaginations*. Basingstoke: Macmillan.
Stacey, M. (1969) 'The Myth of Community Studies'. *British Journal of*

Sociology, 20 (2) : 134-45.

研究例

Brody, H. (1973) *Innishkillane*. London: Allen Lane.
Crow, G. and Allan, G. (1994) *Community Life*. Hemel Hempstead: Harvester Wheatsheaf.
Foster, J. (1999) *Docklands*. London: UCL Press.
Frankenberg, R. (1966) *Communities in Britain*. Hamondsworth: Penguin.
Lynd, R. and Lynd, H. (1929) *Middletown: A Study of Contemporary American Culture*. New York: Harcourt, brace. (中村八朗訳, 1989, 『ミドゥルタウン』青木書店)
Warner, L. (1963) *Yankee City*. New Heaven, CT: Yale University Press.
Willmott, P. and Young, M. (1957) *Family and Kinship in East London*. London: Routledge, Kegan Paul.

Content Analysis
内容分析

内容分析は（新聞や広告のような）文字もしくはヴィジュアルな情報源の意味を説明しようとする。そこでは，情報源の内容をあらかじめ決めておいた具体的カテゴリーに体系的に割り振り，その結果を数値化して解釈する。

【アウトライン】フィールド・ノートも含めた文字や画像といった「テクスト」を分析するための内容分析。数えることと解釈すること。例：新聞「報道」に関するきまりごと。内容分析研究の設計。メディアの代替モデル：視聴者影響力，政治的偏り，営利的操作。電子メディア。卒論における内容分析。顕在的内容と潜在的内容。

内容分析は，重要でありながらも過小評価されている調査方法のひとつである。内容分析はもともとは，新聞「記事」のような文章を評価する量的方法であった。そして，文学や自伝などの他の文書（→ドキュメント法 59 頁），さらには映画，テレビ，ビデオ，写真（→ヴィジュアル・メソッド 265 頁）などに適用範囲が広がっていき，解釈や主観的な意味といった質的なものへ力点が変

化した。したがって内容分析とは，質的研究者がそのフィールド・ノートを体系化し分析する方法（→**質的データのコーディング 32 頁**）をも含むものである。ただし，彼らがそれを自覚しているかというと，たいていはそうではない。

　なぜそうした自覚がないかというと，それは方法論的なしきたりによる部分もあるが，他方では初期の内容分析が「量的」であると見なされてきたことにもよる。そもそも内容分析は，ある言葉や話題がどのくらいの頻度で含まれているか，あるテーマについてどのくらいのスペースや時間が費されているか，それらにどのくらいの重要性が与えられているか，といったことを数えることに集中してきた。質的研究の多くは量的研究に反対する立場にたってきたので（→**質的調査法 193 頁**），質的研究で内容分析を利用する場合は，態度，価値観，動機といったものに取り組まなければならない。言葉という記号の背後にある意味が重要になるのである。なぜなら「社会」はその言葉によるコミュニケーションの中に含まれているからである。質的研究者は，自然発生的な口述テキストの解釈に自分自身の文化的意味づけを持ち込んでいることを知っている。しかしながら，彼らが直接経験したことを記録したフィールド・ノートから転写した「テクスト」について，キーワードの頻度を数えることや引用の比較によって「解釈」ができるということは，あまり受けいれられていない。

　一方，古典的な内容分析は，新聞が犯罪，選挙運動，女性の役割といった社会現象をどのように報道しているかを探る。新聞の標本はある話題への関連の有無で検索され，そして量と形式に関して検証される。そこで使用される測定方法は以下のようなものである。報道範囲の合計（通常「欄の長さ」「コラムインチ」で測られる），紙面での位置（一面か「めくらないとわからない二面以下か」か），強調（見出し文字の大きさ，頁上の位置，写真の有無），コメントの有無（イギリスよりもアメリカでこの区別はよく観察できる）。中立的な語彙と感情的な含意をもつ言葉とを区別するために言語的な研究も行なわれている。たとえば，あだな，俗語，決まり文句，象徴的言い回しなどである。全体の論調は，肯定的か，中立的か，それとも否定的か？　印象がどのように形成され，そして用語の使い方をとおしてどのように修正されるのか（Jagger 2001）？

　こうした手順は，どのようなテキストに対しても利用できる（Holsti 1969）。最初に，吟味する要素を選択する：単語か文か段落か「物語」か；印象か記号か特質か主題。何をもって重点の強弱とみなすか（たとえば，言及数とか長さとか），そして何をもって評価の正負とみなすのか。調査の主題（たとえば，犯罪）は，お互いに排他的で，独立で，網羅的であるような明確なカテゴリー

（人に対する犯罪／財産に対する犯罪，認知された犯罪／告訴された犯罪など）に操作化される。質的調査ではあまり体系的には行なわれないが，「予備調査」ではこれらの有効性を分析し，標本決定と数値化の手順の参考にする。結果の提示において，次のような配慮が必要となる。質的な立場からは，詳細で逐語的な引用の報告と，解釈に関する議論が必要であるとされる。一方，量的分析では，表，グラフ，要約が推奨される。

　三つの特徴をここで強調しておきたい。第一に，内容分析はありふれたあたりまえのテキストを扱い，それを興味深い調査の対象に変形しうるものである。第二に，内容分析は基本的に体系的で詳細なものであり，質的であると同時に量的でもある。第三に，内容分析は一つの理論的解釈と結びつけられるものではない。質的かつ量的志向に加えて，たとえば，ニュースメディアが聴衆に与える影響についての複数の異なる主張とともに内容分析は使われたりする (Abercrombie and Warde 2000; Harvey and MacDonald 1993 36-49 頁)。

　研究対象となる現象の種類を認識することも重要である（Giddens 2001 365-97 頁)。つまり，研究対象となる新聞の種類やテレビのチャンネルを考慮にいれてもよいだろう。大衆向けの「タブロイド紙」では，大衆文化や有名人のゴシップそしてスポーツなどが突出している。それらは，限られた読み書き能力しかもたないような読者にも理解できるような簡単な言葉で書かれている。「高級紙」はもっと「まじめ」なニュースを含み，詳細で長い記事で構成され，そして英国では，より多くの国際的なニュースを含む。中流市場向けの商品では，メッセージを伝えるのに写真や単純な言葉に頼ることは少ない。いいかえれば，市場と内容には関連があるのである。

　新聞は商品であるから，誰が新聞社を所有しコントロールしているのかといったことや，さらには生産の過程や紙面への意見の反映の仕方をも調査者は考慮する。たとえば，読者層が何を望んでいるのかに敏感である必要がある反面，新聞はそのオーナーが支持している政党に肩入れする傾向にある（英国では，たいていの場合は保守党)。新聞の——そしてテレビの——政治的立場が実質的違いをもたらすかどうかは議論の余地がある（Crewe 1992; Eldridge 1993)。ほとんどのジャーナリストは，政治的結果に無頓着である。彼らは自分たちのキャリアを築いていく一方で，毎日の締め切りと編集者の指示に奮闘している。新聞の発行は，論争の一つの過程なのである。

　報道と大衆の認識との関連に光をあてるのと同様に，内容分析は次のような問題を探求するのに役立つ。女性の役割に関する大衆の誤った考え，犯罪率の

増加，人種的マイノリティの規模，選挙の結果など。マスメディアは，彼らがその報道内容や優先順位を設定することによって，「議題設定」する。たとえば，ペイン（2003）は，オンライン版のガーディアン・アーカイブを使って，社会的関心を醸し出すような「高級新聞」においてさえ，英国の大人の読み書き能力がいかに誇張されているかを示している。

したがって，昼メロ，スポーツ・イベント，広告，女性誌，ロック音楽などの文化的内容とその有意性が，メディア研究の科目で語られるということは，驚くべきことではない。印刷媒体のメディアから，テレビ，ビデオ，そしてインターネットなどの電子メディアへの転換は，内容分析の有効性を損なわせるものではなかった（インターネット世論調査134頁とインターネットと他の検索法129頁も参照）。むしろ，それは画像や記号表現を扱うための新たな条件の形態を生み出している（Glasgow Media Group 1976）。

簡単な内容分析は，卒業論文に適した手法である。なぜなら，フィクションであれノンフィクションであれ，あらゆる書面にされたものに適用できるからである（→自伝／伝記法とライフ・ヒストリー17頁）。内容分析は，他者に調査しないですむ（→非干渉的方法254頁）。データは，ワープロソフトや「NUD* IST 4」などの専用ソフトで分析できる。分析は，語数，キーワード検索，体系的整理などである。しかしながら，準備段階のデータ入力やコーディングにおける時間の浪費を考えると，小規模な研究では，この手法を使う誘因が少なくなる。

何を研究対象にできるのかという問題を認識しておくことも重要である。標本として使用した資料は，それが抽出されたより広い範囲の集合を代表しているといえるか。全範囲の資料が利用可能か（→ドキュメント法59頁）。電子資料の内容分析は卒論の資料としては不適格である。なぜなら，卒論を評価するにはその資料を添付する必要があり，書面に書かれた資料の方がより容易だからである。

さらに，テキストの重要性を理解するということは，単に単語の数を数えるということと同じではない。個々の要素が生じる順序，そしてその順序の構造は，もともとの「著者」の意図と関係している。しかし，その関連の仕方は明示的なものではない。「顕在的」内容（現実の語）と「潜在的」内容（解釈可能な暗黙のメッセージ：Holsti 1969参照）との間には大きな違いがある。より高度な水準では，内容分析はより挑戦的なものになっている。そして説明が困難なものになり，その結果を正当化することも困難になってきている。内容分

析へのもっともありふれた批判は，調査者による偏りである。単語の数のような簡単な証拠から分析方法が遠ざかるにつれ，こうした難解さが顕著になってくる。

【キーワード】
議題設定
高級紙
欄の長さ（コラムインチ）
マス・メディア
大衆誌
俗語

【関連項目】
自伝／伝記法とライフ・ヒストリー 17頁
質的データのコーディング 32頁
ドキュメント法 59頁
インターネット世論調査 134頁
インターネットと他の検索法 129頁
質的調査法 193頁
非干渉的方法と複眼的測定 254頁
ヴィジュアル・メソッド 265頁

【参照文献】
一般

Harvey, L. and MacDonald, M. (1993) *Doing Sociology*. Basingstoke: Macmillan.

Holsti, O. (1969) *Content Analysis in the Social Scienes and Humanities*. Reading, MA: Addison-Wesley.

研究例

Abercrombie, N. and Warde, A. (2000) *Contemporary British Society*. Cambridge: Polity Press.

Crewe, I. (1992) 'Why Did Labour Lose (Yet Again)?' *Politics Review*, September : 10-11.

Eldridge, J. (ed.) (1993) *Gettting the Message*: News, Truth and Power. London: Routledge.

Giddens, A. (2001) *Sociology* (4th edn). Cambridge : Polity Press.（松尾精文ほか訳，2004，『社会学』而立書房）

Glasgow Media Group (1976) *Bad News*. London : Routledge.

Jagger, E. (2001) 'Marketing Molly and Melville: Dating in a Postmodern, Consumer Society'. *Sociology*, 35 (1) : 39-57.

Payne, G. (2003) *Immobility, Inequality and 'Illiteracy' : Limits to the Ideal of a Meritocratic Britain.* Paper presented to the 2003 BSA Annual Conference, York.

The Guardian (2003) 'Lexicon of Lies'. Media Guardian supplement.
http://media.guardian.co.uk/mediaguardian/story/o,7558,958622,00.html

Contingency Tables
クロス表

　クロス表は，二つ（以上）の変数を提示する表である。その表では，一方の変数のカテゴリーを行に配置し，もう一方の変数のカテゴリーを列に記す。そして，両者が結合する行と列の「セル」が，二つの変数の当該カテゴリーを同時に満たす度数（もしくはパーセンテージ）を示す。

　【アウトライン】データの表をみる。二つの変数を関連づける。数値無しの例：性別と収入。行，列，周辺，セル。セルの記述。パーセント。例：SPSS形式。連関の見方と測定。2×2から多重分割表へ。

　クロス表 contingency table（もしくは「分割表」cross tabulation）は，計量分析においてもっとも有用でかつ簡単な技法である（→**量的調査法 200 頁**）。この事実は，この表につけられた技術的な名前や，この表から開発されたより複雑な統計的手順のためにあまり人の知るところとなっていない。この表は，論文に出てくるデータ表であるが，多くの読者が詳しく検討することなく，著者が言葉で語っていることをそのまま表現しているものとみなして「通り過ぎる」類のものである。この項では，統計的技術について網羅するつもりはない。なぜなら，あまり数学的知識がない読者にとって，もっとも重要な第一歩は，表から主旨と証拠を読みとる自信を持つことだからである。

　この表の基礎的な考えは基本的に常識的なことである。つまり，どのようにしたら二つかそれ以上の変数について人（や社会組織）を同時に数え上げることができるだろうかということである。たとえば，男性は女性よりも収入が高いか。ソフトドラッグの使用は後のハードドラッグの使用に関係があるか。人びとの将来の仕事はその家族的背景にどのように関連しているか。

　最初の例では，1つの変数は性別で，「男性」と「女性」という2つの値を

もつ。もう一方の変数は収入で，(様々な定義の仕方があるが) ここでは簡単のために「高」「中」「低」という三水準に分ける。数字が苦手な読者のために，数字無しの例から始める。表1が，「性別と収入」のクロス表である。

表1　数値無しの表の例。有償労働における性別と収入

収入水準	男性	女性	合計
高	多	稀	高収入者全員
中	少	少	中収入者全員
低	稀	多	低収入者全員
合計	男性全員	女性全員	全標本

　クロス表の主な特徴は，諸変数の組み合わせを共有する人ごとに，人びとを分類するということである。したがって，表1は「多く」の男性が高収入者でもあることを教えてくれる。これは，男性の列を見て，かつ高収入者の行を見ればチェックできる。2つのカテゴリがクロスする「セル」には，「多」くの人がいる。高収入者の行をよくみれば，隣の女性の列にあるセルでは「稀」となっている（各セルにあてはまる人数を「度数」という）。

　表は，「行」と「列」のデータからなりたつ。ここでは，男性の列と女性の列がある。収入については，高，中，低の行がある。表の大きさは通常行と列の数でいいあらわされる：ここでは「2×3」の性別と収入のクロス表である。ただし，合計を示す行と列は除外される（「周辺の合計」はしばしば「周辺度数」とよばれる）。ときには，情報が完璧でない標本を含めるための行や列が付加されることがある（もっとも広く使われている分析ソフトSPSSでは，「わからない」「未回答」と指定しない限り「欠損値」とされる）。

　2×3表は極めて簡単な表である。可能性としては，最も簡単な2×2からどのような大きさの表でもありうる。しかしながら，現実的には，行や列の数が増える程，表を「見る」ことが困難になり，統計的技術無しではなんらかの関連のパターンを見つけ出すことが困難になる（Bryman 2001; Gilbert et al. 2001）。たいていの社会調査では，10×10表より大きな表は解釈が困難になるだろう（→**標本抽出：標本の大きさをどう決めるか226頁**）。

　もし，調査をして表1のような結果が出たとすれば，より多くの男性がより高い収入を得ているとまずは想像できる。しかし，最終的な判断をするまえに表の残りの部分を見ておこう。2つの変数がどのような方向で関連しているの

かを判断する必要がある。この例では，男女のちがいは高収入を得る機会を左右すると考えてよいだろう。なぜなら，収入の多寡によって性別が変わるということはありえないからである。この例では性別は「独立変数」で，「従属変数」である収入を決定すると予想される。われわれがここで論じていることは，われわれの理論的仮説からでてきたものである。一方，実際のデータは，経験的証拠であり，それはわれわれの理論と一致するかもしれないし，一致しないかもしれない。2変数の表（「2変数表」）は，独立変数を列に，従属変数を行に配置するのが慣わしである。（この指針への主な例外は「移動表」である。移動表とは，社会移動を説明するためのクロス表で，出自となる家族の情報を行に，対象者の現在の職業や階級を行に配置するのが伝統である。）

特定の行や列，それに行列の交互作用を語るのは，くどい話になるかもしれない。そこで簡単のために，表中の各セルは左上端から順番を割り振り，それぞれ列番号，行番号を持つこととする。表2が，その番号を割り振ったものである。

表2　セル番号の例。有償労働における性別と収入

収入水準	男性	女性	合計
高	1,1	2,1	高収入者全員
中	1,2	2,2	中収入者全員
低	1,3	2,3	低収入者全員
合計	男性全員	女性全員	全標本

これで，セルを簡単にいいあらわせる。たとえば，表1のセル（1, 3）と（2, 3）を比較すると，男性の方が女性よりも低収入の人が少ないことがわかる。

現実には，表はパーセントであらわされることが多い。気をつけるべきことは，どのようなパーセントなのかということである。パーセントには主に3つの可能性がある。まずは，標本全体の度数に対する各セルの度数のパーセントが計算できる（標本全体の度数は，つねに行と列の周辺度数が交わる右下端に表示される）。次に，ある行全体の度数に対する各セルの度数のパーセントが計算できる（ある行全体の度数は右端の周辺度数を利用する）。最後に，ある列全体の度数に対する各セルの度数のパーセントが計算できる（ある列全体の度数は下端の周辺度数を利用する）。SPSSはこれら3つすべてを表示可能である：表3は，性別と収入に関するクロス表をSPSS形式で出力したものである。数

表3 SPSS 出力表の例。有償労働における性別と収入

収入水準	男性	女性	合計
高	90	34	124
行％	72.6	27.4	100.0
列％	46.9	17.7	32.3
全体％	23.4	8.9	32.3
中	74	64	138
行％	53.6	46.4	100.0
列％	38.5	33.3	35.9
全体％	19.3	16.7	35.9
低	28	94	122
行％	23.0	74.0	100.0
列％	14.6	49.0	31.8
全体％	7.3	24.5	31.8
列合計	192	192	384
行％	50.0	50.0	100.0
列％	100.0	100.0	100.0
全体％	50.0	50.0	100.0

値は現実のものである（→測定水準 152 頁）。

　表3の数値をじっくり見てみよう。表の見方はすでに説明したとおりであるから，「通り過ぎる」ことはないだろう。さらによいことには，あなた自身の仕事では，さらに明確なかたちで，できればグラフをまじえて，データを提示することもできる。ただし，残念だが人気のある「円グラフ」は使わない方がよい。円グラフは一見簡単に見えるが，実は解釈が難しい図である。(Kumar 1999 226-40 頁；Franfort-Nachmias and Leon-Guerrero 2000 72-108 頁)。

　明確に独立変数と従属変数の区別がない場合もあるだろう。そのようなとき，たとえば列パーセントのかわりに行パーセントを提示したくなるかもしれない。その際は，新しいパーセントを計算する前にまず度数を計算する必要がある。あなたが実際にやる場合は，これは SPSS が自動的にやってくれる。また，同時に他のいくつかの標準化された連関の測度も提示してくれる（→**連関と因果** 5 頁）。それによって，予備的に「見る」ことから，より体系的な表の解釈へと発展可能である。SPSS の利用に役立つ教科書はたくさんある：Bryman 2001; franfort-Nachmias and Leon-Guerrero 2000; Rose and Sullivan 1993; Schutt 1999。

　さらに変数を追加することによって表は拡充されうる。性別と収入の関連は，

多くの女性が臨時雇用であるという事実を反映した結果かもしれない。そこで，男女ともそれぞれ2つの列を配し，それぞれ常時雇用と臨時雇用を表すようにしてみよう。すると，これまでの2×3表が4×3表になる。(子育てに関する西洋の文化的伝統から) 有償労働の労働時間も別の要因として考えられる。すると，両性をさらに2つのカテゴリにわけることができるだろう。このような「多重クロス表」は「媒介変数」(→連関と因果5頁) を導入するためのひとつの方法である。これによって，他の変数がより重要な役割をはたしているにもかかわらず，間違って2つの変数を関連づけて考えていないかどうか確かめることができる。イガンスキとペイン (1999) は，民族，性別，工業部門，そして時期を4つの表のさまざまな組合せで注意深く使った例を議論している。

　たいていの場合，1つの表で2変数もしくは3変数に注目することが多いが，核となる関連はより多くの変数を含んでいる。それらを分析に含める方法を，「エラボレーション」という。エラボレーションの方法に関する簡単な説明は，ローズとサリバン (1993) の最初の章にある。そこでも，この項で説明された枠組がそのまま役立つだろう。サップスフォード (1999 169-98頁) は，統計的な処理の方法について多く論じていて，多変量解析まで扱っている。しかしながら，多重クロス表は読みとるのが困難である。それゆえ，ひとつのクロス表が有効に示しうる情報量には実際には限りがある。クロス表の主眼はその簡単さにあり，データの意味を理解する予備的な方法である。

【キーワード】
二変数表
セル
列
行
多変数表

【関連項目】
連関と因果5頁
測定水準152頁
量的調査法200頁
標本抽出：標本の大きさをどう決めるか226頁

【参照文献】
一般
Bryman, A. (2001) *Social Research Methods*. Oxford : Oxford University Press.
Franfort-Nachmias, C. and Leon-Guerrero, A. (2000) *Social Statistics for a Diverse Society* (2nd edn). Thousand Oaks, CA : Sage.
Gilbert, N. et al. (2001) *Researching Social Life*. London : Sage.

Kumar, R. (1999) *Research Methodology*. London: Sage.

Rose, D. and Sullivan, O. (1993) *Introducing Data Analysis for Social Scientists*. Buckingham: Open University Press.

Sapsford, R. (1999) *Survey Research*. London: Sage.

Sarantakos, S. (1998) *Social Research* (2nd edn). Basingstoke: Macmillan.

Schutt, R. (1999) *Investigating the Social World*. (2nd edn). Thousand Oaks, CA : Pine Forge Press.

研究例

Iganski, P. and Payne, G. (1999) 'Socio-economic Re-structuring and Employment'. *British Journal of Sociology*, 50 (2) : 195-215.

Documentary Method
ドキュメント法

　ドキュメント法は，私的あるいは公共的な領域における物質的な情報源，一般的には書かれたドキュメント（個人文書，商業記録，国家文書，手紙，法律）を，カテゴライズしたり，研究したり，解釈したり，その限界を明らかにしたりするために用いられるテクニックである。

　【アウトライン】有形的な対象としてのドキュメント。3つのカテゴリー：個人的，私的，公共的。ドキュメントへのアクセスの制限。二次分析，内容分析とドキュメント。行間を読む。書かれたものを越えて。事例：少女天国。4つの論点：真正性，信頼性，代表性，意味の解釈。ドキュメント法の限界。個人的，私的，公共的ドキュメントと4つの論点。信頼性を欠いたドキュメント。ドキュメント法の利点と欠点。

　たいていの社会調査は，人びとが行なっていることや，人びとが質問に答えた内容を調べようとする。われわれが研究する人びとは，物理学や化学の物質的標本とは違い，生活し思考する独立した存在であり，独自の意志や認識をもっている。とはいえ，彼らはときに自分たちの知識や考え方や感じ方を書き留めることによって，形を持った記録，すなわちドキュメントを生みだす。ドキュメントは，自然に生まれた研究対象であって（つまり，社会調査のために意

図的に作られたものではない），それを生んだ人たちの社会的世界を間接的に伝えてくれる具体的で半永久的な事物である（→非干渉的方法 254 頁）。プラットの英国社会学史は，他の情報源との関連づけが可能な記録類の範囲に言及している（2003 1-4 頁，173-6 頁）。

　議論をわかりやすくするために，まず，ドキュメント法についての定義を明確にしておこう。ドキュメントは，個人的，私的，公共的の三つのカテゴリーに分けられる。この分類の基準は，誰が書いたかにあって，記録の所有主体や，不特定の人たちによる記録の利用可能性とは無関係である。

　「個人的ドキュメント」には，個人の手紙，日記，ノート，原稿，ファイル（電子化されたコピーやハードコピー），さらには自伝が含まれる（→**自伝／伝記法とライフ・ヒストリー 17 頁**）。「私的ドキュメント」は，企業や慈善団体といった私的な組織によって，当の組織のために書かれたものである。あるドキュメントは，組織内に向けて作られており，一般大衆は通常手にすることができない。例としては，会議の議事録，人事記録，予算書，訓練マニュアル，部局間メモがあげられる。他の私的ドキュメントは公開を念頭に作られたもので，年次レポート，新聞発表，広告ビラなどがある。メディア産業などの場合，新聞やテレビ・ドキュメンタリーをはじめとする多くの生産物は，その性格からして，それ自体がドキュメント分析のためのできあいの情報源になっている（→**内容分析 49 頁**）。新聞記事のオンラインデータベースは，たとえば，「癌」がどのように表象されているか（Seale 2001），あるいは，「市民」と「医療の専門家」がどのようなやり取りを行なっているか（Abraham and Lewis 2002）を明らかにするために利用されてきた。

　私的ドキュメントの事例の多くは，地方政府や中央政府によって生みだされた「公共的ドキュメント」のなかにも見いだされる。（健康や教育，年金等の）行政記録は，サービスが国家によって供給されているか，商業的に購入されているかによって分類できる。政府によるドキュメントのなかには，公共領域の中核にある法律や法令や政策表明などが含まれる。しかし，内部における文書業務の大半には，機密の護持が課されており，国家の安全を維持するための制約が存在している。市民の課税額や健康や前科についての政府データへのアクセスが制限されてしかるべきだという合意がある一方で，さして重要でないケースについては，欠落した情報の穴を埋めるために利用してもよいと考えられている。米国では，英国に比べてアクセス権ははるかに自由である。英国においては，公記録保存所がデリケートだと判断した（古参政治家や役人や市民の

有力者や王室を揺さぶるような）ドキュメントについては公表は禁じられ，数十年後に部分的に検閲されて公表される。

われわれの限定された定義からは，いくつかの関連する対象がもれている。写真や他のヴィジュアルな形式は，「ドキュメント」としても扱えるが，ヴィジュアル・メソッド（ヴィジュアル・メソッド265頁）の項目で考察されるのでここではとりあげない。また，センサスのような公式的統計資料や，既存のあらゆるトピックに関する「調査文献」，そして調査者の必要から生みだされた「調査日記」もいずれも入っていない。その理由は，これらは調査資料として扱われることになるからである。とくに前二者については，二次分析（二次分析237頁）と呼ぶのがふさわしい。

しかしながら，もしもわれわれが統計家たちの抱く信念とでもいうべきものを研究するならば，そうしたドキュメントを証拠として取り扱うだろう。デイビス（1980）は，19世紀におけるジェンダーや「生産労働」の観念が，米国や英国における人口センサス（国勢調査）で用いられる定義に影響を与えたことによって，女性が統計上で周縁化されてしまったり，経済活動の指標がゆがめられたりしてきたことを明らかにしている。この例はさらにわれわれがドキュメントを，それが明示する内容（特定の産業において，どれだけの女性が賃労働に従事しているか）を知る必要から額面通りに受けとめることもあれば，もっと深い解釈（なぜ「賃労働」だけが特別なのか，なぜ特定の産業がグルーピングされているのか，それを誰が決めたのか，といった問いの究明）を行なうために「行間を読んだり」することもあることを示している。したがって，ドキュメント法は，質的研究にも量的研究にも用いることができる（→質的調査法193頁；量的調査法200頁；内容分析49頁）。

対象に関する解釈を強調する立場は，ドキュメント法についてのはるかに広い定義を要求する。カルチュラル・スタディーズの研究者たちは，「テクスト」という言葉を，書かれたものだけではなく，すくなくとも小説や映像を含んだ人間存在によるあらゆる生産物にまで拡大する。ラッセルとタイラーによる3歳から13歳までをターゲットとした小売りチェーン店「少女天国」の研究は，「店内はもとより店のウェッブサイトにおけるマーケティング戦略や特売ビラにみられる女らしさの表象に焦点を絞りながら……テクスト分析と解釈法」を用いて女らしさの構築を探求している（Russell and Tyler 2002 623-4頁）。彼らの「テクスト」とは，店であって，たんなる特売ビラではない。こうした広い定義に本質的な誤りがあるというわけではないが，議論があまりに広がって

しまうのでこの項ではこれ以上は扱わない。

　われわれの狭い定義へと立ち返ろう。スコット（1990）は，いかなるドキュメントも避けて通ることのできない4つの主要問題を呈示している。その4つとは，真正性，信頼性，代表性，そして意味の解釈である。「真正性」とは，研究対象が間違いなく当のものである，ということである。「ヒットラーの日記」の良く知られた偽書は，アカデミックな研究者が，いかに間違いを犯しやすいかを示している。「信頼性」とは，どこまで著者を信じることができるか，という問題である。彼／彼女は，目撃者だったのか，それとも，また聞きで知らされただけなのか。著者は，出来事の正確な説明を書き留めていたのか，それとも誤った説明だったのか，あるいは，わざと自分で歪めた説明だったのか（→自伝／伝記法とライフ・ヒストリー 17頁）。

　ドキュメントは，たいていはサンプルの一部分であることを避けられない。ドキュメントとは，数多くの同類のなかからの幸運な生存者であったり（多くの手紙は破棄されるので，滅多に残されていない），われわれがほとんど知らない母集団から選別されたものだったりする。研究者は，往々にして研究されたドキュメントがどの程度の代表性をもっているのかを評価できないし（→標本抽出：標本の大きさをどう決めるか 226頁），それゆえ，そこからの一般化可能性もなかなか見極めにくい。

　ドキュメントの意味は，観察された社会的行為や言語の「意味」と同じように複雑である。意味の解釈は，ドキュメントの著者と研究者の双方の文化的文脈に依存している。著者と，想定された読者とのあいだで了解され共有されている意味（専門用語，議論に関する簡略化された言いまわし，同僚の意見，諸個人の目的）は，書き残すことはもちろん，あえて言明する必要もないものである。研究者は，ドキュメントの意味を，文面の水準と解釈の水準の両面で理解することができるのだろうか（→内容分析 49頁）。

　ドキュメントは，これら4つの基準のもとで検証されなければならない。手紙や日記といった私的ドキュメントは通常は真正なものだが，著者の名声ゆえに書き残されたものに市場的な付加価値がついた場合にはそのかぎりではない。それらのドキュメントのもつ信頼性も，さほど確かなものではない。なぜなら，われわれは往々にして自分の感情を隠したり，よい印象を与えようとしがちだからである。手紙は，ほとんど代表性をそなえていない。たまたま手元に残されていたという点の他に，ほとんどエリートのためのものだった手紙が，郵便制度の確立とともに広範に用いられるようになったことも，その理由の一つで

ある。今日では，Ｅメールや携帯電話が，従来の手紙に取って代わってしまった（こうした問題は，公私の関係についてもますます顕著になってきており，調査においてのみならず，一般的な利用においても，証拠を突き止めたり生みだしたりすることが困難になっている）。意味の解釈は，テーマの内容のみならず，手書き文字の判読可能性（や古い資料の物理的な状態）にも依存している。個人的な手紙の筆者は，想定された読者とのあいだに非常に高い相互理解を保持していることが多いので，それについてはっきりと述べる必要はないが，そのことが研究者する側にとっては手紙の意味を理解することの困難さにつながっている。

営利組織における私的ドキュメントは，めったに偽造されることはない。しかし，その信頼性は，きわめて疑わしいものである。外部世界にむけたそうした公式のドキュメントは，良い印象を与えようと目論まれている。商法やプロフェッショナルな行動規範や倫理によって制約されているにもかかわらず，エンロン事件や類似の粉飾決算の事例が示しているように，企業の宣伝には誤った認識へと誘うものが多い。企業内的な運営と公共的サービスは，手続きに関するガイドラインとなるマニュアルやドキュメントに従うものとみなされている。しかしながら，そうした組織であればどこでも従業員は，昇進という個人の目標に動機づけられ，自分の失敗を隠したり，組織内での栄達のために奮闘したりしている。企業内のドキュメントに記された抽象的なルールと「現場で」実際に起こっていることとのあいだには，大きな開きがある。年次報告のように一般に公開されるドキュメントについては，その代表性を評価することができる（選びだされたレポートは，各年度のレポートのなかで典型的なのだろうか？）。企業内的なドキュメントを判別するのは，より一層のことむつかしい。どんなドキュメントが存在していたかについて，外部から来た研究者に，いったいどうしてわかるだろう。研究者に開示されたドキュメントを（おそらくは，企業内アーカイブのなかで）だれかが事前に選別してはいなかっただろうか。結局，ドキュメントのもつ意味の解釈は，組織のメンバー間で取り交わされる内的なダイナミクスとともに，企業の公式的なビジネスないしは組織の文化的文脈をいかに理解するかにかかっている。

真正とはいえない公共的ドキュメントのうちでも重要な事例がいくつか存在している。チェンバレンが「我らが時代の平和」においてヒットラーと合意のサインをかわすはずだったという空白部のある用紙や，原油で儲けているイラクに対する米国と英国の2003年の侵攻を正当化するために用いられた証拠書

類等がそれである。たいていの人びとは，誠実であろうとする。しかしながら，統治というものは，利害集団間における闘争の場であり，したがって政治家の倫理的水準はいうまでもなく低い。公共的ドキュメントにおける信頼性は，もしも著者が，自分の書いたものが仲間内以外の人物の目にふれることは決してないと信じている場合をのぞいては，非常に限定されたものとなる。もちろん，こうした信頼性の欠如は，それ自体が調査テーマとなりうる。ここでも代表性は，われわれがどのようなドキュメントについて議論しているかによって変わってくる。出版されたドキュメントは事例として検証しうるけれども，内部的なドキュメントは検証しえない。ドキュメントへの関心は，しばしばその固有性にあって，そうした関心は事例研究とも密接に関係している（→**事例研究 27 頁**）。あるドキュメントと他のドキュメントとのあいだに一貫性がないという事態も研究対象になりうる。それとは対照的に公共的ドキュメントの意味は，複雑な法的言語の場合をのぞけばたいていは非常に明快である。

ドキュメント法のもつ限界は，真正性，信頼性，代表性，意味の解釈といった四つの基準が満たせないことと要約できる。そうした潜在的なむつかしさは，それぞれのドキュメントのもつ固有のメリットとの関連において判断されるべきである。さらに，アクセスの問題，すなわちカタログ化の不十分さや，現行のドキュメント記録に最新情報が加えられていないといった，より一般的な困難が存在している。膨大なドキュメントについて記述するにはスペースが限られているため，選択性という別の問題がどうしても生じてしまう。

にもかかわらず，ドキュメントは過去に対するアクセスを可能にするし（たしかにそれは利用可能な唯一の方法かもしれない），比較的安くかつ短期間に処理できる。物質的な存在ゆえに，他の研究者が結果を資料に照らして再考することが可能である（これは，社会学では滅多になされないけれども）。人間と違って，ドキュメントは研究されることに拒否反応を示さない。さらには，自然に生みだされた対象であるために，ドキュメント法は研究者のもつバイアスの影響を蒙りにくい。ドキュメント法は多くのトピックに適用可能であるし，じっさい数多くの著名な研究はこの方法を用いている（たとえば，Olzaket et al. 1996 および Sampson and Laub 1993）。ドキュメントが 4 つの基準を満たし，慎重に分析されるなら，それらは社会科学にとって重要な情報源となるだろう。

【キーワード】
真正性

【関連項目】
自伝／伝記法とライフ・ヒストリー

信頼性	17 頁
意味	事例研究 27 頁
個人的ドキュメント	内容分析 49 頁
私法人的ドキュメント	質的調査法 193 頁
公共的ドキュメント	量的調査法 200 頁
代表制	標本抽出:標本の大きさをどう決めるか 226 頁
テクスト	
	二次分析 237 頁
	非干渉的方法と複眼的測定 254 頁
	ヴィジュアル・メソッド 265 頁

【参照文献】

一般

Scott, J. (1990) *A Matter of Record*. London : Polity Press.

研究例

Abraham, J. and Lewis, G. (2002) 'Citizenship, Medical Expertise and the Capitalist Regulatory State in Europe'. *Sociology*, 36 (1) : 67–88.

Davies, C. (1980) 'Making Sense of the Census in Britain and the USA'. *Sociological Review*, 28 (3) : 581–609.

Olzak, S., Shanahan, S. and McEneaney, E. (1996) 'Poverty, Segregation, and Race Riots : 1960 to 1993'. *American Sociological Review*, 61 (4) : 590–613.

Platt, J. (2003) *The British Sociological Association: a Sociological History*. Durham : Sociology Press.

Russell, R. and Tyler, M. (2002) 'Thank Heaven for Little Girls'. *Sociology*, 36 (3) : 619–37.

Sampson, R. and Laub, J. (1993) 'Structural Variation in Juvenile Court Processing' *Law and Society Review*, 22 (2) : 285–311.

Seale, C. (2001) 'Sporting Cancer : Struggle Language in News Reports of People with Cancer'. *Sociology of Health and Illness*, 23 (3) : 308–29.

Ethical Practice
倫理実践

倫理実践は研究を行なうさいにもつべき道徳的姿勢である。単に技術的手続きが高度に専門的な基準を満たしているだけでなく、研究対象となることに積極的に同意した人びとに対する尊敬と保護がなければならない。

【アウトライン】鍵となる道徳的かつ専門的姿勢としての倫理実践。「科学的知識」に対する誠実さと自信。手抜きをしようとする圧力。証拠の反証可能性。資金提供機関：誰が知見をコントロールしているか？ インフォーマントに対する義務。倫理実践に関するイギリス社会学会のステートメント。インフォームド・コンセント；匿名性；危害からの保護。同意とひそかに行なう研究。控えめな観察 vs. インフォーマントとの協調。実践的ジレンマを克服する原理としての倫理。

倫理実践は社会調査のお添えものではない。その中心にある。倫理的な行ないは科学的企て全体の正当化根拠となっている。倫理的な行ないは調査設計（research design）やプロジェクト組織に行きわたっているし、実査の最中にであうインフォーマントに対する礼儀正しさといった細かい、その時々の決定にも反映している。そもそも研究をしようという決定でさえ、そのプロジェクトが行なうに価し（通常は）公共的資金提供を受けるだけの価値があるという倫理的判断に基いている (Gorard 2003)。何が道徳的に正しくて何が単に便宜的であるかのジレンマは、決して他人事ではない。研究者が困惑しながらも毎日のように経験している事柄である。

物理学者も社会科学者も、他の科学者たちは誠実に振舞っているはずだと日常的に想定して仕事をしている。他の科学者たちはデータを捏造していないし、自らの方法の成功について嘘をついているわけでもないし、知的発見を封じ込めたりもしていない。自らの理論的立場を支持してくれる部分だけを選び出して報告したりしているのではない、と。このような事態がじじつ支配的にならないならば、自分たちの学問の知識の蓄えに頼ることはできない。頼ることができなければ、研究という集合的企ては崩壊してしまう。

科学の世界における不誠実を発見する恐怖を、研究の世界の外にいる人に伝えることは難しい。バートによる心理学的業績は、心理学者ばかりでなく他の

学問分野にとってもショックで信頼を無くす出来事だった（彼の仕事は，戦後の英国における中等学校制度の形成にとって中心的なものであった。Shipman 1997を参照）（→バイアス22頁）。科学者自身が自らを信頼できないようでは，科学的知識が価値あると主張しても一般の人がどうしてそれを信頼できようか。科学社会学が，研究者が実際にどのように振る舞っているかについて暴露してきたにもかかわらず，研究者は優れたアカデミックな実践に対する信仰を維持しつづけなければならない。さもないと，とんでもないことになってしまうからだ。

　知識の生産に従事する営みが適切なものでないといけないというこの要請は，公刊された知識が絶対的「真理」だと見做されるべきだということを意味しているわけではない。本書の他の部分ではデータ収集やデータ分析上のミスがいろいろなかたちで起こりうることについて示そう。「知的発見」は自明ではない。証拠の強さ（→**妥当性260頁**と**信頼性217頁**）や証拠の解釈について論議することはまったく正当なことだ。

　専門家の間でなされている論争が調査実践における誠実さに対する根本的な倫理的要請に基づいている，という事実は明らかなように見える。しかし，近年はその事実もますます問題視されるようになってきた。研究資金の提供者はきついスケジュールで結果を要求してくるだけでなく，自分たちの政治的商業的な見解を支持してくれるような知的発見をも要求してくることが多い。大学のトップは，新しい発見がもたらす世間的名声（と特許権使用料）を教員が生み出してくれることには熱心だ。個人の経歴は研究論文をどれだけ公刊したかにかかっている。自然科学上の「発見」と言われていたものが，予備的発見が十分な裏づけの仕事を待たずして発表されてしまっていたことが分かったために，台無しになったことも多い。学術的雑誌が，オリジナルなものかどうかという疑いから掲載論文を取り消してしまうこともよくあることだ。

　本節を書いていたまさにその日の新聞に，Imperial College（英国の指導的高等教育制度の一つ）が威信の高い *New England Journal of Medicine* という医学雑誌に載った一本の論文を撤回することを検討している，という報道が載っている。著者の一人が発見についての合意内容を共著者とでっち上げたことを認めた，というのが理由である（*The Guardian* 2003）。二三週間前に，アメリカ大統領とイギリスの首相とがともに一つの情報報告を支持していたが，その報告の一部は学生の学位論文からの剽窃であることが後に判ったのである。しかもイラク戦争を正当化するために鍵となる語句が「改ざん」されていたと

の主張もなされたのである。政治家の信用度が低いことはもはや悪名高い。しかし，社会科学の評価は真実を語る専門家の手に委ねられている。

真実を語ることは，さほど簡単なことではない。研究資金の提供者であるスポンサーが公刊を差し止める権利を保有することで，発見をコントロールすることが多くなってきている（たとえば，**評価研究83頁を参照**）。政府の部局は，報告書のタイミングを決定し公表を差配する資格をもっている，と言い張る。政治的に歓迎できない結果は発表を遅らせて賞味期限切れに持ち込んだり，日曜祝日に目立たないなかたちでそっと発表させて新聞社も野党の政治家も見落としてしまうようにさせることもある。研究者は公表権を制限するような契約を結ぶべきだろうか。そもそも研究をすべきではないのだろうか。研究者は，たとえ「不公正なかたちで」強要されたとしてもそのような契約に従わなくてはいけないのだろうか。それとも研究結果を「リーク」すべきなのだろうか。われわれの周りには倫理的ジレンマが多くある。何が善で何が悪かについてのわれわれの判断も，研究の過程で変わってくることさえある（Collins 1984; Pring 2000）。

研究者はインフォーマントに対しても義務を負っている。その義務は研究資金の提供者に対する義務と同じほど重要だ。イギリス社会学会の『倫理実践宣言』（これはアメリカ社会学会ならびに他のいくつかの団体による倫理規定に依拠している；ASA 1997；BPS 2000；SRA 2002）が記しているように，知識の進歩は：

> それ自体では，他人の権利を侵害する資格を与えているわけではない……。社会学者は研究に参加している人びとの物理的・社会心理学的幸福が研究によって逆に作用しないように保障する責任を負っている。社会学者は研究対象とする人びとの権利，関心，感受性，およびプライバシーを守る努力をすべきである（BSA 2002 2頁）。

ここには3つの鍵となる要素が含まれている。まず第一に，潜在的なインフォーマントはできるかぎり自由にインフォームド・コンセントを与えたうえで参加できるようにしなければならないこと。そして理由は何であれ自分たちの調査に対する関わりをいつでも終らせることができますよ，ということを言ってもらわなければならない。インフォームド・コンセントとは：

研究がそもそも何に関するものなのか，誰が企て資金提供しているのか，なぜその研究が行なわれているのか，どのようにして進められるのか，についてできるだけ詳しく，また参加者にとって意味のある言葉で社会学者が説明する責任のことを意味する（同3頁）。

　第二に，公刊される報告書のなかではインフォーマントは匿名にしてインフォーマントの身元が割れないように保障されなくてはならない。単に名前を変えただけではだめだ。状況によっては，演じられている役割，いつ出来事が起こったか，その他の文脈的な手がかりから身元が割れてしまうことがあるからだ。インフォーマントは，彼らの行為や言葉の記録が丸秘扱いとされ，記録を見ることのできるのは研究者だけで，もっと決定的にはその研究環境における他の参加者の目には絶対に触れないように保障されなければならない。これらのことを併せると，第三の要素となる。すなわち，情報提供者に害悪を及ぼすことがあってはならない。

　こうした倫理実践の骨子を定式化することと厳格に実行することとは別のことだ。倫理実践はあらゆるときに適用されなければならないのであって，抵抗勢力がいたり物理的害悪が人びとに及ぶといった極端な場合にだけ適用すればいいというものではない（たとえば，Bryman 2001 475-86頁を参照）。インフォーマントは，その研究がどのような結果を引き起こすかを十分には理解していないこともある。なかには「社会学」のことをインフォーマントたちにとっては閉じた世界だと言ってはばからないものもいるし，「日々の出来事についての歴史」に過ぎないという考えに満足しているものもいるからだ。研究について説明することは研究を行なうための時間を奪うことになるし，その時間はインフォーマントにとっても貴重なものだ。匿名性を守ることは，厄介である。とくに，匿名性が守られなければ，貴重な証拠となりえたものを捨て去らないといけないときには。公の会合で一定の役割を担っている人はみなインフォームド・コンセントを与えなくてはいけないのか。それとも彼らが公の場に居合わせているということ自体で十分なのだろうか。マル秘の約束は本当に守ることができるのか。とくに調査データが「法廷による召喚状を受けそうな」場合はどうか。研究法を学習している段階の学生は，疑うことを知らない市民については多少規準を甘くするべきだろうか。これらの事例はすべて原理原則と便宜的対応とのバランスについて何度も何度も考えなおさなければならない。

　研究のなかには「口実」（subterfuge）を設けないとできないものもある。す

なわち，研究自体は公共の利益となるのだが，研究されることに文句をつけているグループを研究対象としている場合である。たとえば，ファシスト，犯罪者，宗教的過激者に対して「ひそかに行なう」(covert) 研究の場合である。このような研究は実質的な騙し (Festinger et al. 1956) を伴う。これは十分な考慮を払ったのちにのみ行なわれるべきであり，便宜や病的好奇心と混同されてはならない。後者はインフォームド・コンセントの原理原則に反するからだ (Herrera 1999)。

　こういった問題は参与観察（→**参与観察** 183 頁）における問題と重複する。参与観察では，研究者は調査環境の一部である役割を取得することによって正当なかたちで控えめなスタンスを保持できる，とふつう言われている。ここでは，また類似の場合（→**非干渉的方法と複眼的測定** 254 頁），もしインフォームド・コンセントが研究対象としての行動を明らかに撹乱することになるので事前には得られないならば，フィールドワークの終わりに得るべきである。しかしながら，フェミニストたちの方法の主唱者のなかには（→**フェミニスト調査** 93 頁）こうしたスタンスを研究者による権力の乱用だとして批判するものもいる。彼らの見解によれば，研究は協同的企てでなければならず，そこではインフォーマントも参加しプロジェクトの条件を拡大できる。こうしたことを少しでも下回る研究は非倫理的だ，と。彼らの批判は同僚との研究上での協力関係を倫理論争に含めるうえでも役立ってきた。倫理実践に関するあれこれの論争点が生じる他の領域には次のようなものがある。(→**アクション・リサーチ** 1 頁；**エスノグラフィ** 72 頁；**インターネット世論調査** 134 頁；**インタビュー** 139 頁；**観察** 173 頁；**二次分析** 237 頁；および，**ヴィジュアル・メソッド** 265 頁)。

　調査研究は社会学者を他の学問領域の分野に引き込むことが多い。そこでは別の倫理的枠組みが働いている (Spallone et al. 2000)。倫理実践の複雑さと，調査スタイルと調査環境の多様性は，なぜ大学が「倫理」ないし「人間を対象とする」委員会を設けて，新しい調査申請書を審査しているかの説明になっている。ほとんどの社会科学関係の学部はこの審査方式を学部生の卒業論文調査にまで拡大している。これと同じ理由から，イギリス社会学会 (BSA) は，規則の形はとっていないが「宣言」を持っており，その強さと拘束力は「最終的には社会学者たちによる積極的な議論，反省，と継続的使用に依拠している」。それは「レシピの集合」ではなく，原理原則 (principles) の集合なのだ。「原理原則からの逸脱は（ありうるとしても）熟慮のすえなされるべきであり，無知によるものであってはならない」(BSA 2002 1 頁)。学生のプロジェクトは

BSA 大綱を守ることで通常は倫理的基準を満たせる。

【キーワード】
匿名性
マル秘（confidentiality）
ひそかに行なう（covert）
倫理委員会
便宜
インフォームド・コンセント

【関連項目】
アクション・リサーチ 1 頁
バイアス 22 頁
エスノグラフィ 72 頁
評価研究 83 頁
実験 88 頁
フェミニスト調査 93 頁
インターネット世論調査 134 頁
インタビュー 139 頁
観察 173 頁
参与観察 183 頁
信頼性 217 頁
二次分析 237 頁
非干渉的方法と複眼的測定 254 頁
妥当性 260 頁
ヴィジュアル・メソッド 265 頁

【参照文献】

一般

Bryman, A. (2001) *Social Research Methods*. Oxford: Oxford University Press.

Gorard, S. (2003) *The Role of Numbers in Social Science Research*. London: Continuum.

Herrera, C. (1999) 'Two Arguments for "Covert Methods" in Social Research'. *British Journal of Sociology* 50 (2) : 331-43.

Pring, R. (2000) *Philosophy of Educational Research*. London : Continuum.

研究例

American Sociological Association (ASA) (1997) *Code of Ethics*. www.asanet.org/members/ecointro.html

British Psychological Society (BPS) (2000) *Code of Conduct, Ethical Principles, and Guidelines*. www.bps.org.uk

British Sociological Association (2002) *Statement of Ethical Practice*. www.britsoc.co.uk?index.php?link_id=14&area=item1

Collins, H. (1984) 'Researching Spoonbending'. In Bell, C. and Roberts, H. (eds.), *Social Researching*. London: Routledge & Kegan Paul.

Festinger, L., Rieken, H. and Schachter, S. (1956) *When Prophecy Fails*. New York: Harper. (水野博介訳, 1995, 『予言がはずれるとき――この世の破滅を予知した現代のある集団を解明する』勁草書房)

Finch, J. (1984) '"It's Great to Have Someone to Talk to": the Ethics and Politics of Interviewing Women'. In Bell, C. and Roberts, H. (eds.) *Social Researching*. London: Routledge & Kegan Paul.

Guardian (2003) 'Research News', *Guardian Education*, 18 Feb. 2003: 11. www.educationguardian.co.uk/higher/research

Shipman, M. (1997) *The Limitations of Social Research*. Harlow: Addison Wesley Longman.

Social Research Association (SRA) (2002) *Ethical Guidelines*. www.the-srs.org/Ethicals.html

Spallone, P., Wilkes, T., Ettorre, E., Haimes, C., Shakespeare, T. and Stacy, M. (2002) 'Putting Sociology on the Bioethics Map'. In Eldridge, J., MacInnes, J., Scott, S., Warhurst, C., and Witz, A. (eds.) For Sociology : Legacies and Practices. Durham: sociologypress.

Ethnography
エスノグラフィ

　エスノグラフィは，体系的で長期間にわたる，インフォーマントについての観察や，インフォーマントとの会話にもとづいて，人びとが社会的状況のなかでどのような生活を送っているかに関するきわめて詳細な説明を行なうための実践である。

【アウトライン】
　エスノグラフィの人類学的起源。シカゴ学派：直接経験vs.書物による学習。英国におけるドキュメンタリー。記述から解釈へ。時間をかけ，体系だった，直接的な邂逅についての詳細な説明。反省性。状況のなかで自然に起こってい

ること。参与観察を学ぶ。異なった集団へのアクセスを得ること。

　エスノグラフィは，20世紀初頭に生まれた。その頃，社会人類学者が最初に行なったのは，自分たちの社会とは違う社会をダイレクトに研究することだった。当時，進化主義的思考の圧倒的な影響下で，部族社会は，先進技術を手にする以前に営まれていた人間生活の諸様式を残存させている実例とみなされた。人類学者は，すでに消滅しかけていたライフスタイルを文化的信念のシステムとして記録し，日々の実践や文物を詳細に調べた。小規模で，農耕を営み，基本的に無文字で，「単純な」社会に生きる人びとの生活の諸側面は，それだけで魅惑的だった。しかし，調査は，「未開の」人びとをエキゾチックな動植物のように物語る「旅人の土産話」であってはならなかった。調査は，対象となる人びとのあいだで生活しながら，一定期間にわたる直接的な観察を要請した。

　人類学は，考古学や歴史学に対する一つのオルタナティブであったし，思弁的な机上の理論化作業よりはるかに好ましいものだった。単純な社会についての研究は，その小規模性からして，広大な国家を研究するよりもずっと容易だった。そうした諸社会は，一つの全体性をなすものとみなされ，一人の研究者によって研究された。それらは，社会のミニチュアバージョンとして位置づけられ，そこでの調査を通して，たとえば社会秩序はどのように維持されているか，といった基本的な社会学的過程に関する諸議論が展開された。さらに，これらの社会は，植民地ルールを適用する側に様々な困難をもたらした。なぜなら，これらの社会は，征服者たちとは異なった原理によって営まれていたからである。ただ，人種差別主義者である植民地行政官や，「原住民」を見下していた土地投機家たちでさえ，はじめのうちは人類学者を自分たちの助手として活用するために寛大に遇した。後になって，「人種の壁をこえた」人類学者は歓迎されなくなったが，だからといって，それにつづくポスト・コロニアル体制において彼らが受け入れられたわけではなかった。ポスト・コロニアル体制において，人類学者はスパイとみなされたのだった。

　エスノグラフィの「人類学的遺産」としては，マリノフスキー，ラドクリフ＝ブラウン，ボアズの足跡を辿るのが通例だが，その他の発想源も存在していた（Payne et al. 1981 87-115頁）。米国では，1892年，シカゴ大学に世界最初の社会学部がアルビン・スモールによって設置された。彼の影響下で「シカゴ学派」が誕生したが，そこでのモットーは，「社会学を学ぶ学生が最初に習う

べきことは，観察することと，その結果を記録すること」(Park and Burgess 1921 v頁)とされていた。そして「シカゴ学派」は，移民やギャング，阿片中毒者，ホーボーといったスラム生活に関する研究に新境地を拓いた。英国では，社会改革の先駆者であるベアトリス・ウェッブが，社会制度に関する「慎重で，かつ継続的な個人的観察」の必要性を訴えていた（Payne 1981 87頁より引用）。ボランティアの観察者たちからなる国民的ネットワーク組織，すなわち「マス・オブザベーション」が，1937年にマッジとハリソンという二人の社会科学者（とジェニングスという映画製作者）によって設立された。戦後期にはエスノグラフィの伝統は，地域コミュニティ（→コミュニティ研究44頁）や工場，そして後には逸脱や女性の地位（→フェミニスト調査93頁）に関する研究者たちによって引き継がれた。今日，エスノグラフィの伝統は，質的な調査研究において多様な姿をとりながら社会科学のなかに根づいており，それは，英国社会学における支配的な方法でさえある。

　こうした歴史をみれば，エスノグラフィのなかから多様な伝統が現れたとしても驚くにはあたらない。初期の人類学者による単純かつ高度な記述的アプローチによる方法であり，かつまた，そうした方法を用いた説明の名称でもあるもの，それが，人びと（の文化や行動）に関する科学的研究としての「エスノグラフィ」である。後続の研究は，そうした記述的方法を用いた説明にたいする解釈に比重を置いてきており，それは，しばしばエスノロジーと呼ばれている。「批判的エスノロジー」は，権力構造を暴くことによって，人びとのエンパワーや解放をめざしている。伝統的なエスノグラフィは，当然ながら事例研究（事例研究27頁）として生活のきめ細かな記録をとろうとしてきたが，現代の研究者たちは，エスノグラフィのデータを理論的な着想を発展させるための証拠として利用している（たとえば，Punch 2003がある）。

　こうした志向性の多様さにもかかわらず，エスノグラフィの実践には一貫した筋道が存在している。ソーシャル・サーベイにおける短時間の遭遇とはちがい，エスノグラフィの実践は，調査対象の人びとが一定の相互行為的な文脈において生活を営んでいる現場で，人びととのあいだで時間をかけ，体系だち，対面的で，直接的であるような邂逅を行なおうとする（→質的調査法193頁；量的調査法200頁）。この実践には親密な個人的接触や濃い経験がともなうので，エスノグラファーは自分自身の反応に対して注意深くあらねばならないが，じつは，それもまた調査の一部分にほかならない。ここで重要なのは，調査者の反省性（反省212頁）である。一定のコンテクストにおいて起こっている

ことを理解するためは，社会的行為におけるそれぞれの特定要素をより大きな単位の部分とみなすこと，すなわち全体的な観点にたつことが必要である。

エスノグラファーは，偶然に出会う出来事を尊重し，まずはその出来事をそれに固有な言葉によって理解しようとする。このことは，出来事を固有の状況のなかでそれが実際に起こっているがままに見るということであって，出来事を当事者の目を通して見ようとすることにほかならない。それゆえ，エスノグラファーは，もっと知識のある人たちからみれば学習途上の者であり，調査対象の人たちに対して劣位の位置にいる者にふさわしい謙虚さをもって調査に取り組まなければならない。そして，調査者はさらに，その新たな学びのプロセスを自分なりに表現しておかねばならない（Hammersley 1998）。

エスノグラフィにおける生え抜きの方法は，参与観察（→**参与観察 183 頁**）である。調査対象として選択した社会的状況への参加や包摂が容易になるのは，調査者が現場の役割を引き受けたときであり，そうすることで観察はしやすくなる。（調査者が，自分の実際の目的をどこまで明かすかは，一つの倫理的な問題である：**倫理実践 66 頁**）。エスノグラフィにおける「観察」や「参与」といった方法は，普通は，質問をしたり，時間をかけてインタビューをしたり背景を知るためにドキュメント法（→**ドキュメント法 59 頁**）を用いたり，といったような他の方法と併用して用いられることが多い。

参加することや，出来事をあるがままに受けとめることの強調は，エスノグラフィをとても容易なものに思わせる。1980 年代には，エスノグラフィは教えられないものとされていた。つまり，専門的知識とは，じっさいにやってみることでしか身につかないものだったのだ。たしかに，右も左もわからぬ多くの院生たちが，難しい流儀を学ばねばならなかった。それが，社会人類学の伝統だった。エバン＝プリチャードは，指導的な人類学者になるまでの時期を回想しながら，教育訓練が男性向けだった時代に，「経験を積んだフィールドワーカーからわずかばかりのヒントを引き出そう」と，いかに努めたかについて述べている。

　　私ははじめにウエスターマークにアドバイスを求めた。彼から得られたのは，「インフォーマントと二十分以上話しこんじゃいかん。長話にうんざりさせられたくなかったらな」というものだった。……（ハドンは，）簡単なことさ，いつもジェントルマンらしく振る舞えばいいのさ，と教えてくれた。他にもとても気の利いたアドバイスがあった。私を指導してい

たセリグマンは，毎晩キニーネを十錠飲んで，女を身辺に近づけるな，と言った。有名なエジプト学者のサー・フリンダース・ペトリは，汚水を飲むのを苦にしなくていい，すぐに免疫がつくから，と言っていた。最後にマリノフスキーに尋ねたときには，愚か者にだけはなるな，と言われた（Evans-Pritchard 1973 1 頁）。

エスノグラフィが卒直なものに見えたとしても，それは常にいくつかの問題をかかえている。最初の調査協力を取り付けるのは，けっして簡単なことではないし（→フィールドワーク99頁；キー・インフォーマント139頁），さらに，その場で記録をとることにはいつも問題がつきまとっている（→観察173頁；**参与観察173頁；質的データのコーディング32頁**）。すでに指摘してきたように，何を，どのように調査したらよいかという，非常に高度な理論的志向へのコミットメントが，たとえ暗黙的にであれ要請される（→グラウンデッド・セオリー105頁）。初期の研究者たちは，しばしばこの問題をないがしろにしてきた。ハワード・ベッカーは，理論的枠組みについて尋ねられたとき，「なにをそんなに心配してるんだ。ただ，そこへ出かけていって，やればいいんだよ」と言い返した（Payne et al. 1981 114頁）。

ベッカーがいかに軽蔑気味に「やればいい」と言ったとしても，それはそんなに生やさしいことではない。というのも，エスノグラフィという企ては，調査者とインフォーマントとあいだの相互作用の質に依存しているので，エスノグラファーのパーソナリティや社会的スキルが何よりも重要になってくるからである。社会学者ならだれもがはじめからこの方法に適合しているわけではないのに，自身の適性を真剣に自問する社会学者には滅多にお目にかかったことがない。スラング的な言い回しや，方言や，地域言語への精通は言うに及ばず，会話術の腕前についてさえ，調査報告書において論じられることはほとんどない。

さらに，調査者が実際に受け入れられている程度や，社会集団に参加している程度，そして集団に共有されている文化的意味合いを理解している程度について，しばしば過大な思い込みがある（→コミュニティ研究44頁）。調査者が単独で，関連するあらゆる物理的状況を同時にカバーしたり，昼と夜のすべての時間をカバーしたりするのは無理な話である。たとえそれが可能だったとしても，いくつかの特定の状況は調査者に対して門戸を閉ざすだろう。若い男性は母親と幼児の集団には歓迎されないし（→フェミニスト調査93頁），女性は

「乗船させると不吉」だし，白人はエスニック・マイノリティ集団の調査にとってあまり良いポジションにいるとはいえないし，中産階級出身の社会学者は，エリートや社会的に排除された人たちの生活に共感を示す役柄として必ずしもふさわしくない。

【キーワード】
批判的エスノロジー
全体的観点
自然に起こる
再帰性
単純な社会

【関連項目】
事例研究 27 頁
質的データのコーディング 32 頁
コミュニティ研究 44 頁
ドキュメント法 59 頁
倫理実践 66 頁
フェミニスト調査 93 頁
フィールドワーク 99 頁
グラウンデッド・セオリー 105 頁
キー・インフォーマント 146 頁
観察 173 頁
参与観察 183 頁
質的調査法 193 頁
量的調査法 200 頁
反省 212 頁

【参照文献】
一般

Evans-Pritchard, E. (1973) 'Some Reminiscences and Reflections on Fieldwork' *Journal of the Anthropological Society of Oxford*, 4 (1) : 1-12.

Hammersley, M. (1998) *Reading Ethnographic Research* (2nd edn). Harlow: Addison Wesley Longman.

Park, R.and Burgess, E. (1921) *Introduction to the Science of Sociology*. Chicago: University of Chicago Press.

Payne, G., Dingwall, R., Payne, J. and Carter, M. (1981) *Sociology and Social Research*. London : Routledge & Kegan Paul.

研究例

Allen, C. (2003) 'On the Logic of the "New" Welfare Practice : an Ethnographic Case Study of the "New" Welfare Intermediaries', *Sociological Research Online* 8 (1) :www.socresonline.org.uk/socresonline/8/1/allen.html

Punch, S. (2003) 'Childhoods in the Majority World'. *Sociology*, 37 (2) : 277-95.

Ethnomethodology and Conversational Analysis
エスノメソドロジーと会話分析

エスノメソドロジーと会話分析は，社会学における学派を形成している。この学派は，人びとが会話や相互行為を通じて共有された意味や社会秩序を構築していくにあたって，毎日の出会いや出来事を構造化するために常識的知識を用いるメカニズムに焦点をすえている。

【アウトライン】 エスノメソドロジーとエスノグラフィ。相互行為：われわれは相互行為になにをもちこんでいるのか，そして，世界をどのように認識しているのか。フッサールとシュッツの現象学におけるエスノメソドロジーの起源と集合的な類型化。ガーフィンケル：常識と経験の理解。リフレクシビティ。違背実験。会話分析。自然な発話の厳密な分析。エスノメソドロジー的エスノグラフィ：シクレル。事例：地下鉄の運転手，病を語るテクスト。

私たちはエスノメソドロジーを，キー・コンセプトの一つに加えている。その理由は，エスノメソドロジーが，それ自体は調査方法ではないけれども，社会学における重要な下位分野をなしており，学生たちにとって，他の質的アプローチ，とりわけエスノグラフィと区別することがむつかしい一つの調査スタイルをもっているからである（→**エスノグラフィ 72 頁**）。こうした生来の曖昧な類似性にもかかわらず，エスノメソドロジーは，独自で特異な方法をはっきりともっている。エスノメソドロジーはまた，社会調査のテクニックが，どのように理論的アプローチに依拠しているか，すなわち，方法がどのように方法論の枠組みのなかに納まっているのかを明らかにしてみせる。エスノメソドロジストが何を，どのように研究しているかという点は，まさしく社会的世界に対する彼らの哲学的な見方と結びついている（Heritage 1984 を参照）。

エスノメソドロジーを理解するための第一段階は，社会学者は人間存在の異なった部分を選択的に研究しているという点を理解することである。ある社会

学者は，個人によるコントロールの及ばないような戦争，階級，貧困といったマクロな公共的問題に関心をもっている。別の社会学者は，個人の経験やアイデンティティの側面において人権が侵害されているような問題（たとえば，エスニシティ，セクシュアリティ，ディスアビリティなど）に興味をもっている。その他の社会学者は，人びとがどのようにして日常性の基盤のうえで社会的な行為をしているか，すなわち，われわれが互いにコミュニケーションを行なうさいに依拠している社会的な相互行為の細部の解明に焦点を置いている。この集団のなかには，エスノメソドロジストも含まれている。残念ながら，これらの異なった志向性のあいだで積極的な交渉はほとんどない。

　エスノメソドロジーと「会話分析」は，われわれの住んでいる社会は，われわれがどのように振る舞うべきかを細かに規定しているような固定化された社会的世界ではない，と主張する。むしろ，われわれは他者との相互行為にはいる前に，それぞれがすでに個人的に社会経験と文化的知識のセットを身につけている。相互行為とは，探索と交渉からなるプロセスであって，それを通じて人びとは能動的に（しかし，しばしば無意識裏に）自らの経験を意味づける。このことは，けっして社会秩序が存在しないことを意味しているわけではない。そうではなくて，諸個人は探索と理解のプロセスに参加するのに欠かせない諸々の能力からなる「個人的な荷物」を携えているのであり，それがなければ社会生活は不可能になる。社会的世界の存立にかかわるそうしたプロセスがエスノメソドロジストを魅了することによって，研究すべき対象にふさわしい特定の社会調査のタイプへと彼らを赴かせることになった。

　こうした見方の出発点は，フッサールの哲学的著作のうちに見いだされる。フッサールによれば，人間精神は，世界と直接的に交渉しているのではなく，まず五感によって集められた生のデータを加工処理し，つぎに先行して蓄えられていた知識を用いつつこの情報についての解釈を構築しているのである（→**実証主義と実在論188頁**）。事物の本性に関する概念に依拠してなされるこうした解釈過程が存在しなかったならば，われわれは世界を理解することができない。たとえば，もしも自動車に出会ったことがなかったら，われわれはどうしてその機能を知ることができるだろうか。しかし，もしも馬と荷車を知っていたら，その知識が助けてくれるだろう。なぜなら当初，自動車は「馬のいない馬車」と呼ばれていたのだから。

　シュッツは，この「現象学的」学派を社会学へと導き入れ，さらに，解釈は諸個人に固有なものではなく，共有された集合的なカテゴリー（「類型化」と

呼ばれる）に依拠しつつなされる点を強調した。異なった集団は，厳密には同様の「常識的知識」のセットを共有することはない。しかしながら，人びとは意味を共有しているという前提から出発することによって，はじめてコミュニケーションを行なうことができるのであり，そうして少なくとも同意されたとみなされた相互理解にもとづきながら交渉を行なっていく。

　1960年代から1970年代にかけて，こうした考え方が「エスノメソドロジー」へと発展させられた。ガーフィンケルは，諸個人（ないしはメンバー）を，彼ら自身が調査者であるという観点から描きだした。つまり，彼らは自然と身についた自分自身の常識的知識を用いながら，混沌とした世界に意味をもたらしているのである。同様に，アカデミックな社会調査者は，もっと技術的で専門的な調査方法を用いる。したがって，「エスノメソドロジー」において，「エスノ」とは人びとに関係するなにかを示唆しており（「エスニック」と同様の語源），「メソドロジー」とはメンバーが意味づけを与えるさいに用いる方法のことをさしている。エスノメソドロジーとは，こうした民衆の方法についての研究のことであり，方法それ自体のことではない。人びとは，あるパターンを取り出して，それを用いて社会生活を説明するが，説明が成功すればするほど，当該パターンの妥当性についての人びとの信念は強化されていく。ガーフィンケルは，この過程を描くために「リフレクシビティ」という言葉に特別な意味を与えている。

　エスノメソドロジーの調査から，いくつかの成果を導くことができる。有名な「違背実験」においてガーフィンケルは，彼の学生たちに対して，ごくありきたりの状況において，普通とは異なったやり方で行為するように求めた。誰かが「行ってらっしゃい。良い一日をね！（Have a nice day!)」と挨拶したら，学生たちは，「良い」ってどんなふうなこと？（「一日」って）24時間のあいだ？　それとも昼間だけのこと？　と，問いただしたのだった。学生たちは，自宅においては下宿人のようにふるまった。こうした応対が引き起こしたフラストレーションや率直な怒りは，常識的な意味のもっている重要性を立証してみせた。この結果が社会調査者にもたらす一般的で，もしかすると危険ですらある教訓は，私たちがあたりまえだと感じている振る舞い方に対して，実験的にばかにして従わないでみることによって，なにが「正常な」行動であるかを明確にして示せるということである。ただ，注意すべきは，「違背すること」はロール・プレイとして行なわれており，「犠牲者」からは実験の主旨を理解したうえでの同意が得られていない，という点である（→倫理実践66頁）。

エスノメソドロジーは，社会的な生活とコミュニケーションにおける複雑に入り組んだ細部を研究対象にすえる。サックスは，エスノメソドロジーの一翼を担う「会話分析」を発展させた（ただ，ある社会学者は，「会話分析」はエスノメソドロジーよりも重要だと述べている。たとえば Seale 1999 150-3 頁）。そこでは，自然に交わされた会話についての録音（近年では，ビデオ録画）を文字起こしすることで得られた少数のテクストが，非常に詳細に分析されてきた。この研究は，会話を特定の状況（たとえば，招待の申し出の電話）において順番に組織化されたものとしてとらえることによって，会話にみられる諸々のパターンを明らかにした。会話における前後の順番がしばしば社会的状況として非常に重要になってくるのは，それがその場で作用している特定の意味に影響を及ぼしているからである。会話は「自然なもの」であるけれども，研究者たちの扱い方は緻密で，テクニカルであって，反復実験が可能である（→**信頼性217 頁；妥当性260 頁**）。図 4 は，シルバーマン（1993 118 頁）を参考にしながら，使用されている符号の用い方の一例をあげたものである。

　シクレル（1968）やウィンチ（1958）の影響を受けた，エスノメソドロジーにおける二番目の，さほど専門化されていない分野がより多くの支持を集めている。エスノグラフィに接近することによって，もはや会話についての詳細な分析は強調されなくなり，観察された事柄や，小規模な相互行為の社会的文脈に関心がおかれている。とはいえ，社会秩序はあらかじめ決定されてはいないと考える限りにおいて，エスノメソドロジー的なコミットメントは維持されている。同様に，「自然な」振る舞いは，社会的世界を基礎づける共有された意味を理解したり構築したりする試みからなる，パターン化された振舞いとして扱われている。こうした共有された意味は，社会調査者によって一般に着目されることの少ないものである。とくに，組織や職業に関する最近の「応用的」研究については，エスノメソドロジーとエスノグラフィとを区別するのはきわめて困難である。

　その好例として，ロンドンにおける地下鉄の運転手に関する研究をあげることができる。

　　　見かけは何よりもエスノグラフィ的であるけれども，この論文は，エスノメソドロジーと会話分析に接近している。すなわち，正常な光景や外観がその時々に生みだされていることや，そうした活動が成し遂げられ，理解されるようになるために用いられる方法に対する分析的関心を共有する

ものである (cf. Garfinkel 1967 ; Sacks 1972, 1992)。手元にある事例のなかでも，私たちはとくに運転手が同僚や乗客たちの行動を理解するための方法に関心をもっている……そうした評価や識別といった方法は，運転手が従事したり請け負ったりしている活動のなかに埋め込まれており，運転手たちは，社会学者に対して（自分たちの）実践的常識や組織内的推論に関する興味深い洞察をもたらしてくれている（Heath et al. 1999 558-9 頁）。

この研究は，もっと狭く設定される会話分析的課題をあきらかに越え出ているけれども，こうした事例がどこまでエスノグラフィとは異なった意味のある社会調査法たりえているかに関しては議論の余地がある。

図4　会話分析における符号の用い方の一例。HがSと話している。Sの妻は，ぎっくり腰である。

1	H:	それで私たちに，なにかできることはないでしょうか
2		お手伝いでも
3	S:	[ええっと
4	H:	[ですから　　　　　　奥さんのためにお買い物か
5		な:にか，してあげられないかって
6	(0.7)	
7	S:	ヘザートンさん，それはご:親切なことですが, .hhh 今のところ
8	no:.	それでもうちには，男:の子が２人いますんで

トランスクリプト用コードの一例

イタリック	話者の語りにおける強調部を示す（下線が用いられることもある）
[	左角かっこは，発話の重なりを示す
:	１つの語において，コロンの前の部分が延ばされる
(0.7)	沈黙の長さを示し，単位は秒。0.7 は, 0.7 秒のこと
.hhh	息を吸っている。hh が増えるほど長い（hhh の前に .をおく）
hhh	息を吐いている（hhh の前に .はない）
.	十分の一秒以下の短いポーズを示す

【キーワード】
違背実験
コーディング
会話分析
現象学
再帰性
類型化

【関連項目】
倫理実践 66 頁
エスノグラフィ 72 頁
実証主義と実在論 188 頁
信頼性 217 頁
妥当性 260 頁

【参照文献】
一般

Cicourel, A.（1968）*Method and Measurement in Sociology*. New York : Free Press.（下田直春監訳, 1981,『社会学の方法と測定』新泉社）

Garfinkel, H.（1967）*Studies in Ethnomethodology*. Englewood Cliffs, NJ : Prentice-Hall.

Heritage, J.（1984）*Garfinkel and Ethnomethodology*. Cambrigde : Polity Press.

Sacks, H.（1992）*Lectures in Conversation : Volumes* I and II. Oxford : Blackwell.

Seale, C.（1999）*The Quality of Qualitative Research*. London : Sage.

Silverman, D.（1997）*Interpreting Qualitative Data*. London : Sage.

Winch, P.（1958）*The Idea of a Social Science and its Relationship to Philosophy*. London : Routledge & Kegan Paul.（森川真規雄訳, 1977,『社会科学の理念——ウィトゲンシュタイン哲学と社会研究』新曜社）

研究例

Heath, C., Hindmarsh, J. and Luff, P.（1999）'Interaction in Isolation'. *Sociology*, 33（3）: 555-75.

Sacks, H.（1972）'Notes on the Police Assessment of Moral Character'. In Sudnow, D.（eds）, *Studies in Social Interaction*. New York : Free Press.

評価研究
Evaluation Studies

　評価研究は社会政策もしくは組織における革新の過程と結果を評価するために行なわれる。

　【アウトライン】応用社会研究としての評価研究。社会変化の測定と説明。「外部」評価者にまつわる問題。評価によって駆りたてられるプログラムの明細化:「測定可能な結果」。焦点は「過程」か「結果」か。被評価者との共同作業。プログラムの評価:誰がどのようにかかわっているか, それは機能していたか。評価における権力と政治。例:保健教育局。

評価を目的とする研究は，何らかの——プログラムや政策，あるいはプロジェクトの——価値や成果を評価するために行なわれる。社会評価は，ソーシャル・サーベイや参与観察といった方法もしくは技法ではない。それは応用社会調査の特徴的かつ急速に普及したタイプであり，本書で論じられている他の研究方法のいずれかを用いる。評価研究が他と区別されるのはその目的にある。すなわち，変化を後押しするもしくは導入するための対策に志向していることにある（Clarke and Dawson 1999）。

　評価研究は，社会的なインプット，アウトプット，および過程を測定すること（数値的測定と記述的測定とがあるが，通常は前者）に焦点をあわせる。典型的には変化について研究する。もっとも基本的なところでは，評価は古典的な科学的実験法を再現したものである（→実験88頁）。つまり，人びとの観察は，彼らに対して何事かがなされる前と後に行なわれ，次いでその2つの観察結果が比較される。もし観察結果に差異があれば，それはなされた何事かに起因する可能性が高い。もっとも，人間行動には実験室実験で統制できるものよりずっと多くの要因がかかわっている。観察された差異を生み出したのは介入したことによるものなのか，それとも何か別の要因であったのだろうか。「統制群」を用いた評価はほとんどなく，そのことが評価の信頼性を弱めることにつながっている。

　評価は多額の資金が投入されるプロジェクトでよくみられるようになってきた。これは，公的セクターやボランタリー・セクターの場合と同様に，社会政策においても説明責任と実績の測定が要求されるという一般的な傾向に沿うものである。評価は，一連の地域プロジェクト（たとえば保健対策地域 Health Action Zone）を持つ全国チームもしくは地域で採用されたチームが管理する。地元の研究者はあらかじめ地元への忠誠や愛着を持っているのに対し，外部研究者はローカルな知識をほとんど持たないというハンディキャップを負ってスタートすることになる。どちらであれ，評価者は通常，プロジェクト本体から独立・分離された状態に置かれる。

　このことは2つの主要な困難をもたらす。第一に，「以前」の状況を見るには評価が始まるのが遅すぎ，また，全体スケジュールの都合で急がされる。第二に，多くのプロジェクト・リーダーは，異なった価値観——たとえば，地域社会への愛着ではなく「科学的な」参照枠——を持つ「外部者」によって評価されることに憤りを感じている（→アクション・リサーチ1頁）。

政府や慈善団体が，計画された具体的な成果目標を明確に指定して応募者を募る，ということがますます増えている。たとえば，「少年犯罪を減少させる」ためのプログラムは，(a) 警察に検挙される中等学校の生徒の数を 25 パーセント減少させること，(b) その地域で発生する年間犯罪数を 2 年間で半減させることを指定する場合がある。こうした詳細な指定は，変化を生み出そうと企図する人びとにとって地域の実情にあわせて対処するための余地を小さくしてしまう。彼らは，地域の条件に見合った別の方法で，あるいは異なる時間幅を設定することでプロジェクトの全体的な目的がよりよく達成されると確信しているかもしれないのである。

　「測定可能な成果」があらかじめ指定されていない場合でさえ，測定可能なアウトプットに向けた強い組織的な圧力が存在する。教育水準を改善するために始められたプログラムを考えてみよう。教師陣と管理職は，授業経験の質や個人的発達，習得可能な技能といった目に見えにくい項目よりも，試験に合格すること（卒業生の数やどのレベルで合格したかの平均値について測定することは容易である）という点から教育水準を定めることにするかもしれない。その結果，もともとの目的とは無関係に，あいかわらず試験でよい点を取ることに努力が向けられることになる。

　評価研究のこうした性質が現場の実情をゆがめることになるのは，インプットと測定可能なアウトプットに重要性が与えられていることによる。こうしたアプローチに対して，たとえば地域密着型の評価において，評価研究ではアウトプットよりも，あるいはアウトプットに加えてプロセスを評価すべきだという批判がある。というのも，

　　　介入ははっきりと規定できるものではない。異なった文脈においては異なった形を取り，別個の要素に還元することはできない。原因と結果を区別することが常に可能であるわけでも適切であるわけでもない。重要な問題はむしろ，どのような対策がどのような環境において効果的なのかである（Curtice 1993 37 頁）。

　それゆえ，地元密着型の健康増進に関する最近の評価研究の多くは変化を導入するプロセスに集中し，評価を現在進行中の実践とみなしてきた。たとえば，グラスゴーにおけるドラムチャペル健康プロジェクトの初期評価は，そのプロジェクトの初年度に始められた。その評価では，プロジェクトの特定領域に焦

点を当て有給職員，ボランティア，居住者を詳しく調べた。その際，ドラムチャペルの評価者はプロジェクトのメンバーと何をどのように調べるかについて話し合いを行なっている（McGhee and McEwen 1993）。

このアプローチにおいて，評価者は，スポンサーと主要プレイヤー（利害関係者）に対して能動的かつ協働的な役割を演じる。評価者は，

> こちらであらかじめ決めておいた質問に答えてくれる「回答者」として関係者が振舞うはずだと想定することはできないし，関係者の作業が彼らが当事者として持っている見方を「忠実に」再現していると想定することもできない。……研究という行為はしたがって，関係者の理論を「学習」してそれを定式化し，インフォーマントにそれを「教え」返すことにある。インフォーマントはそれに対してコメントを加え鍵となるアイディアを明確化しさらに洗練するという役割を担う（Pawson and Tilley 1997 218頁）。

こうした社会学的な洞察を身につけることにより，プロジェクトの初発段階から密接な協働をしても，評価者が遠近感を失ってしまうということはない。ハウスとハウ（1999 xxi頁）は，評価者は「経験豊富な交渉者でなければならない。進んで妥協することもあるが，どこまで妥協できるのかについて限界を設けておかなければならない」と論じている。評価者が「価値」とは区別されたものとして何を「事実」として受け取るかは，方法論的な手続きをどこまで固守するかにかかっている。

効果的な評価はしたがって，アウトプットだけではなく社会的な見方や行為にかかわっている。アウトプットだけを評価することではない。次のようなことが問われなければならない。

- 数：どれほど行なわれてきたか。何人がかかわっているか。
- 過程：活動の性質はどのようなものか。人びとはどのようにかかわってきたか。
- 成果：それは機能してきたか。（Laughlin and Black 1995 142頁による）

次いでこれらの質問を精緻化し，他の種類の調査の場合と同様に，トピック・リストにまとめ，ふさわしい方法もしくは方法群が選ばれる。

こうした，過程を重視した協働的な評価では，情報提供に関して問題が生じ

ることがある。伝統的な評価においては，通常，外部の研究者が委託を受け，調査を企画・実行しスポンサーに報告する。プロジェクトやそのプロジェクトで仕事をする人びと――そして「働きかけられる」人びと――が評価の対象である。彼らは，報告書やそれに引き続く取り組みに対してなんの影響も与えることはない。他方，協働的な評価ではすべての参与者がスポンサー，プロジェクト従事者，結果に関する情報にアクセスする一般の人びとと等しくかかわることを求めている。このアプローチは，よりよい倫理実践（**倫理実践 66 頁**）であるが，次のような問題，特にスポンサーによる検閲に関連する問題を引き起こしうる。

評価が中止されることさえあり得るし，スポンサーによって報告書がもみ消される場合もある。あるオープン・ユニバーシティのチームが保健教育局から健康増進の方法としての地域開発の評価を委託された。しかしながら，調査地域やスタッフの関与の仕方，報告書の配布についての提案は，スポンサーがもともと想定していたものを超えていたようであった。

> 保健教育局は……スタッフの参加，評価の進め方，文化や政策といったものを，研究に関連したトピックとして認めるようには思われなかった。……われわれはつねに，調査の成果は参加したすべての人びとに返されるべきだと考えていた。……今日までその文書は発行されないままである（Smithies and Adams 1993 66-8 頁）。

評価研究において物事が悪い方に進むという上記の例はとりたてて珍しいものではない。政策に関連した調査は，定義上，政治的な次元を持ちそれゆえしばしば問題化する。これは政府機関に関連した調査（→**公式統計 178 頁**）あるいは全国を対象とした研究にだけ当てはまるのではない。地方で採用された研究者はその地方の政治的圧力に一層さらされやすい。というのも彼らの居場所が，競合する権力ネットワークの中にあるからである。大学でさえ，その地元とは平穏無事にしていなければならない。本書の著者の一人は，地元の失業を研究していることに対して大学副総長からひどく怒られたことがある。「社会問題なんかありゃしない。わたしが地元で話をする人たちは誰もが，仕事のない連中は単なる怠け者だと言っておる！」というのがその理由である。評価研究において，そこに含まれる（評価される）利害集団の数や得られた知識の所有に関する見解の相違によって，こうした問題が一層悪化するのである。

【キーワード】
協働的な評価
測定可能な成果
過程の評価
社会的インプットとアウトプット
利害関係者

【関連項目】
アクション・リサーチ 1 頁
倫理実践 66 頁
実験 88 頁
公式統計 178 頁

【参照文献】
一般

Clarke, A. and Dawson, R. (1999) *Evaluation Research*. London: Sage.

House, E. and Howe, K. (1999) *Values in Evaluation and Social Research*. London: Sage.

Pawson, R. and Tilley, N. (1997) *Realistic Evaluation*. London: Sage.

研究例

Curtice, L. (1993) 'The WHO Healthy Cities Project in Europe'. In Davies, J. and Kelly, M. (eds.), *Healthy Cities: Research and Practice*. London: Routledge.

Laughlin, S. and Black, D. (eds.) (1995) *Poverty and Health: Tools for Change*. Birmingham: Public Health Alliance.

McGhee, J. and McEwen, J. (1993) 'Evaluating the Healthy Cities Project in Drumchapel, Glasgow'. In Davies, J. and Kelly, M. (eds.), *Healthy Cities: Research and Practice*. London: Routledge.

Smithies, J. and Adams, L. (1993) 'Walking the Tightrope: Issues in Evaluation and Community Participation for Health for All'. Davies, J. and Kelly, M. (eds.), *Healthy Cities : Research and Practice*. London : Routledge.

実験
Experiments

　実験は、「被験者」たちを2つの群に無作為に割り当て、変化を受けない群（「統制群」）と何らかの操作や刺激を受ける群（「実験群」）との間を比較することで、因果関係を評価する方法である。

【アウトライン】室内実験。OXO。無作為化比較試験。実験群と統制群；マッチド・ペア；閉鎖。実験室内の条件に縮約できない社会生活。外部の社会的要因。インフォームド・コンセントと事前承認がホーソン効果を生み出す。疑似実験デザイン：比較と事後マッチング。横断的研究デザインと社会変化。量的伝統。

中学校で科学をやった人なら誰でも室内実験に慣れ親しむようになる。実験では物質に何らかの刺激を与える（化学物質に熱を加える，あるいは別の化学物質と混ぜ合わせる；ワイヤーに電気を流す；植物に様々な量の水や光を与える，など）。このとき，何らかの変化が予想され，そして（普通は）観察される。その変化は与えた刺激が原因であると解釈される。

これは「OXO」とも表現される古典的な科学的実験手法を単純化したものだ。対象物は何か（「X」）が施される前と後に観察される（observed，「O」）。そして観測された測定値が比較され評価される。実験室環境では，2つの観察時点間に「X」以外の要因が持ち込まれていないことを確認するのはとても簡単である。しかしながら，社会の人びと，そしてさまざまな活動を取り扱う場合，同じ方法で変数を統制することはできない。それゆえ，異なった方法が必要になる。ここではそうした方法を示す。まずは伝統的な実験手法を見ていこう。

臨床研究手法の「無作為化比較試験」（Shepperd et al. 1997）は，外部要因の影響を最小化するために開発された。この手法では，同一の特性（年齢，ジェンダー，教育達成，職業など）をもつ人びとをペアにして，一般母集団を代表する何組かの「マッチド・ペア」を作り出す。そしてそれぞれのペアについて，ペアの一方は「実験群」にそしてもう一方は「統制群」に無作為に割り当てる（→標本抽出：標本の大きさをどう決めるか 226 頁）。この手法は，実験結果に「バイアスをかける」，もしくは結果を歪ませるかもしれない群間のいかなる違いをも取り除くことによって，2つの群をできるだけ同じようにすることを意図している。被験者間の違いを「統制」し外部要因を排除することによって得られる，実験周囲の「閉鎖」である。

はじめに両方の群に対してテスト（「O」）が行なわれ，ある処置（「X」）が実験群のみに対して施される。そして，両方の群についてさらなるテスト（「O」）が行なわれる。その結果が分析され，対象となる処置についての評価

が下される。もし2つの群間で処置後の違いが観察されたなら，その処置が原因であるとみなされる。というのも，統制群はその処置を受けていなかったからである。統制群は，実験群が処置を受けなかったときにどうなっていたかを示すのに必要となるのである（たとえばGordon 1992の女性の鬱についての研究）。

　しかしながら，社会学におけるこのアプローチの応用は限られたものである。社会学者が研究したいと思う対象は，実験室実験と同じようには操作できないことがしばしばある。少なくとも，幼少期のしつけと学業成績や職業達成との関連を調べるために，子供をほかの家族に移すということは非現実的であろう。夫婦の家庭内分業，隣人同士の相互認識，あるいはニュースキャスターのパフォーマンスといった，より小規模なものであっても，その人たちに実験上の変化を起こしてくれるように実際に説得することができるだろうか？　それは非現実的であるばかりでなく，人間の存在そして彼らの生活に対する軽視を示すことになるだろう。社会学的実験が不可能であるというわけではなく，種々の制限の下で行なわれる必要があるために，主流の方法とは伝統的に見なされてこなかったのである（Oakley 2000）。

　たとえば，人間のような複雑な存在を扱う場合，「マッチング」は実際どういう意味をもつだろうか？　仮にマッチングする要因についての合意が可能であっても——それは長いリストになるだろう——，組み合わせてペア（もしくは平均的な対応をもつ集団）にする人びとを見つけることや，マッチングの一貫性（→**標本抽出：タイプ 231頁**）を満たすことは，実際上たいへん難しい。こうした難しさゆえに，しばしば小規模の実験群・統制群が用いられる。そのとき，無作為割り当ての利点が納得できる形で示されることはあまりない。

　さらに，マッチング・ペアができたとしても，実験の閉鎖は完全ではない。実験室状況では，他の外部要因を軽減させることができるが，社会調査は概して実験室の外で行なわれる（→**連関と因果 5頁**）。人びとは完結した生活（そして以前のライフ・ヒストリー）を保持しており，それは研究対象である限定的領域の外に存在する。人びとは生活する存在であり，実験統制の外部で社会的相互行為や単独行為を継続している。社会学では，ホーソン工場におけるもっとも有名な「実験」の問題点が，ホーソン効果（**ホーソン効果 115頁**）の名前で知られるようになった。

　実験の被験者の独立性は極めて重大な問題であり，そのことは社会学的な「フィールド実験」に限らない。イギリスの社会心理学者は，実験室で仕事を

しているという強みがあるにもかかわらず，長い間つぎのように嘆いてきた。イギリス人の被験者——たいていはイギリス人学生——は，アメリカ人被験者（アメリカ人学生）ほどには高いレベルの順応性や協力ぶりを示さないので，はっきりとした実験結果を得るのは難しい！

　このことを考えていくと，実験における倫理的問題に行き当たる。もし，「被験者」が前もって実験の性質を言い渡されており，「インフォームド・コンセント」（→**倫理実践66頁**）が可能であったとすれば，結果にバイアスがかかるであろう。こうした理由から，心理学における倫理声明は被験者への実験後の内容告知を強調している。反対に社会学の倫理声明は事前承認を要求している。心理学において広範に用いられる「被験者」という言葉自体，すべての関係者の人間性を重んじる協力型の調査を好む多くの社会学者から嫌われている。場合によっては，事後告知において，実験が害がないだけではなく，研究対象者の実際の利益になることが示されることがある。新しい治療方法が患者の健康に直接的な影響を及ぼす医学の分野では，実験期間中の重要な兆候のために，時として実験が完了以前に中止されることがある。これは不吉なことばかりではない。2002年に行なわれた新しいコレステロール薬であるスタチンの大規模な国際的実験は，治療の効果がとても簡単にそして強力に実現することが分かり，統制群にスタチンを与えないことが非倫理的であると見なされるようになった時点で終了することになった。

　このように，社会調査法としての実験は，結果のコントロールや信頼性という点で魅力的ではあるが，実際にこれを実施することは非常に困難なのである。

　実験のより単純な形式は「比較」と「事後マッチング」である。このアプローチは，ソーシャル・ケアにおける多くの初期評価に採用された（Goldberg and Connelly 1981を参照）。さらに，これはある変化が起こった後になって初めて評価の必要性が生じた場合に用いられる唯一のモデルである。このとき，変化を受けた「集団」と，その集団とよく似た特徴を持つ別の「集団」が比較される。たとえば，コネチカット州におけるトリアージ方式によるコミュニティ・ケア政策では，それが導入された後になって評価を依頼されることになったので，比較集団は別の地域から選ばれなければならなかった（Caro 1981）（→**評価研究83頁**）。きちんとした統制群のようには厳密ではないけれども，何らかの比較集団の追加は調査デザインをかなり強化することになる。

　実験の標準的な要件のすべてではないが，いくつかを満たすような様々な調査デザインがある。そのような「疑似実験」は，実験のもつ厳密な論理的条件

や内部一貫性を主張することはできないけれども（→評価研究83頁），実施に向けてはより実践的である。たとえば，一連の英国総選挙研究は，政治的態度の変化を観測するために「自然に発生する」事件を利用している。

　調査デザインに変化の過程を含めることによって，研究者は横断的研究の「規定通りの」デザインを改良することができる。この方法は，ある一時点に調査対象となった人びとの標本を用いるので，比較が可能となるのは標本のメンバー間のみとなる。この方法は厳密な実験デザインではないけれども（そして一種の区分方法だと見なすべきだが），いくつかの変数の異なる効果を順次調べることによって調査データを分析する場合には，実験といくつかの類似点がある（→クロス表54頁）。このアプローチは，変数間の主要な関係と隠された関係を区別するためのものであり（→連関と因果5頁），そして多くの「多変量統計解析」の基礎となるものである。

　それぞれの固有の状況において意図しない変化を調査する研究者は，たとえ統制群がなかったとしても，正式な実験の巧妙なやり方に比べると，その状況に対してより忠実であると主張することができる。実験あるいは疑似実験の調査スタイルが量的なものであろうと質的なものであろうと，このことは当てはまる。しかしながら，実験においては測定方法や客観性が強調されるので，たいていの質的研究者よりも量的な文脈のもとで研究する研究者にとって，実験手法はより魅力的なものである。（→実証主義と実在論188頁）。

【キーワード】
統制群
統制
実験群
フィールド実験
マッチド・ペア
OXO
疑似実験
無作為割り当て

【関連項目】
アクション・リサーチ1頁
連関と因果5頁
クロス表54頁
倫理実践66頁
評価研究83頁
ホーソン効果115頁
実証主義と実在論188頁
標本抽出：標本の大きさをどう決めるか226頁
標本抽出：タイプ231頁

【参照文献】

一般

Goldberg, E. M. and Connelly, N. (1981) *Evaluative Research and Social Care*. London: Heinemann for PSI.

Oakley, A. (2000) *Experiments in Knowing: Gender and Method in the Social Sciences*. Cambridge: Polity.

Shepperd, S., Doll, H. and Jenkinson, C. (1997) 'Randomised Controlled Trials'. In Jenkinson, C. (ed.), *Assessment and Evaluation of Health and Medical Care*. Buckingham: Open University Press.

研究例

Caro, F. (1981) 'Demonstrating Community-based Long-term Care in the United States: an Evaluative Research Perspective'. In Goldberg, E. M. and Connelly, N. (eds.), *Evaluative Research and Social Care*. London: Heinemann for PSI.

Gordon, V. (1992) 'Treatment of Depressed Women by Nurses'. In Abbott, P. and Sapsford, R. (eds.), *Research into Practice*. Buckingham: Open University Press.

Feminist Research
フェミニスト調査

　フェミニスト調査は，特定の一部の手法，および特定のトピックを取り上げる社会調査アプローチのひとつである。そして，このアプローチは男性によって発展された方法論に挑戦すること，そして社会における女性の地位を向上させることを目標とする。

　【アウトライン】フェミニスト調査：新しい方法論か新しい視点か。フェミニスト調査の型。フェミニストプロジェクトとフェミニスト調査。男性的調査への挑戦：公的トピックと私的トピック；性別の不可視性；上下関係か共同か。量的調査法と質的調査法に性別はあるか？　フェミニスト的視点の理論。近年のフェミニスト的トピックへの転換と，フェミニスト調査方法論から離脱。

　フェミニスト調査が新しい調査方法論なのか，それとも既に存在する方法論

の一部を使用する新しい視点なのか，広く議論されてきた（Hammersley 1992 ; Reinharz 1992)。しかし，そうした議論はここでのわれわれの主要な関心事ではない：この本には，エスノメソドロジー（**エスノメソドロジー 78 頁**）やコミュニティ研究（**コミュニティ研究 44 頁**）など厳密には調査方法論とはいえないようなキー概念も含めている。しかしながら，それらは調査のとりくみ方をあらわしており，社会調査活動の一部をなしている。その成果を秤にかければ，少なくともフェミニスト調査をキー概念として含めることは妥当である。

　フェミニズムにもいくつかの型があるので，フェミニスト調査にもいくつかの型がある。初期のフェミニストは，女性に端を発しないすべての考えや実践は，定義上男性的なものであり，したがって必然的に女性に不利なものであると信じていた。その後，より洗練された考え方が出てきた。そこでは目的に応じて調査方法などの手続きや実施される方法が変えられた。フェミニスト的実践の複雑性を心にとめておく必要がある。

　フェミニスト調査を理解する鍵は，アカデミックなフェミニズムの革命的性格である。それは，1970年頃に発生し，それまで男性支配であった社会科学領域を変革させてきた。女性の大学人は女性一般のなにもかもを改善するような政治的運動に取り組んだ。彼女たちは男の「同僚たち」をあらたな女性の大学人にとってかえるように，そして「男性主流」の知的慣習を社会的世界についての対抗する概念化に置換するように働きかけもした。こうしたことはエネルギーと集中力が必要であり，思想的な純粋さなしではたちゆかなかった。

　したがって，フェミニスト調査のひとつの定義は，次のようなものである。つまり，女性によってなされた調査，フェミニスト雑誌に掲載された研究，フェミニスト団体によって資金援助された調査，すべての非フェミニスト的考えに反対するような調査，そしてフェミニスト的方法で世界を変えることを明確に求めるような調査，そうした調査のみがフェミニスト調査と見なされうるのである。こうした基準が満たされない限り，他の特徴——たとえば，フェミニスト理論に基づいているとか，調査者と調査対象との関係を考慮しているといったこと——は充分ではない（Reinharz 1992)。女性研究者であっても，最後にあげた2つの基準のみをみたすだけでは，フェミニスト調査を行なうことはできないだろう；それどころか，男性はフェミニストの目標に共感することすらできないかもしれない。

　男性支配の形態を破壊しようとするなかで，男性によって事前に発展させられた因習的な知的枠組は必然的に不適切であるに違いない，とフェミニストは

議論した。その批判には3つの主要な要素がある。第一にそして最も明確には，ほとんどの社会学的調査は女性ではなく男性を研究してきた。仕事や市民生活といった公的分野に集中することによって，多くの女性がその中に束縛されている私的な領域を排除してきた。さらに悪いことに，社会科学者は，男性に適用されてきたものはとくに男性的なわけではなく，「普遍的」なものであるかのように主張してきた。「人びと」は実際には「男性」を意味した。なぜなら，単純に女性のデータは集められていないかったからである。社会的秩序は性別を意識しないものであると想定され，男性にも女性にも同様に適用された（たとえば，1970年代の社会移動研究は，「男性の社会移動」ではなく「社会移動」について語ることがほとんどであった：Payne and Abbott 1990 参照）。フェミニスト調査は女性の生活についての新鮮な研究をもとめただけではなく，性別の違いを考慮することに失敗した以前の知識を分解することも求めたのである。

　フェミニスト調査の第二のテーマは，平等性とシスターフッドを強調する。調査の領域では，調査の「対象者」は外的な対象として扱われるべきでないということを意味していると見なされた。外的な対象とは，精査され，そして研究者が必要とする適切な情報を引き出したあとに，除外されうるような対象のことである（Oakley 1981）。研究者が予定やデータ収集を支配するのではなく，共同的で，非階層的で，包括的な関係を目指す動きがあるべきである。そしてそれは，調査をする側と調査をされる側の地位の平等性を必然的に伴うものである（→**倫理実践66頁**）。

　（女性）「対象者」は，データ収集の前にも後にも，その調査に関する情報をもっと与えられるべきである。調査者は，研究対象の人びとと個人的な関係——ラポール——を築くように試みるべきである。さらには，調査は研究対象となっているものの考えをよく考慮にいれるべきである。この「考慮」は，感情，他の利害，無意識の信念なども含む。これらが，フェミニスト研究の第三次元である。

　これは，古典的なサーベイとは極めて異なるモデルである（→**ソーシャル・サーベイ242頁**）。古典的なサーベイのモデルとは以下のとおりである。質問はあらかじめ決められている；簡単に説明しうるものに集中している（計量可能な「事実」や「態度」などの質問文）；回答はあらかじめ数値化された固定された質問に限られる；収集されたデータの偏りを防ぐため面接者は情報交換や打ち解けた会話をしないように指導される；面接対象者と調査以外の場面で接触をもたないようにする。調査の過程における客観性と統制（→**バイアス22**

頁；**客観性 168 頁**）は，データを与えてくれた人びととの個人的な関係よりも価値あるものとされる。スタンリーとワイズは，「女性が性的に暴行され殺害されることを導く権力関係と同じくらいにはなもちならない権力関係」（1983 169 頁）として，こうしたことを否定した。

　アカデミックな議論と同様に，この「古典的」サーベイリサーチの見方はいくぶん誇張がある（→**実証主義と実在論 188 頁**）。しかしながら，それによって，質的調査法（**質的調査法 193 頁**）に味方して，量的分析とそれを裏付けている理論的枠組は否定された。すべての側面を統制する調査者から離れる試みがなされた（とくに聞き取りにおける「上下関係」からの離脱；**インタビュー 139 頁**）。そして感情や自覚された経験を含めるべくテーマを広げていく方向にすすむように試みがなされた。男性による抑圧を経験した女性研究者は，他の女性を勇気づける特異な地位にあり，その経験がどのようになされたか分析することができた（→**反省 212 頁**）。

　調査対象者の地位に対する感受性は，フェミニスト調査の枠外でも広く影響力をもってきている。人種，障がい，社会的排除といった分野の調査における（市民の日常レベルでの）政治は，コントロールを調査者ではなく調査される側の手に委ねることを強調するように変化した。同様に，そうした分野の研究は（国家や制度における）政治的なものになった：調査の目的と形式は，特定の「立場」からの政治的な変化を論じることに意図的に連動されている（**倫理実践 66 頁**；**客観性 115 頁**；Seale 1999 9–13 頁；Phillimore and Moffatt 1994）。

　確立した量的調査法（**量的調査法 200 頁**）の否定は，代案の導入への道をひらいた。カルチュラルスタディーズや人文科学に携わる女性に部分的に同調する形で，フェミニスト調査は，個人史，日記（共有された「集団日誌」も含む），自己記録式の独白，自叙伝やネットワーク地図，非指示的なグループ・ディスカッション，ロール・プレイやドラマ，芸術活動を通した表現，といったものを利用するようになった。女性が何を信じ，そして何が彼女たちに起こったと感じているのかについての自然発生的な対話（質問への答を探るのではない）にあらたな重点がおかれた。

　実際問題として，フェミニスト調査は，こうした新しい方式よりもむしろ既存の質的調査法（**質的調査法 193 頁**）への変更で特徴づけられた。しかしながら，新しいアプローチに対する批判者は，実際，データ収集はそうした平等主義的な方式ではなしえず，参加者の異なる人格に依存するものであると議論した。人によって言い分が異なった。フェミニスト調査者は非フェミニストの女

性たちによる反応をどのように扱かったのか（Millen 1997）。

　さらに、観察の客観性と妥当性に関する議論がフェミニストたちのもとにもどってきた。社会学的なデータを解釈する際に、制限のない解釈や芸術的解釈はもちろんそうであるが、調査者は他者と意見が一致するような中立的な立場から仕事をするわけではない。「価値自由」な調査などありえない。したがって、フェミニスト調査もその事前の概念化を単に追認するようにデータを選び解釈しているにすぎないのである。これは、既存の質的調査技術へのよくある批判である（Silverman 1993）。

　部分的にはそれに応じて、2つの新しい形のフェミニスト調査が広がった。オークレーの後の仕事（1998; 2000）はそれが通常の知的レパートリーの一部になっているために、フェミニスト調査がいかに質的調査法に脅威をあたえているかを示している。

> フェミニズムは、調査方法、学会において特色ある位置を占め、社会的地位と規範的正当性を得るための異なる方法論を必要としていた。新たな方法を革新するのと同様に「伝統的」調査方法に反対することは、組織的足場を提供した。量的に理解することに反対する立場は、男性性としての道理や科学への否認、女性性としての経験の受容にもとづいている；しかし、これはまさに抵抗しているパラドクスそのものを買い込む本質主義的思考である（1998 716, 725頁）。

　別の見方は、スタンリーとワイズ（1983）によって提唱された。そこでは、他の女性を理解する女性調査者特有の能力が強調される。この「フェミニスト的立場理論」は女性を特異な位置におく。つまり、社会的世界について何が妥当な知識なのか、それはどのように研究されるべきなのか、それを判断するのは女性であるとみなすのである（Ramazanoglu 2002）。質的な家族・家庭調査に関する女性のワークショップのようなこの学派の仕事は、調査方法それ自体への関心が薄れていることを示す（Ribbens and Edwards 1998 15-16頁）。実際、最近のフェミニスト調査の論文は、型にはまった質的研究の方法をとっており（Payne et al. in press）、調査がいかになされるかということよりも、ジェンダーの問題により関心がある。

【キーワード】　　　　　　　　【関連項目】

共感	バイアス 22 頁
本質主義	コミュニティ研究 44 頁
フェミニズム	倫理実践 66 頁
フェミニスト的立場の理論	エスノメソドロジーと会話分析 78 頁
階層	インタビュー 139 頁
ラポール	客観性 168 頁
	実証主義と実在論 188 頁
	質的調査法 193 頁
	量的調査法 200 頁
	反省 212 頁
	ソーシャル・サーベイ 242 頁
	妥当性 260 頁

【参照文献】

一般

Hammersley, M. (1992) 'On Femnist Methodology'. *Sociology.* 26 (2) : 187-206.

Oakley, A. (1981) 'Interviewing Women : a Contradiction in Terms'. In Roverts, H. (ed.), *Doing Feminist Research.* London : Routledge & Kegan Paul.

Oakley, A. (1998) 'Gender, Methodology and People's Ways of Knowing'. *Sociology,* 32 (4) : 707-31.

Oakley, A. (2000) *Experiments in Knowing: Gender and Method in the Social Sciences.* Cambridge : Polity.

Ramazanoglu, C. (2002) *Feminist Methodology.* London : Sage.

Reinharz, S. (1992) *Feminist Methods in Social Research.* New York : Oxford University Press.

Silverman, D. (1993) *Interpreting Qualitative Data.* London : Sage.

Stanley, L. and Wise, S. (1983) *Breaking Out: Feminist Consciousness and Feminist Research.* London : Routledge & Kegan Paul.（矢野和江訳，1987,『フェミニズム社会科学に向かって』勁草書房）

研究例

Millen, D. (1997) 'Some Methodological and Epistemological Issues Raised by Doing Feminist Research on Non-Feminist Women'. *Sociological Research*

Online. Vol. 2 : www.scresonline.org.uk/socresonline/2/3/3.html

Payne, G. and Abbott, P. (eds.) (1990) *The Social Mobility of Women.* London :Falmer Press.

Payne, G., Williams, M. and Chamberlain, S. (2004) 'Methodological Pluralism in British Sociology'. Sociology 38 (1) : 153-163.

Phillimore, P. and Moffatt, S. 'Discounted Knowledge : Local Experience, Environmental Pollution and Health'. In Popay, J. and Williams, G. (eds.) *Researching the People's Health.* London : Routledge.

Ribbens, J. and Edwards, R. (eds.) (1998) *Feminist Dilemmas in Qualitative Research.* London : Sage.

Seale, C. (1999) *The Quality of Qualitative Research.* London : Sage.

Fieldwork
フィールドワーク

　フィールドワークという用語は，(とくに，質的研究の伝統のなかで) 調査におけるデータ収集の段階を意味することもあれば，どのように調査者がデータ収集に赴くのかという問いにかかわりをもつ場合もある。さらに，より限定的な定義によるなら，自然に起こりつつある出来事の秩序と，研究対象となった人びとがそれらに付与している主観的意味を把握するために具体的な社会状況においてデータ収集を行なうことを意味している。

　【アウトライン】質的調査法としてのフィールドワーク。自然な状況。人類学の遺産：「フィールドへ赴くこと」。フィールドワークにおけるドラマ。出来事が起こったままに記録すること。フィールドワークの準備。予備調査の段階としてのフィールドワーク。帰納的調査の計画。アクセス；ゲートキーパー；参加のルール。フィールドワーカーにたいする反応。「受容」と道徳的義務。

　「フィールドワーク」は，社会調査において2つの異なった用法で用いられている。一つ目は，多様な質的調査法 (**質的調査法 193 頁**) を包括する一般的な用語としてである。

　　調査の一スタイルであり，……「質的方法」「解釈的調査」「事例研究

法」「エスノグラフィ」とも呼ばれる（Burgess 1982 1頁）。

　より限定的には，フィールドワークとは，自然に物事が営まれている状況において，データが収集される質的調査過程の一部分のことであり，もっと具体的にいうなら，調査者が，たとえば村落，学校，バー，工場，クラブ，病院，教会，保護施設，ギャング集団といった「フィールド」において実際に行なっている事柄を指している。質的調査という用語がより専門的になり広範に用いられるようになるにつれて，フィールドワークという言葉は，初期の意味においてはやや影が薄くなってきた。しかしながら，「フィールドワーク」をキー・コンセプトに含めることは，私たちの設定した関連項目ともども，こうした方法がどのような広がりのもとに用いられてきているかを改めて考えさせてくれるし（Payne et al. 2004），とりわけここでは，フィールドワークを行なうことのもつ実践性に注目しておきたい。

　フィールドワークに関する私たちのモデルは，社会人類学からもたらされている。人類学者は，住み慣れた家庭や大学を離れて僻遠の地を訪れ，知らない人びとのなかで野営をしながら，自国の文化とは非常に異なった産業化以前の文化のなかで生活を送ろうとする（→エスノグラフィ 72 頁；コミュニティ研究 44 頁）。今日の社会学者は，調査にでかけるにしても（地方の学校や企業などのように）そう遠くないところであり，家庭や大学にその日のうちに帰ることができるけれども，この程度の企てにおいてさえ，依然として冒険や不確実性の感覚は残っている。わくわくする大きな要因は，調査者の側としては，データを収集している場所やデータをもたらしてくれる人びとをコントロールできない状況におかれていることにある。調査者は，出来事に即興的に対応したり，現地の人びとの生活にみられる詳細な振舞いを解釈したりしながら，慣れない状況のなかで行動していかなければならない。おまけに現地の人びとは，調査者からはなんの恩恵もこうむっていないのだ（ズニ族の人びとは，パンディに対して，調査されることへの見返りとして金銭の支払いさえ要求した！（Srinivas et al. 1979））。調査者のパフォーマンスと，それに対する反応は，継続的に再検討され，自問に付され，再解釈されなくてはならない（→反省 212 頁）。

　フィールドワーク経験の鮮烈さについては，社会学者によって刊行された多くの回顧的叙述から判断することができる（たとえば Burgess 1982；Srinivas et al. 1979 さらに McKeganey and Cunningham-Burley 1987 におけるレファレン

スを参照)。彼らは後になって自らの経験について書くけれども、彼らは他の研究者に「入りこむ」気を起こさせないように、「自分たちの」フィールドワークの縄張りに関しては過度に防衛的である。これは、元のフィールドにおいて、追跡調査や反復実験がめったになされない一つの理由である。

　もちろん、フィールドワークだからといって、つねにオートバイ・ギャングやサッカー・フーリガン、アイルランドのプロテスタント系テロリスト、精神病院の患者、ヌーディスト、葬儀屋、ホームレス、セックス・ワーカー、宗教的カルト、ジャズ・ミュージシャン、ドラッグの密売者たちとの交渉のドラマが待ち受けているわけではない。フィールドワークのなかには、学校を訪問して教師の監視下で生徒からアンケートをとることも、自分の参加した学会で起こったことを分析することも同様に含まれている。たしかに、いかなる調査法を用いようとも、研究室を離れてデータを集めに行く行為はフィールドワークと呼ぶことができる。しかしながらこの用語は、より典型的には特定の状況において一定の期間にわたってなされる質的調査に向けられている。もっとも良く知られているデータ収集法としては、今日では、深さのあるインタビュー（**インタビュー 139 頁**）と参与観察（**参与観察 183 頁**）とをあげることができる。

　一つの企てとして、フィールドワークは、何よりも生活と出会い、そのパターンを明らかにし、それについての理解を生みだすことを目的としているが、ここでいう生活とは、それがふだん営まれている組織や場所において、いままさに生じつつあるような生活のことである（Grills 1998）。このことから、2つの問題が導き出される。第一の問題は、分析にむけて、どんなデータが収集され、どのように加工されるのか、といった実践的な問題である。この問題については、質的データのコーディング（**質的データのコーディング 32 頁**）の項でさらに深く検討する（Grbich 1999 121-38; 158-92 頁も参照）。第二の問題とは、多くのフィールドワークが「フィールドで」行なわれるのは理由のないことではなく、そこには特定の理論的立場が介在しているということである。フィールドワーカーにより事前にコミットされている理論的志向性とは、次のようなものである。すなわち、世界は研究者の外部に存在しており、その世界は、研究者との直接的な相互行為や研究者による解釈を通じて、それ自体の文脈における、行為の一貫した束として、はじめて十全に理解することができるのである。

　これは、事物をそれ固有の用語で理解すべきことを示唆しているけれども、だからといってフィールドワークが無思慮になんの準備もなしにはじめられて

よいというわけではない。良きフィールドワークとは，それがはじめられる前に，文献レビューや議論や反省，そして，これから出会うであろう出来事とその意味についての最低限の諸命題の概念的定式化をともなった体系的思考に基礎づけられているものである。たとえば，

> グラウンデッド・セオリーの形成においてさえ，文献レビューは，理論的構築物やカテゴリーとその諸特性をもたらしてくれる。これらは，データを組織化したり，理論と現実世界の現象との新たな関係性を発見するために用いられるのである（Marshall and Rossman 1999 52頁，強調は引用者）。

しかし，こうしたガイドラインには，2通りのバリエーションがある。フィールドワークは，しばしば観念や仮説を発展させるための簡単な予備調査として行なわれることがある。そこでは自然な状況が，量的方法にもとづく本調査のための問題や仮説の構成に刺激を与えている。二番目の考え方は，多くの研究者が述べているように，状況自体がコントロール下になく，なおかつ，それ固有の用語によって理解される必要があるとする以上，調査は比較的計画性を低くして，臨機応変なやり方で臨まざるをえない，とするものである。つまり，先入観をもってデータを解釈するのではなく，むしろ，われわれの概念や理論は，データから帰納的な方法によって導かれるべきなのである。もしもわれわれがあらかじめすべての答えを知っていたとしたら調査をする意味などない，というのはしごくもっともな話である。発見能力は，たしかに調査計画の辿るべき道を決定するうえで，一定の役割を果たしている。にもかかわらず，調査すべき「問題」に関して事前段階において十分な概念化がなされていないとすれば，それは，杜撰とか主観的，皮相的，そして一番悪い意味での「柔軟さ」といった，しばしば質的方法に投げかけられてきた批判に進んで身を投じようとする行為以外のなにものでもない。

フィールドワークへの準備は，知的なものばかりではない。重要な問題の一つは，アクセスであって，調査地の選択と，そこへ入る許可を得るための交渉がある。他に適当な代替地がみつからず，調査可能な場所がありさえすれば，どこであろうとも満足しなければならないケースも多い。物理的な位置（移動の距離）や場所のタイプ，そして入っていくことへの制限等のすべてが，調査地に関する選択を制約している。個人的な繋がりから，アクセスが得られるこ

とも少なくない。調査者の同僚，指導教授，友人，家族，雇われ仕事，ボランタリー・ワークなどが，それがなかったら閉ざされていたはずの扉を開いてくれることもある。アクセスへの制約の存在は，調査者に対して，それが関心のあるトピックにもっともふさわしいかどうかにかかわらず，多くの場合は，ともかく手に入れられた関係性のなかでうまくやっていくしかないことを告げている。

　アクセスを成功させるための中心的な問題は，だれが許可を与える資格をもっているか，という点であるが，これはよく使われる表現でいえば，だれが「ゲートキーパー」であるかを見極める必要があるということである。ゲートキーパーは，正式に承諾を与えてくれる企業の部長かもしれないし，相談に乗ってもらえる組合の役員かもしれないし，人柄や経験から同僚たちに人望のある陰の「リーダー」かもしれない。後者の場合は，初期段階においてはなかなか調査者の視野に入りにくい。

　アクセスを依頼した次の段階として，「参加のルール」作りのために対面的な交渉に入っていくのは，たとえ何らかの後ろ盾があった場合でも変わりはない。重要なのは，調査の主旨を，明快かつ完全に，そして正直に説明することである（→**倫理実践66頁**）。アクセスのもつ価値は，スケジュールや目的や人員などとの妥協の産物である。調査結果を還元するようにとの要請はアクセスを容易にさせるだろうが，だれが調査結果を「所有」し出版の権利をもつかを明確にしておくべきである。

　「許可」や後見になってくれる「スポンサー」の支持があったとしても，組織のすべてのメンバーとの協同行為が保証されたわけではない。どんなスポンサーも，一部局の代表でしかない。一旦フィールドに入ったら，その後々までアクセスを維持していけるかどうかは，自身の役割をメンバーに受け入れさせたり，自身の出入りをメンバーに容認させたりする，調査者側における社会的・調査的スキルの用い方如何にかかっている。調査者は，ルール違反とされざるをえないような諸活動においてメンバーとの対立とか，メンバーへの包摂といった極限的立場に立たされ「テストされる」場合があるのを心得ておくべきである。調査者は，じつは経営者側のスパイにすぎないのか？　調査者である彼／彼女は，秘密を守るという点で信頼されているだろうか？　彼／彼女は，皆が期待するような人物なのか？

　継続して受け入れられるためには，なによりも役割演技の一貫性が必要である（たいていのフィールドワークには，なんらかの役割取得が伴っている）。た

しかに一般的にいって，一貫性を保つことは重要である。もしもゲートキーパーや他の人たちとの関係のなかでなんらかの地位が与えられたら，それには従わなければならない。もしも秘密を守ることが求められたり，調査結果のフィードバックが要請されたりしたら，道徳的な見地からいっても，いっそうのアクセスを可能にする必要性からいっても，これらは実行されなければならない。こうした調査においては，すべての側面が満たされるまで完了ということはないのである。

【キーワード】
アクセス
ゲートキーパー
帰納的
役割演技
参加のルール
スポンサー

【関連項目】
質的データのコーディング 32 頁
コミュニティ研究 44 頁
倫理実践 66 頁
エスノグラフィ 72 頁
グラウンデッド・セオリー 105 頁
インタビュー 139 頁
参与観察 183 頁
質的調査法 193 頁
反省 212 頁

【参照文献】
一般

Grbich, C. (1999) *Qualitative Research in Health.* London : Sage.（キャロル・ガービッチ『保健医療職のための質的研究入門』上田礼子・上田敏ほか訳，2003，医学書院）

Grills, S. (ed.) (1998) *Doing Ethnographic Research.* London:sage.

Marshall, C. and Rossman,G. (1999) *Designing Qualitative Research* (3rd edn). London : sage.

Payne, G., Williams, M. and Chamberlain, S. 'Methodological Pluralism in British Sociology'. *Sociology*, 38 (1).

研究例

Burgess, R. (ed.) (1982) *Field Research: a Sourcebook and Field Manual.* London : Allen & Unwin.

McKeganey, N. and Cunningham-Burley, S. (eds.) (1987) *Enter the Sociologist.* Aldershot : Avebury.

Punch, S. (2003) 'Childhoods in the Majority World'. *Sociology*, 37 (2) : 277-95.

Srinivas, M., Shah, A. and Ramaswamy, E (eds.) (1979) *The Fieldworker and the Field.* Delhi : Oxford University Press.

グラウンデッド・セオリー
Grounded Theory

　グラウンデッド・セオリー（データ密着型の理論）は，観察データをコード化し分析することで帰納的に体系的な理論命題を構築することをめざす。そうして概念的カテゴリーは発展・洗練され，そのカテゴリーは更なるデータ収集によって繰り返し検証される。

　【アウトライン】厳密な手続きとしての「グラウンデッド・セオリー」の正しい利用。帰納と演繹の結合。既にある理解の吟味。創発概念のテスト。グラウンデッド・セオリーのステージ。オープン・コーディングとサンプリング。軸足コーディング。関係的・変動的サンプリング，概念のテストと再テスト，選択的・識別サンプリング，理論的飽和

　グラウンデッド・セオリーはより広く利用され，乱用されている最近の研究手法の一つである。それは正確で体系的な方法からなる。しかし，経験不足の研究者たちは，理論的知識は記述された社会現象に基づくべきであると心から信じていて（それはもっともなことだが）帰納的スタンスをとるべきだと考えているような場合に，この手法を頼みにしていることが多い。この間違った「グラウンデッド・セオリー」の呼び方は，けっして厳密なフィールドワークの代用とはならない（→フィールドワーク99頁）。すべての手続きを正しく実行していない研究は，「グラウンデッド・セオリー」と呼ばれるべきではないし，呼ぶべきではない。

　グラウンデッド・セオリーは帰納的な枠組みでも演繹的な枠組みでもどちらでも使える（→質的調査法193頁；実証主義と実在論188頁）。帰納においては研究者がデータを探索し，データは理論モデルへと蓄積されるような意味と説明を示唆する。帰納は出発点においては先入観を持たずに，データに「より

忠実」であろうとする（実際，何がデータで何がデータでないかの特定には時間がかかる）。多くの質的方法はこの枠組みを採用する。演繹において，研究者は理論や仮説から出発し，理論をテストするためにデータを集める。これは多くの量的方法の基本である（たとえば，Allen 2003）。

グラウンデッド・セオリーは帰納的視点から得られたデータコレクションとフィールドワークに近づくことから始まる。

> ［グラウンデッド・セオリーを志向する］研究者はいずれかの研究分野から出発し，データから理論が浮かび上がるようにする。データから導き出された理論は「現実」に似ている。そうした理論は，自分の経験に頼った一連の概念をつなぎあわせて得られる理論や完全な思弁（＝ものごとがそのようなかたちで作用しているに違いないとの思い込み）から得られた理論よりも，はるかに「現実」に似ている。データから導びき出されたグラウンデッド・セオリーは洞察を提供し，理解を促し，政策のための有意味な指針を提供する（Strauss and Corbin 1998 12頁）。

しかしながら理論をテストすることよりも，理論を創ることを強調しているからといって，それは研究者が何のアイデアも持たなくてよいということを意味しない。ストラウスとコービンは研究者たちが多くの背景知識を彼らのプロジェクトに持ち込むことを認めている。その中には彼らがデータと向き合うときに使う概念も含まれる（同 48-9頁）。彼らは既存の理論を吟味して発展させるという目的を持っている研究者を好ましく思っている（同 12頁）。研究者が最大限白紙の状態で理論に臨もうとしているときでさえ，どんな問いを追究するのか，どこを研究するのが最も良いのかということを考えねばならない（ibid : 53, 215頁）。

プロジェクトが進行するにつれて，アプローチが帰納から演繹へと変わる。データから最初に導出されたアイデアは新たなデータによって検証される。このプロセスによって概念（あるいは「カテゴリー」）は明確になり，吟味される。「確証」は，理論的主張が当の現象を厳密に説明できると研究者が確信するまで繰り返される（Huberman and Miles 2002 : section 3）。

このアプローチはグレーザーとストラウスの協同に端を発している。彼らの死に関する社会学の研究方法の発展は『データ対話型理論の発見』（1967）や，さらにはストラウスの『社会科学者のための質的分析』（1987）へと結実した。

グレーザーはもともと量的調査法（**量的調査法 200 頁**）を背景に持つ研究者であり，理論を発展させるために経験的データを用いることを強調してきた。諸概念と概念間のつながりを特定する鍵として人のデータを内的に比較することを発見した。ストラウスはシカゴ学派の出身である（→**エスノグラフィ 72 頁**）。社会的相互作用論に影響されて，彼は日常的活動のやりとりに対して複雑な意味をもたらす行為者としての人びとの重要性を認識した（→**エスノメソドロジーと会話分析 78 頁**）。

彼らの共同作業の結果は各3段階の2つの平行プロセス，標本抽出とコーディング，として理解できる。

① オープン・サンプリング　　① オープン・コーディング
② 関係的・変動サンプリング　② 軸足コーディング
③ 識別サンプリング　　　　　③ 選択コーディング

はじめは，人びとと出来事が生じた順に都合よく「標本になる」。このオープン・サンプリングは，たまたま出くわした利用可能なインフォーマントに単純に従う。あるいは興味あるトピックがそれ自体表に出てきやすいような状況を拾い集める。もしデータを集める機会が巡ってきたら，研究者はその流れに身を任せる。これは「無作為抽出」の考え方とかなり違う（→**標本抽出：標本の大きさをどう決めるか 226 頁，推定量と標本の大きさ 222 頁**）。その目的は「母集団」を代表させることではなく，データを可能な限り無制限に集め続けることである。

この段階で研究者はデータを加工してオープン・コーディングを適用する（→**質的データのコーディング 32 頁；測定水準 152 頁**）。この操作は情報（典型的にはインフォーマントの発言や回答やコメント）を順番に並べる。情報の最初の解釈を記録するために「コードノート」を書き，セクション毎に情報を見直しながら，データは一行毎（単語やフレーズのミクロな分析を強調する），一文毎，段落毎，にチェックされる。あるいは全体の中でその重要性を掴むよう試みつつ，全エピソードを分析する。どの水準においても研究者はこれらのデータの重要性を強調する。ここではデータをまとめたり比較したりはしない。コーディングをオープンな状態にとどめておくことが重要であり，この段階ではデータをカテゴリーにまとめてはならない。このことは研究者が新たな経験を受け取ることや，インフォーマントの「声を聞く」事を可能にする。しかし

ながらオープン・コーディングは徐々に概念の同定へと進んでいく。

次の段階，軸足コーディング，ではデータの比較とグループ化に集中する。研究者はいずれ概念（あるいはカテゴリー）になる集合的見出しのもとで，データをまとめ，再ラベル付けを始める。たとえばインフォーマントが「フットボール」や「ホッケー」や「陸上競技」について語ったならば，それはスポーツというグループに分類されるだろう。一方，「スポーツ」「コンサート」「映画」「パーティ」は娯楽というグループにまとめることができるだろう。代替的にグループ分けは誰がその活動に参加しているかに応じてまとめたり，消費パターンの例や特定の年齢集団の例としてまとめることもできるだろう。

ここで生じていることは，現実の世界の出来事がそれと同定できるようにラベルを付けられる，ということである。ラベルは抽象的なアイデアや名前や「カテゴリー」である。グラウンデッド・セオリーにおいて重要なカテゴリーは「サブカテゴリー」や関連した概念を探求するための中心点として使われる。典型的にはこれらのサブカテゴリーは誰が，いつ，どこで，どうやって，なぜ，なにが各カテゴリーに続くかを問いかける。メインカテゴリーは，事例ノートで強調されたことがらを比較することで，説明や探求を始めるための軸になる。

それゆえ軸足コーディングは単なる技術的な作業ではなく，知的なプロセスである。それは軸足カテゴリーの特性と次元を特定する。どのような条件の下でどのような違った形態をとるのか？　軸足コーディングは関係的・変動サンプリングと共に進行する。そして関係的・変動サンプリングによって特性や次元や概念間のつながりを例示するのに適切な事例や出来事を捜す。これは諸概念の事例の最大の違いと類似性を示すために計画された，目的サンプリングの技法である。

関係的・変動サンプリングにもとづく軸足コーディングはテストと再テストのプロセスである。はじめに集められたデータからの帰納により発展してきたアイデアをさらなる経験的データに照らし合わせて再探求しながら，ここでグラウンデッド・セオリーは初期の帰納への強調から演繹へとシフトする。この再テストのプロセスはアイデアを検証したり否定することで，発展させるのに，全体のアプローチのなかでもっとも重要なプロセスである（仮説120頁と妥当性260頁と比較せよ）。

第三段階である選択コーディングはプロジェクト全体を支配する中心あるいは「コア」カテゴリーを最後に洗練するところである。最後のカテゴリーはサブカテゴリーと説明された形態におけるバリエーションとの繋がりにより，デ

ータと互換的なものとして示されるべきである。それは論理的に一貫して，「理論的な密度が高く」ないといけない。すなわち，すべてのバリエーションが十分に網羅され，すべてのギャップが見極められている。この「洗練」は識別サンプリング，つまりギャップを埋めるための，そしてコアカテゴリーの最終的内的比較テストをするための注意深いデータの選択，によってサポートされる。

　理論的飽和が達成されたとき，手続きは完了する。もはや新しいデータは概念的密度を上げることはない。コアカテゴリーは完全に洗練され，他の研究で再利用されうる。ただし，このことは可能な状況がすべて網羅されたとか何らかの統計的プロセスにより他の状況へ一般化できるということを意味しない。サンプリングは完全にコアカテゴリーの創発特性に従属する。言い換えればその一般的名称は理論的サンプリングである（Devine and Heath 1999 56-60 頁）。鍵となるポイントは厳密な概念的理解がデータから組み上げられ，さらなるデータにより確証されるということである。

【キーワード】
軸足コーディング
カテゴリー
演繹
識別サンプリング
帰納
オープン・コーディング
オープン・サンプリング
関係的サンプリング
選択コーディング
理論的サンプリング
有効性
変動サンプリング

【関連項目】
質的データのコーディング 32 頁
エスノグラフィ 72 頁
エスノメソドロジーと会話分析 78 頁
フィールドワーク 99 頁
仮説 120 頁
測定水準 152 頁
実証主義と実在論 188 頁
質的調査法 193 頁
量的調査法 200 頁
標本抽出：推定量と標本の大きさ 222 頁
標本抽出：標本の大きさをどう決めるか 226 頁
妥当性 260 頁

【参照文献】
一般

Glaser, B. and Strauss, A. (1967) *The Discovery of Grounded Theory*. Chicago: Aldine. (後藤隆・水野節夫・大出春江訳, 1996, 『データ対話型理論の発見』新曜社)

Strauss, A. (1987) *Qualitative Analysis for Social Scientists*. Cambridge: Cambridge University Press.

Strauss, A. and Corbin, J. (1998) *Basics of Qualitative Research* (2nd edn). London: Sage. (操華子・森岡崇訳, 2004, 『質的研究の基礎』医学書院)

研究例

Allen, C.(2003) 'On the Logic of the "New" Welfare Practice: an Ethnographic Case Study of the "New" Welfare Intermediaries'. *Sociological Research Online*, 8 (1) : www.socresonline.org.uk/socresonline/8/l/allen.html

Devine, F. and Heath, S. (1999) *Sociological Research Methods in Context*. Basingstoke: Macmillan.

Huberman, M. and Miles, M. (2002) (eds.) *The Qualitative Researcher's Companion*. London : Sage.

Group Discussions/Focus Groups
グループ・ディスカッション/フォーカス・グループ

グループ・ディスカッションは，(通常，共通の経験を共有している) 複数人から一挙にデータを集める手段で，共有された意味に焦点を当てる。一方，フォーカス・グループは，グループ・ディスカッションの特殊型で，お互いに面識のない同等な集団メンバーが特定の話題について議論するものである。

【アウトライン】集団の意見や印象を聞き出す。公開集会。誰が実際参加しているのか。より小さな情報提供集団。表明された態度と潜在的な態度。グループ・ディスカッションは，安価で手っ取り早く，非個人主義的。グループ・ディスカッションにおける集団力学。特例としてのフォーカス・グループ。フォーカス・グループの規模と手順。参加者の選定。会合の調整。「もりあげ役」と「書記」の役割。フォーカス・グループ：調査の安価で不正な代用品

われわれの意見，印象，態度は，他者との接触の中で形作られる。調査票や

さらにはあまり構造化されていない面接にもとづく調査方法などと違って，グループ・ディスカッションは集団の中の人びとから情報を得ることによって，それらを反映することを試みる。大規模な公開集会から8〜10人くらいの招待者による親睦会，さらには非常に特定化されたフォーカス・グループまで規模は様々である。フォーカス・グループはグループ・ディスカッションの特殊型である。

　調査者は，意見聴取のために公開集会を開くことがある。これは典型的には研究計画の初期に行なわれ，可能な質問の方向性をさぐったり，研究計画の周知のために行なわれたりする。当該のコミュニティや組織で働いていたり，その代表をしている人びとは，「コミュニティ全般」が何を感じているのか，よくわかっているとみなされるかもしれないが，かならずしもそうでない。彼らの考えは，彼らがそのコミュニティでおかれている特定の立場に影響されるだろう。コミュニティの代表者は，通常，住民のごく一部としか接触しない。地方の政治家も，相談にやってくる地元民についてしか知識がないだろう。

　大規模な集会では，だれもが同等な発言の機会を得ることは不可能である。もっとも強く表明される意見は，コミュニティのリーダー，「専門家」，会合の常連などの発言である。この種のグループ・ディスカッションは，キー・インフォーマント（キー・インフォーマント146頁）の個人的面接を集合的に行なったものとみなされる。これは，探求すべき問題やテーマの感触を掴む手段として，研究計画の初期の段階では有効である。しかしながら，調査の主要な方法として取り入れられた場合，声の大きいもしくは政治的に支配的な意見が，全体の見解に比べて，過剰に提示されてしまうことになるだろう。

　グループ・ディスカッションは，小規模な集団で行なう方がよい。そして，普段から交際している人びと同士が参加者となるように集団を形成するとよい。しかしながら，その集団は調査者によって特別にしつらえられるのが通例なので，参加者たちは人工的な状態におかれることになる。調査者は，その特殊で人工的な集団の中で参加者がやりとりをする考えや意見などに興味があるだけでなく，参加者が潜在的にもつ考えや意見などにも興味をもつ。この潜在的なものは，当該集団の中での集合的相互行為を通して表現され，増幅され，そして多分修正されるものである。ある参加者が他の考えに出会ったときに，他の参加者を見ることによって適応の方法がわかることもあるだろう。

　方法論としてのグループ・ディスカッションの価値は，早さと安さにある。一対一の面接を一組終えるあいだに，グループ・ディスカッションでは8〜9

人からの反応を得ることが可能である。ひとりひとりのインフォーマントからはあまり詳細なことや深みのあることは聞けない。しかし，ある個人のコメントが他のひとびとにどのように受け止められるのかを観察することができる。その意味において，グループ・ディスカッションは個人主義的調査道具というよりもむしろ社会的調査道具である。フェミニスト調査（**フェミニスト調査93頁**）においては，インフォーマントの社会的状況に対する共鳴がそのことを立証する。より広い文脈では，研究の探索的段階においては，予備的な考えを試し，潜在的情報提供者の関心を発見するために，グループ・ディスカッションは有効な道具となる。

　調査の成否は，グループ・ディスカッションがいかに切り盛りされるか，そしてデータがいかに分析されるかにかかっている。すべての新しいグループと同様に，ディスカッショングループはどのような参加者がいるかに依存して独自の力学をもつ。最初の段階では，調査者の誘導があるにしても，参加者の行動を支配する「ルール」はあまりない。そして，インフォーマントが各自の役割と貢献を取り決めるにはしばし時間がかかる。インフォーマントがお互いに協力するようになるにつれて，たくさんの新しい話題が出てくる生産的な時間がやってくる。徐々に，構造と合意が発生し，さらなる討議におけるテーマを方向づけていく。フォーカス・グループにくらべて，グループ・ディスカッションにおける集団の構成はあまり形式化されていないが，調査者の責務はほぼ同じである。

　フォーカス・グループは，グループ・ディスカッションの特殊型である。その最初の利用者はマートン（1956）である。そのテクニックはそれ以来マーケットリサーチ会社によって発展させられてきた。フォーカス・グループは，現在では公共部門や政党でも大衆の意見を評価する手段として広く使われている。メディアがこの方法に注目したことにより，どのような形態のグループ・ディスカッションでもフォーカス・グループとよばれるようになった。もちろんそれは，未熟な調査者による間違いである。フォーカス・グループは，グループ・ディスカッションの一形態であり，特殊でより形式化されたものなのである（Krueger 1994; Krueger and King 1998; Morgan 1997, 1998; Morgan and Krueger 1997-8 参照）。

　その名前が含意するように，フォーカス・グループは特定の話題に焦点をあてる。その話題は，あらかじめ決められた順番で，注意深く言い表された，自由回答形式の質問として導入される。グループは，通常6〜10人で構成され

る。なぜなら，12人以上になると議論が抑制されてしまうからである。グループメンバーは，教育，社会的地位，職業，収入などが同じような人が選ばれる（Brannen and Nilsen 2002）。どれくらいの同質さが必要であるかは調査者の判断による。たとえば，障がいに関する議論では，参加者は障がい者である必要があるか，それとも同じ障がいをもつ人である必要があるか（Edwards and Imrie 2003）？　参加者はお互いに面識がないようにすべきである。参加するように招待される人は，コミュニティの様々な層の人を網羅すべきである。たとえば，グラスゴーにおける黒人女性と人種的マイノリティの女性の健康に関するニーズの研究のように，一連のディスカッションは，特定の利益集団——コミュニティの指導者，十代の若者，女性，老人——によってなされうる（Avan 1995）。

　フォーカス・グループを選ぶ方法は通常2つある。すでに存在する集団に話をもちかけ，参加を承諾した人を集めてディスカッションするというもの。もうひとつは，グループを割りふる無作為抽出が使用される。後者の方法は，サマセット健康公社の研究で用いられている（Richardson and Bowie 1995）。この方法は，「プロのボランティア」による支配を避けて，より広範な意見が表明されることを確かにする。

　フォーカス・グループを準備する時は，すべての参加者に都合のよい，てごろな時間と適切な場所を選ぶことが重要である。参加者が自由に語りその経験や意見を共有できるように，開催場所は快適な状態にすべきである。家族や仕事の約束があって会合に参加することが困難になる人もいるかもしれない。交通手段や託児所も準備できるとよいだろう。また，軽食を用意するのが普通である。参加を促すために，金銭的誘因や粗品が参加者に配られることもある（サマセット研究では10ポンドずつ払った）。

　しばしば進行役とよばれる面接者は，一対一の面接とは違う技能と技術が必要になる（→インタビュー139頁）。彼／彼女は，知識をもち準備を万端に整えておく必要がある。付加的に専門家を参加させて，特別な情報を提供してもらうこともある。質問の構成と面接者の厳密な調査の方法は一対一の場合と同様であるが，集団を統制するという問題が付加的にある。面接者は，いちどきに一人の人だけが発言するように注意しなければならない。誰もが順番に話すようにしむけなければならない。そしてだれかが他を圧倒することがないようにしなければならない。最後の件については，面接者は「静粛に」と言えるようにならなければならない。ただし，脅したり他の人を抑制しないように気を

つけなければならない。（軽食や休憩の後などに）関与を促すために席替えをしてもよいだろう。口の重い参加者は，面接者の対面に席を替えて，目線を通じて発言を促すようにすべきだ。反対に，よくしゃべる人は面接者の目線を受けにくい場所に席替えをするとよい。

　ガービッチが示したように，他のディスカッショングループと同様にフォーカス・グループは，もし適切に運営されれば，潜在的な問題や意見を発見するのに役立つ（1999 108-15頁）。メンバーによるコメントは，そのグループの他のメンバーのさまざまな考えを誘発する。ディスカッショングループは，すぐに結果がでるし，比較的安く，準備も簡単なので，政策立案や優先順位づけ，さらには計画の評価のために広く使われている（→コミュニティ・プロフィール39頁）。しかしながら，他の手段によるデータがないのであれば，フォーカス・グループは本当の調査の代用品としては「安かろう悪かろう」である。数人の人がいくつかの限定された話題について語ったことを一般化することは，とても簡単なことである。しかし，それは無謀で正当化できないものである。英国労働党政府の最初の2期において，「新しい労働党」の指導者が労働党の主要メンバーから孤立したという事実は，流行のフォーカス・グループに過度に頼ることで受けるダメージを，われわれにはっきりと教えてくれる。

【キーワード】
同意
進行役
集団力学
キー・インフォーマント
書記

【関連項目】
コミュニティ・プロフィール39頁
フェミニスト調査93頁
インタビュー139頁
キー・インフォーマント146頁

【参照文献】
一般

Grbich, C. (1999) *Qualitative Research in Health.* London : Sage.（上田礼子・上田敏・今西康子訳，2003，『保健医療職のための質的研究入門』医学書院）

Krueger, R. (1994) *Focus Groups: a Practical Guide for Applied Research.* (2nd edn). Thousand Oaks, CA : Sage.

Krueger, R. and King, J. (1998) *Involving Community Members in Focus Groups.* (Focus Group Kit, 5) Thousand Oaks, CA : Sage.

Merton, R., Fiske, M. and Kendall, P. (1956) *The Focused Interview*. Glencoe, IL: Free Press.
Morgan, D. (1997) *Focus Groups as Qualitative Research* (2nd edn). (*Qualitative Research Methods, Vol. 16*. London : Sage.
Morgan, D. (1998) *The Focus Group Guide Book*. Thousand Oaks, CA: Sage.
Morgan, D. and Krueger, R. (1997-8) *The Focus Group Kit* (6 vols). Thousand Oaks, CA : Sage.

研究例

Avan, G. (1995) *Perceived Health Needs of Black and Ethnic Minority Women: An Exploratory Study*. Glasgow: Community Support Unit, Healthy Glasgow.
Brannen, J. and Nilsen, A. (2002) 'Young People's Time Perspectives : from Youth to Adulthood'. *Sociology*, 36（3）: 513-37.
Edwards, C. and Imrie, R. (2003) 'Disability and Bodies as Bearers of Value'. *Sociology*, 37（2）: 239-56.
Richardson, A. and Bowie, C. (1995) 'Public Opinion'. *Health Service Journal*, 11 (May) 25-6.

Hawthorne Effect
ホーソン効果

　ホーソン効果とは，特に社会実験において人びとが研究対象になっていることを知っているために自らの行動を変更し，その結果（しばしばはからずも）調査結果をゆがめてしまう傾向のことである。

　【アウトライン】人びとは研究対象となったときどのように反応するか。ホーソン工場で行なわれた元の実験。照明の実際の変化と想像上の変化に対する反応。作業条件の操作。心理学からエスノグラフィへの重点の移行。労働者の非公式的な習慣。調査対象であること vs. 研究者との契約。不十分な調査デザインとしてのホーソン実験。外部からの影響：大恐慌。

　研究対象となっていることを知ったとき，人びとは自らの振る舞い方を変える。研究者にとって，それがどのように変わったかを知ることは難しい。対象

者は，日常生活の部外者に知られたくないために，彼らの行動や感情を偽るかもしれない。反対に，彼らは研究対象に選ばれたことを誇りに思うかもしれない。研究者が望んでいると彼らが考えるやり方に，彼らの行動を合わせることすらあるかもしれない。これらの反応はしばしば「ホーソン効果」という短いフレーズで言及される。

社会学そして経営研究においてもっとも影響力のあるプロジェクトの一つである，シカゴにあるウエスタン・エレクトリック社ホーソン工場の労働者を対象として主に1927年から1933年の間に行なわれた研究が，このフレーズの由来である。この研究では，小集団を対象にして様々な形式で数年に渡って行なわれた詳細な実験，そして大規模な面接プログラム（ここではあまり言及しない）の2つの手法が主に用いられた。実験では労働環境に様々な変化が加えられ，それらが生産量にどのような影響を与えるかが確かめられた。われわれはここで，それらの実験をほぼ完全に記述することでホーソン効果を示すとともに，この種の長期間の応用研究がもついくつかの問題点を例示することにする。ホーソン効果は，「実験者効果」や「反応性」の一つの形である。最近の調査文献でこれらのことが頻繁に言及されないという事実は，自分の研究ではこうした問題に遭遇したくないという多くの研究者の思いを逆説的に表している。

ホーソン工場で行なわれた研究の第一段階の「照明実験」では，照明レベルが生産量に影響を与えるかどうかが調査された。3つの部門において照明レベルが変えられたが，明確な結果は得られなかった。そこで，これまでの生産実績に従って組み合わせられた2組の労働者グループを離れたビルに移動させ，実験群（→実験88頁）に対して照明を変化させた。どのような変更を施しても——明るくしても暗くしても，本当の変化かいつわりの変化かを問わず，労働者が自分の作業がほとんど見えない状態でさえ——生産量は増加した。統制群でも生産量は増加したのである！　このことから到達した唯一の結論は，照明と生産量の関係の間に他の変数が介在しているに違いないというものだった（→連関と因果5頁）。

第二段階では，第一リレー組み立てグループ，第二リレー組み立てグループ，雲母剥ぎグループ，バンク配線グループという4つの実験が実施された。6人の女性がリレーと呼ばれる電話の部品を作る第一のグループでは，彼女らを観察者と一緒に隔離したところに配置し（→観察173頁），作業条件（支払い率，休憩時間，時間短縮の変更）を2年間に渡って実験的に改善させた。観察者の報告によると彼を含めた作業グループは実験の間とても親しくなった。彼は，

彼女たちを公式の監督者から保護する非公式の監督者になっていたのである。

実験前に秘密裏に測定した測定値と比較すると，生産量は13試行中12試行で増加した（改善が無効になった1試行においてさえ増加した）。しかしながら，失業の不安が支配的になった1929年の夏になると，グループの結束力と生産性は低下することになった。

第二リレー組み立てグループは，基本的には第一グループの再試行であり，第一グループが完了する前に始められた。このグループは本体部門に留まり，支払い方法のみが操作された。この時点で調査者たちは，生産性は支払いや疲労，作業方法による影響を受けないと結論づけようとしたが，さらなる確認を望んだ。しかしながら，異なる支払い体系が実験グループと他の労働者の間に悪感情を引き起こしたため，実験は中止することになった。

それゆえ，雲母剥ぎグループの5人の女性は隔離して配置されることになった。しかしながら，気質的にも社会的にも異なるメンバー同士がうまくいくことはなかった。生産量は最初，5つの作業条件を改善している（しかし支払い率は変わらない）間は増加した。2年目に会社の業績が悪くなるにつれて生産量も落ちて，ついには実験を続けるのに不十分なまでになった。

電話のスイッチ・ギアのバンクの配線を取り付ける14人の男性によって構成された第四のグループは，観察者とともに隔離して配置された。彼らはすぐに観察者に慣れたように思われた。そして，一連の鍵となる観察結果は，実験をやっているときよりも，より記述的なエスノグラフィ研究の中で得られた（→**エスノグラフィ72頁**）。労働者たちはどの程度働くべきかについての感覚を共有しており，それが生産しすぎる「相場破り」やあまりにも生産しない「ペテン師」に対する集団圧力になっていることが分かった。彼ら独自の生産規範よりも作りすぎた場合，彼らは生産量を過少申告した。この実験は特に，非公式あるいは「インフォーマルな」労働者の習慣が，いかに企業の「フォーマルな体制」や生産組織と共存しているかを示すものと考えられている（これらの実験の産業社会学に対する貢献についての3つの異なる評価は，Brown 1992, Grint 1991 そして Rose 1988 を参照のこと）。

一般的な感覚では，「ホーソン効果」は，調査されることによってインフォーマントがふるまいを変えることだと思われているけれども，2つの主要な効果を区別することが可能である。照明実験は単純な「私は調査されている」効果を示している（これを**非干渉的方法254頁**と比較せよ）。繰り返しが多く高度にコントロールされた作業条件の下で働く者にとって，調査は歓迎すべき変

化であった。研究者と少しの関係を結んでいる間，われわれは調査されているという自覚は，自分たちは特別であると労働者たちに感じさせるには十分であった。生産レベルが重要であると知っていたので，彼らは期待されているであろうレベルになるように，生産量を増加させたのである。

　第一リレー組み立てグループでは，観察者との親しい相互関係によってこの効果は増幅した。これは第二の，「私は，私によくしてくれる研究者と仲のよい間柄だ」効果と呼べるものである。労働者たちは協力から得られる具体的な利益を理解していた。それは，監視の対価として有利な立場が続くということである。研究者と彼らの間の親密な一体化の結果，この効果はより強いものとなる。

　パーソンズ（1974）は，第三のホーソン効果を見出している。労働者たちは，生産量の増加は，より高い支払いという報酬をもたらすことを知っていた。報酬は彼らの新たな行動を強化し，結果としてその行動が新しい通常の行動として埋め込まれるようになる。このプロセスは「オペラント条件付け」と呼ばれる。この広く認識された効果は，ホーソン研究の中ではあまり注目を集めることはなかった。なぜなら，研究者の主な関心が，様々な労働条件因子がいかに生産量に影響を与えるかを示すことにあったからである。

　これらの「効果」は，後の研究者への警告としての機能を果たしたものの，ホーソン実験の信頼性を損なうことになった。調査が行なわれた年代を考慮しても，これらは単なる技術的な限界というだけの問題ではなかった。照明実験では，厳密なマッチングや厳密な統制群が用いられていなかった（→**実験88頁**）。より悪いことに，後期の実験では適当な統制群さえ用いられることはなく，労働条件の変化は体系的に実施されたものではなかった。協力するかどうかで実験参加者が決められた。集団における観察者の参加役割（→**参与観察183頁**）も適切に理解されていなかった。

　支払い率のみでは生産量の変化を説明できないことを示したかったために，大恐慌や失業の脅威という実験外の出来事を含む経済的要因の影響力を，研究者たちは見誤っていた。彼らの報告書は，反組合的な雇用者であるウエスタン・エレクトリック社の役割を考慮することもなかった。主要な調査者のうちの二人，ディックソンとペノックは，従業員であって，ハーバード・ビジネス・スクールのレスリスバーガー（そして程度は小さいがメイヨー）から援助を受けていた。ウエスタン・エレクトリック社は他よりも新たな考え方に寛容であったし，従業員であるディックソンとペノックからの影響を受けていたも

のの，このプロジェクトを利他的な理由で援助したわけではなかった。会社は市場で優位になるために生産性が向上することを望んでいたし，調査結果の最初の出版を遅らせるために介入もした。研究者たちは逆に，ところどころで管理や監視の能力について意見を述べたものの，生産上の問題を会社のより上級の権力者に帰することはほとんどできなかった。

　非常に高いレベルの情報源が，非常に長い期間の調査プログラムのなかで調査されたものの，期待されたよりは役に立つものではなかった。心理学的実験からエスノグラフィ的観察へと方法と視点が移行し，構造化面接や深層面接が採用されるようになった。中心となる報告書が示すように，研究者たちは彼らが蓄えたデータの量と複雑さに圧倒されていた（Roethlisberger and Dickson 1939）。人間関係管理理論への彼らの影響は，彼らの得た結果を単純化し出版したメイヨーの貢献を通してのものだった（Mayo 1933）。体系的な解釈が現れたのは約30年後だった（Landsberger 1958）。逆説的なことに，調査手法の革新的な発展によってというよりはむしろ，インフォーマントの反応性の主要な例となった実験上の限界によって（Du Boulay and Williams 1987；Parry 1987），これらの実験の名は社会学においてもっともよく記憶されているのである。

【キーワード】
実験
フォーマルな体制
インフォーマルな体制
オペラント条件付け
生産レベル

【関連項目】
連関と因果 5 頁
エスノグラフィ 72 頁
実験 88 頁
観察 173 頁
参与観察 183 頁
非干渉的方法と複眼的測定 254 頁

【参照文献】
一般
Brown, R. (1992) *Understanding Industrial Organisations*. London : Routledge.
Grint, K. (1991) *The Sociology of Work*. Oxford: Polity Press.
Mayo, E. (1933) *Human Problems of an Industrial Civilization*. New York: Macmillan.（村本栄一訳，1967，『産業文明における人間——ホーソン実験とその展開』日本能率協会）
Parsons, H. (1974) 'What Happened at Hawthorne?' *Science*, 183 : 922-32.

Roethlisberger, F. and Dickson, W. (1939) *Management and the Worker*. New York : Wiley.

Rose, M. (1988) *Industrial Behaviour* (2nd edn). Harmondsworth : Penguin.

研究例

Du Boulay, J. and Williams, R. (1987) 'To See Ourselves: Images of the Fieldworker in Scotland and Greece, with Some Reflections upon the Fieldwork'. In McKeganey, N. and Cunningham-Burley, S. (eds.), *Enter the Sociologist*. Aldershot: Avebury.

Landsberger, H. (1958) *Hawthorne Revisited*. Ithaca, NY: Cornell University Press.

Parry, O. (1987) 'Uncovering the Ethnographer'. In McKeganey, N. and Cunningham-Burley, S. (eds.), *Enter the Sociologist*. Aldershot : Avebury.

仮説 Hypothesis

仮説とは，二つかそれ以上の社会現象間の関係についての理由付けられてはいるが暫定的な仮定であって，経験的に検証できるような形式で述べられ，特に量的研究において調査の焦点を形成するものである。

【アウトライン】調査の準備と「予想」。出発点としての作業仮説。例：学生の携帯電話所有。記述仮説と関係仮説の発展。関係の方向と理論モデル。例：社会移動。量的手法における仮説の形式：言明；単一の関係もしくは現象に関するもの；明確に表現される；経験的に検証可能。質的手法における仮説の形式：より限定的でない「命題」；データから発見される；限られた応用性。確証，証明と反証。「帰無仮説」。帰無仮説の「棄却」。

調査では，われわれは「あまり知らない状態」から「より多くを知る状態」へと進む。われわれは事前の情報や考えなしにデータを収集することはしない。われわれは何が知りたいのか，その対象についてどの程度知られているか，対象が出現する形式はどの程度多様か，どこでそれを研究することができるか，その対象についての情報をどのように集めればよいか，かつて収集されたデー

タをどのように分析するか，といったことを判断する。研究者は，事前の自らのアイデアを支持する知見だけをもっぱら追求するわけではないが，発見するかもしれない知見についての暗黙の予想は少なくとも保持している。この「予想」という領域において，われわれは仮説と出会うのである。

仮説は，われわれが発見するかもしれない知見についての暫定的な示唆である。もっとも単純なものとしては，仮説は「何かが起こっている」という形をとる。例えば，大学のキャンパスの全般的な観察から，われわれは「多くの学生が携帯電話を所有している」ということを推測するかもしれない。このような一般的な仮説に続くわれわれの調査課題は，信頼できる情報を収集することであり，その結果自信を持って携帯電話所有率を報告することができるだろう。

これは「作業仮説」というもので，あいまいではあるが調査の主要な方向性を示す言明である。作業仮説の有用性は，より正確な仮説を生み出し，調査デザインのための出発点を提供することにある。作業仮説はトピックの範囲を狭める（学生の携帯電話の所有は携帯電話に関するものであり学生に関するものであって，たとえばTVや老人に関するものではない）。作業仮説はまた，男性と女性で所有率が同レベルかどうかとか，同じ目的で使用しているかどうかといった追加的なアイデアの元になるかもしれない。そしてそれは調査のプロセスにおける一段階と考えられている（Kumar 1999 64-70頁）。

ここでいう作業仮説は，この概念の従来の使い方とは異なっている。特に量的調査においては，それは記述的もしくは関係的現象についてのもっと正確な言明を意味している。「記述仮説」は，出来事についての言明，つまり何かが起こっている，あるいは何かがある割合で起こっているという言明を意味している。われわれの例では，「多くの学生」をより正確に「大学生の85パーセント」と言い換えることができるかもしれない。そうすると，われわれが行なう実情調査はより焦点の絞られたものになるだろう。

他方，「関係仮説」は，調査において2つか3つの項目が何らかの仕方で互いに関係するという予想を表わしている。「女性の所有率は男性のそれよりも高い」という仮説は，「性別」という変数を「携帯電話所有」という変数と関係づける。ここでは，変数を2つの具体的な方法で関係づけている。第一に，性別にもとづく行動様式が携帯電話の利用を規定すると仮定されている。これは逆方向の想定の仕方よりももっともらしい。関係には方向があるのだ。第二に，女性の行動様式が所有率を小さくするのではなく大きくすると仮定されている。記述仮説がシンプルな探求や事実調査につながるのに対して，関係仮説

は，より複合的な一連の事象やそれらの間の相互関係，そしてなぜそのような相互関係があるかを説明する理論モデルにつながるものである。

　学生の携帯電話の例はちょっとした観察が元になっているが，たいていの関係仮説は先行研究の知見や理論モデルに由来している。たとえば，社会移動研究において，マルクスの階級理論を元に，「息子は彼の父親と同じ階級に属しやすい」という仮説が立てられるかもしれない。マルクスの資本主義についての考えでは，労働者階級に比べて上位の階級は，自分の子供の助けとなる資産をより多く保有していることが，この仮説の理由となる。また，同じ仮説をグラスの1949年の先駆的なイギリスでの移動研究における知見から引いてくることができる。その知見は，「サービス階級」に属する男性の父親の2/3が，同じ階級に属しているというものであった（Rose 1982 ; Schutt 1999 38-42頁）。

　このように，量的調査において，仮説は次のような4つの主要な特徴を持っている。

　　① 疑問ではなく言明の形をとる（暗黙の疑問に答える形になっている場合もあるが）。たとえば，「85％の学生が携帯電話を所有しているだろうか？」ではなく，「85％の学生が携帯電話を所有している」。
　　② 単一の現象，もしくは現象間の単一の関係を扱う。
　　③ 明確な形で提示され，論理的に一貫している。
　　④ そして最も重要なことは，経験的に検証可能であるということである（「神は偉大である」は仮説ではない）。

　質的調査（→質的調査法193頁）では，調査開始時点で仮説が提示されることは滅多にない。というのも，たいていの質的調査者は，社会的行為は複雑で一時的なものであって，不変の秩序を構成してはいない，それゆえ，人間行動は「法則」には則らないと信じているからである。質的調査者は，行動を規定する法則のようなパターンを発見できるということを，関係仮説という考え方が誤って想定しているとみなしている。さらに，初期段階で仮説を採用することは研究の射程を制限することになるし，調査状況のリアリティを反映しないことになる。関係仮説が「変数」間を結び付けるものであるせいで，それは人びとの生活の一部を文脈から任意に切り離し，文脈に根ざした出来事や人びとの経験の「真の」性質を冒涜することになる。

　しかし，このことは質的調査者が仮説を決して用いないことを意味するわけ

ではない。彼らもまた理論と知見から出発し，概念を操作化し，予想を抱く。しかしながら，質的調査者はより緩い記述的な仮説を好む。そしてあまり「仮説」という用語は用いずに，「命題」という言葉を好む (Strauss and Corbin 1998 102 頁)。彼らは，仮説ないし命題を特定の社会状況に限定して考える。そして，統計的手法を用いて自分たちの解釈を評価することを避ける。おそらく最も重要なことは，彼らは自らが事前に準備した仮説を発見するためにデータに取り組み，さらなるデータ収集によってその仮説を改良する，ということである (→グラウンデッド・セオリー 105 頁)。仮説は，最初から何のデータを収集するかを規定しているというよりも，データから徐々に現れるものである。

　量的調査においては，われわれが用いる操作的測定によって，仮定した関係の存在を論理的に証明することはできない (→実証主義と実在論 188 頁)。仮説を確証するための証拠を見つけることはできるけれども，われわれが行なう限りある活動では，いかなる時もいかなる状況でも，その関係がつねに存在することを立証することは決してできない。実践においては，われわれはそれとは違う方法，つまり何かが真実でないかどうかを確かめるという方法をとる。もし，われわれが仮説と対立する一つのケースを見つけたならば，そのことは反証に十分であり，われわれは仮説を修正するか棄却する必要があるだろう。

　このため，統計的分析ではしばしば特別な種類の仮説が用いられる。ここまで，われわれは仮説というものを，要因間の関係についての一般的な理論的言明として言及してきた。統計的研究では，「仮説」という用語はもっと正確なものであって，「検証」可能な計量的な連関を指しており，普通は「帰無仮説」として言及される。

　これは，より理論的な仮説の逆を述べる形式をとる。そのため，「女性の携帯電話所有率は男性のそれよりも高い」という仮説は，「男性の携帯電話所有率と女性のそれとの間には違いはない」という帰無仮説を生み出す。もし，調査の結果として違いを発見したなら，「帰無仮説を棄却」することができる（この過程の統計処理の概説はたいていの統計学の教科書にある。特に明確なものとしては Rose and Sullivan 1993 を参照のこと）。

　帰無仮説を棄却することによって，われわれはその反証を行なったことになる（先に言及したように，論理的に何かを証明できないのに対して，われわれはこれを妥当なこととして行なうことができる）。もし，帰無仮説が反証された場合，元の仮説はわれわれに残される。無条件に仮説を「受け入れる」ことはできないが，それが正しいという可能性を高めたことになる。携帯電話所有の例

では，所有率は違うけれども，予想していた違いではないことが示されるかもしれない。あるいは，われわれの研究以外でも，われわれが発見したのと同様の所有率の違いが，常に見出されるかもしれない。もちろん，われわれはそのことを全面的に証明することはできない。

　もし，仮説が「AはBよりも大きい」（「女性の携帯電話所有率は男性のそれよりも高い」）という一般的な形をとるなら，帰無仮説は普通「AとBの間に違いはない」（「男性の携帯電話所有率と女性のそれとの間には違いはない」）という形をとる。実際，何らかの違いを示す証拠だけではなく，男性の所有率が女性の所有率よりも実際に高いことを示す証拠も，われわれの帰無仮説を反証するということを発見するかもしれない。この結果もまた，われわれの仮説の反証になるだろう。

　われわれは経験的な検証レベルを慎重に設定しなければならない。もしわれわれがあまりにも寛大であったなら，実際には誤りであっても元の仮説を確証してしまうかもしれない（不十分なものであっても帰無仮説を反証する証拠を受け入れるかもしれない）。もしわれわれがあまりにも厳格であったなら，基本的には妥当な仮説を誤って棄却するかもしれない（実際に帰無仮説を棄却しないことに十分な裏付けを発見するかもしれない）。これらの問題の間でバランスをとる数学的な方法は，すべての統計の入門書で言及されている。

【キーワード】
記述仮説
反証
経験的検証
帰無仮説
関係仮説
作業仮説

【関連項目】
グラウンデッド・セオリー 105 頁
実証主義と実在論 188 頁
質的調査法 193 頁

【参照文献】
一般

Kumar, R. (1999) *Research Methodology*. London: Sage.
Rose, D. and Sullivan, O. (1993) *Introducing Data Analysis for Social Scientists*. Buckingham: Open University Press.

研究例

Rose, G. (1982) *Decyphering Sociological Research*. London: Macmillan.
Schutt, R. (1999) *Investigating the Social World* (2nd edn). Thousand Oaks, CA: Pine Forge Press.

Indicators and Operationalisations
指標と操作化

　指標は，しばしば指数とあわせて，ある概念を定義したり参照したりするのに使用される。ただし，それは直接的な測定が不可能なときに間接的な実証的説明として用いられる。一方，（指標も含め）操作化というのは，データ収集のために経験的表現で任意の社会現象を厳密に定義したものである。

　【アウトライン】概念は直接「測定」できるか。操作化が必要な概念の例。指標の集合。簡単な操作化の例。指標を選ぶ：概念の反映；その全側面を網羅；他の概念を除外；適切なデータの生成。正確さよりも有効性にもとづいた指標。例：社会的剥奪；階級。理論，概念，指標，測定。指標調査に対する質的調査法からの批判。

　社会学は，その性質から，調査によって直接触れることのできない問題をたくさん扱う。そうした問題は，測定可能な形でそれらを代替するなんらかの方法を確立することによってのみ調査が可能になる。一般的でしばしば抽象的な「概念」は，実証的に研究可能な明確に特定化された個別の要素に変換される必要がある。

　最近の雑誌のある一巻に掲載された問題を拾ってみると，「難民」，「強制された移動」，「コミュニティ」，「社会統合」，「ジプシー」，「都市内学校教育」「ガバナンス」などはすべて操作化が必要な社会的現象である。この「事象」が存在するのかしないのか，どのくらいの頻度で起こるのか，どのような状況なのか，どのような重要性があるのか，仲介する構造物なしではわれわれは語ることができない。ひとつ例をとってみると，「コミュニティ」を測定することはできない（リトマス試験紙となるのは「その半ポンド分をどこで買うか」という問い。すなわち，探すべきものをどのようにして知るのか，ということである）。しかしながら，「共有されたアイデンティティ」がコミュニティの基礎的

な特徴であると決めることができるかもしれない（→**コミュニティ研究44頁**）。そしてそのとき，どのように人びとはアイデンティティをもち，だれとそれを共有するのかを尋ねる質問を考案することができる。

　共有されたアイデンティティは，それ自体でコミュニティの完全な特徴づけにはならない。それは，全体概念のごく一部の指標であり，全体像を描くには，地域性とか社会ネットワークの密度などといった他の指標と組み合わされる必要がある。コミュニティのもともとの考えは，われわれが研究可能な指標に操作的に定義される必要がある。したがって，「指標」と「操作的定義」はとても似ているものであり，しばしば交換可能な用語である。

　操作的定義には，とても簡単で，もともとの考えそのものとほぼ変わりないようなものもある。西洋社会では，年齢は調査しやすい項目である。なぜならそれは慣習的に満年齢で測定されるからである。ほぼすべての人は自分の生年月日を覚えている（しかし，「年齢」が概算的な社会や時代も存在する）。ジェンダーは複雑な社会的構成物かもしれないが，たいていの人は自らを男性もしくは女性と考えている。たいていの「住居形態」は，持ち家，借家権，（私営もしくは公営）賃貸で網羅できる。満年齢，生物学的性別，所有権／賃貸，といった指標は直截で量的測定に適している。もしこれらが説明変数群の一角なのであれば，通常は測定として充分なものである（→**妥当性260頁**）。しかし，もしこれらが研究の中核をなすもの，もしくは従属変数であるならば，小さな留意点が本質的な欠点となりうる。したがって，調査の論点によっては，年代をどこで区切るかとか，性同一性とか，社宅や多世帯住宅，などといったことが問題になりうる。

　こうした操作化の過程は調査計画において中心的な課題である。操作化された具体的な指標が調査対象の抽象的な概念と一致すべきである，ということは自明のことのように思われる。しかしながら，調査結果への異義として，指標が調査の中心的な概念を適切に表わしているかどうかということがしばしば問題になる。世俗化という概念に関する議論は，その意味や原因や重要さと同様に，何を世俗化の証拠とみなすかについてなされている。ブルース（1995）は，教会への参列回数の少なさをもって世俗化を操作化している。一方デービー（1994）は，神を信じるかどうかと，新しい社会運動への参加に注意を払っている。2つの指標は互いにわずかに異なる方法で鍵となる概念を特徴づけているので，各主唱者の議論はすれ違っている。

　したがって，指標はつぎの4つの目標を達成すべきである；

① 指標は，中心となる概念の基本的性質を適切に反映しなければならない。
② 指標は，その概念のすべてを網羅しなければならない（ひとつの概念に複数の指標を使うのはよくあることである）。
③ 指標は，他の概念を拾いあげてはならない。
④ 量的な測定の形であれ（→**測定水準** 152 頁），意味や解釈のもっともらしい物語に貢献する形であれ（**質的調査法** 193 頁および以下の議論参照），指標は，研究の水準にあわせた形で証拠を提示しなければならない。

操作的な定義は，複数の情報源から引き出しうる。常識的なもの（「満年齢」を「年齢」の測定とする）もある。他には，その概念の性質を反映することから，論理的にわかるものもある。アイデンティティの測定の意味は先述のコミュニティの例からわかる。概念の実証的表現における構成要素と変化を発見し明確化するには，探索的な調査をするとよい。

正確であるというよりも有効であるという理由で指標が選ばれることもある。坑夫は坑道におりるときカナリヤをつれて入るのが常である。なぜなら，カナリヤが倒れれば，大気の状態が悪く，坑道から逃げなければならないということを示しているからである。鳥は人間よりも一酸化炭素に敏感である。坑夫はガスを測定していないが，カナリヤの健康状態という指標を「測定」しているのである。

社会学においては，貧困や社会的排除のような概念が，その鍵概念と関連していると知られている変数群によって測定されてきた（→**連関と因果** 5 頁）。社会的剥奪状態にある地域は，いくつかのスコアを組み合わせて見極められてきた。そのスコアとは，失業率，自動車所有，職業履歴，片親と年金受給世帯構造，幼児，技術水準，病気などで，死亡率，遺棄地，募金の受給者，家財保険のプレミアム水準などとともに使用される（Payne et al. 1996）。前者の変数群は国勢調査によって利用可能なものであり（国勢調査は 10 年に一度しか行なわれないので，データが古めかしい場合もあるが），後者はその他の公式統計から得られるものである。これらは最良の指標というわけではないかもしれないが，ある場合には地区毎，さもなくば選挙区や国勢調査単位毎に，データが容易に手に入るという理由から，選ばれてきた。

ひとつの指標では不十分であるし，スコアは潜在的な概念を正確に測定して

いないかもしれない（Carley 1981）。剥奪の別の指数（「カーステアズ指数」，「ジャーマン指数」など）は特定のニーズに合うように異なる組み合わせで構成される。たとえば，健康資源配分や地方政府助成金の決定など。不利益の社会的指数は，社会階級への依存に取ってかわるものとなるようにみえる。タウンゼンドら（1992）のように階級の説明力を拡張しようとしているものもいるが，カーヒル（1990）のように階級から完全に逃れることを望んでいるものもいる。指標は測定の問題かもしれないが，その中には理論的な視点も埋め込まれているのである。

　しかしながら，指標は本来の概念とは無関係に変化してしまうこともある。社会階級は生産の所有と統制から発展してきた社会の分類方法である。伝統的には，職業によって実証的に表現される。似たような職業の大きなまとまりを構成する変化のない労働市場で，ほとんどの労働者が男性のフルタイム雇用賃金労働者である場合には，その方法でもよかった。しかしながら，女性労働者の増加，パートタイム労働，自営業，副業，早期退職，高い失業率，訓練が猶予された状態での労働市場への参入，新しいタイプの職業などといったことが，状況を複雑にした。また，かつてほど職業が生活様式や社会的アイデンティティに厳密に関連しないようになっている。指標の変化とは独立に，社会階級それ自体が変化してしまったかどうかを語ることは不可能である。われわれが何かを間接的に測定する場合，そこにはつねにリスクが存在するのである（→ソーシャル・サーベイ 242 頁）。

　操作的定義は概念を固定化する傾向がある。質的調査者が事前の操作化を拒否し，フィールドでの出会いに柔軟に反応するようにしておくことを好むのは，そのような理由からである（→**質的調査法** 193 頁）。事前の概念化はその概念の完全な複雑さを網羅しきれない。また，常識への依存は，インフォーマントの主観的意味を犠牲にして調査者自身の考えが押しつけられる結果になるだろう。測定自体に関心を寄せず，帰納的過程を志向し（→**実証主義と実在論** 188 頁），詳細な説明を妥当性（**妥当性** 260 頁）と信頼性（**信頼性** 217 頁）の主張の基礎とすることによって，質的調査法は操作化の厳格さを迂回している。

【キーワード】
従属変数
経験的
操作的定義

【関連項目】
連関と因果 5 頁
コミュニティ研究 44 頁
測定水準 152 頁

世俗化　　　　　　　　実証主義と実在論 188 頁
社会階級　　　　　　　質的調査法 193 頁
　　　　　　　　　　　信頼性 217 頁
　　　　　　　　　　　ソーシャル・サーベイ 242 頁
　　　　　　　　　　　妥当性 260 頁

【参照文献】
一般

Carley, M. (1981) *Social Measurement and Social Indicators*. London : Allen & Unwin.

Carr-Hill, R. (1990) 'The Measurement of Inequalities in Health'. *Social Sciences and Medicine*. 31 (3) : 393-404.

研究例

Bruce, S. (1995) *Religion in the Modern World*. Oxford University Press.

Davie, G. (1994) *Religion in Britain since 1945*. Oxford: Blackwell.

Payne, G. (ed.) (2000) *Social Divisions*. Basingstoke: Palgrave.

Payne, J., Payne, G. and Hyde, M. (1996) 'The Refuse of all Classes', *Sociological Research OnLine*, 1 (1).

Townsend, P., Davidson, N. and Whitehead, M. (1992) *Inequalities in Health: the Black Report and the Health Divide* (revised edn). Harmondsworth: Penguin.

Internet and Other Searches
インターネットと他の検索法

　インターネット検索は，信頼できるデータ，参考資料や調査で用いるその他の関連する情報源を見つけ出すために，ネットワーク・コンピュータを計画的・戦略的に用いることであって，規模や技術的な手順だけが，文献レビューや図書館の図書目録やアーカイブといった他の検索法と異なる。

　【アウトライン】研究の背景となる文献やデータセット，世論調査にとって高まるインターネットの重要性。ネット上の情報源の信頼性，非効率的な検索

／ネットサーフィンによって時間を無駄にすること。キーワード検索。例：保健。CD-ROM 目録。他の情報源をリスト化した情報源。効率的に検索エンジンを使う。政府機関と統計的情報にアクセスする。

2000 年前後から，イギリスの社会科学を学ぶ学生たちの課題レポートの情報源は著しく変化している。参考文献リストは，図書館の本に基づくものではなくなりつつあり，代わりにだんだんとウェブ・サイトによって構成されるようになっている。学生のために，このことを少し釈明しておく必要がある。大学図書館とは違って，インターネットは研究したいときに開いているし，その莫大なコンテンツはいつでも利用可能だ。したがって，文献調査は図書館で始まるかもしれないが，すぐにウェブの仮想図書館に拡がることになる（Fink 1988 15-38 頁，Schutt 1999 498-513 頁）。

研究者はインターネットをいくつかの方法で利用する。学生と同じように，あるトピックについての先行文献を検索する。先行研究のデータをオリジナルの形でダウンロードし，再分析することもできる（→**二次分析 237 頁**）。質問票をオンライン上に掲載することによって，あるいはより制限のない掲示板やチャット・ルームから，他の利用者についてのデータを収集することができる（**→インターネット世論調査 134 頁；質問票 206 頁；ソーシャル・サーベイ 242 頁**）。人びとのインターネット利用それ自体も研究対象になりうる（たとえば Hine 2000）。『銀河ヒッチハイク・ガイド』の著者が言うように，ウェブは「非常に莫大で，すべてが歌い，すべてが踊り，飛び跳ね，ビービー音を出している，暴れ馬を無理矢理引っ張ってきたかのようなパンフレット」（Adams 2003 92 頁）である。その変化のスピードは印刷物出版のペースをはるかに超えるため，それについて何かを書くことは，味気なく時代遅れで信頼できないことのようにさえ思える。

しかしながら，われわれはよき実践のための新たなルールを発展させたいと思っているので，そうした変化のスピードはそれ自体が問題でもある。多くの大学生はウェブサイトを利用するときの識別力を欠いている。彼らにとっては，何かがウェブ上にあるという事実が，十分で等しい信頼性をその何かに与えているようである。

　　　インターネットはコンピュータからコンピュータへと情報の断片（ビット）を伝送する方法である……断片（ビット）という言葉の意味は，それ

らがつくりだすパターン，そしてもちろん，それらを送ったり受け取ったりする利用者に由来している（Hine 2000 2頁）。

　誰がそのコンテンツを掲載したか，その著者はどのような専門的知識を持っているか，著者はどのような特定の立場に立っているか，そして彼らが社会調査の実践と方法の慣習に従っていると確信できるか？　いつその情報源は学術的に許容できるものになったか，そしていつそれはウェブ上のログになったのか？　こうしたことを問うことは忘れがちである。
　インターネットは体系的に利用する必要がある。というのも，大きな情報源であるため，多くの時間を（そして場合によっては経費も）とられかねないからだ。インターネット検索の出発点のモデルとして有用なのは，キーワードに基づく，図書館の電子化目録のより限定された検索である。結局，インターネットは単に新手の道具であって，文献検索の目的（Hart 1998 26-72頁）は新たな技術の出現によって変化するというものではない。最初に，あなたは興味ある特定のカテゴリーや範囲を考え出す必要がある。たとえば，「保健統計（health statistics）」としよう（この節は多くの部分で Payne 1999 37-52頁を利用している）。「目録検索」機能のキーワード・オプションを選択した場合，間にスペースを入れて「保健（health）」と「統計（statistics）」の２語を入力する。コンピュータ・ソフトがデータベース内を検索し，それぞれの言葉を分けた条件あるいは結合した条件に合致するものを照会する。それぞれの区分カテゴリー（「統計」，「保健」，結合カテゴリーについての検索結果を見ることができる。オンライン目録検索の例は図５に示されている。
　もし，「統計」や「保健」といった幅広いカテゴリーを使うならば，結合オプションを選択すべきである。そうでなければ，扱いきれないほどの検索結果が示されることになるだろう。あるいは，「死亡率」といったさらなるカテゴリーや，特定の地域や年代を追加することによって，検索カテゴリーを細かくしていくことを望むかもしれない。探しているものを見つけられないときは，考えを巡らして他に試してみるキーワードを見つけることが課題となる。得ようとしている情報について考え抜くことができればできるだけ，それを得るのは簡単になる（→指標と操作化 125 頁）。
　あなたの利用する図書館には，CD-ROM 目録やインターネット経由の他の情報源があるだろう。データ・ライブラリ担当者は，これらの情報であなたを助けてくれる。CD-ROM 目録は，他のコンピュータ用 CD-ROM ディスクと

図5　オンライン図書目録利用の例

オンライン目録を検索 　1. 著者名とタイトルによる照会 　2. キーワード照会 　3. タイトル照会 　4. 氏名照会 　5. 雑誌タイトルまたはキーワード照会 　6. その他 コードを入力：**2**
詳細を入力：**保健 統計** 　　　「保健」　　4000+ 項目が見つかりました 　　　「統計」　　1000+ 項目が見つかりました
178 項目が検索に一致しました 　1. 結果を表示 　2. 前に戻る 　3. 検索を修正・編集 コードを入力：**3**
詳細を入力：保健 統計 **死亡率** 　　　「保健」　　4000+ 項目が見つかりました 　　　「統計」　　1000+ 項目が見つかりました 　　　「死亡率」85 項目が見つかりました
29 項目が検索に一致しました 　1. 結果を表示 　2. 前に戻る 　3. 検索を修正・編集 コードを入力：**3**
詳細を入力：保健 統計 死亡率 **喫煙** 　　　「保健」　　4000+ 項目が見つかりました 　　　「統計」　　1000+ 項目が見つかりました 　　　「死亡率」85 項目が見つかりました 　　　「喫煙」　　80 項目が見つかりました
1 項目が検索に一致しました 　1. 結果を表示 　2. 前に戻る 　3. 検索を修正・編集 コードを入力：**1**
1. 先進諸国における喫煙死亡率，1950 年-2000 年：人口動態統計からの間接的推計／Richard Peto …… ［et al］ …… 1994 　　すべて，場所，戻る 　　コードを入力：

注）それぞれの囲みは，コンピュータ上の双方向式の画面を示している。**太字**はユーザーの応答である。

同じように使用する。それぞれの目録には独自の検索機能が付いているが，どれもかなり使いやすい。国際社会科学文献データベース（International Bibliography of the Social Science; IBSS, www.bids.ac.uk）を調べることもできるが，ユーザー名とパスワードが必要になる（図書館員かコンピュータ担当者に問い合わせること）。別の情報源としてはSSCI（Social Science Citation Index, www.isinet.com/isi/products/citation/ssci）があり，出版物や著者名が分かっている場合は出発点として便利である。

インターネット（厳密には「ワールド・ワイド・ウェブ」もしくはwww）にアクセスした場合には，「グーグル」のような検索エンジンを利用する必要がある。しかしながら，直接的な検索ツールとしてそれらを使った場合，かなりの時間と労力を使う可能性がある。代わりに，中央や地方政府機関，保健機関や関連組織，大学，他のゲートウェイやインデックスにアクセスするために，検索エンジンを利用することもできる。これらはしばしばデータベースのように専門家のための情報源を公開している（Fink 1998 15-38頁）。多くの国家統計もまたコンピュータ用CD-ROMディスク上，もしくはオンライン照会を通じて利用可能である。本書の執筆時点では，主要なイギリスの供給元は，スタットベース（StatBase）経由の国家統計局（Office of National Statistics; ONS），そして経済社会データ・サービス（Economic and Social Data Service; ESDS）データ・アーカイブである。後者は，国際データ・サービス（International Data Service）とマンチェスター大学のキャシー・マーシュ・センサス調査研究所（Cathie Marsh Center for Census and Survey; MIMAS）とが協同したもので，エセックス大学のUKデータ・アーカイブ（質的データ・サービス（Qualitative Data Service），データ・アーカイビング（Data Archiving），普及サービス（Dissemination Service），そして縦断データ・サービス（Longitudinal Data Service））と一緒になっている。手軽な出発点として，www.data-archive.ac.uk がある。社会科学情報ゲートウェイ（Social Science Information Gateway; SOSIG, www.sosig.ac.uk）は，より広範な社会科学の情報源へのアクセスを提供している。これらのウェブサイトから得られる情報は，一般的にウェブを通して探してきたものよりは信頼性が高い。

政府の統計情報についてのオンライン照会の出発点としてよいのは，www.open.gov.uk の政府情報サービスである。こうしたサイトのいくつかは，正規の研究者だけにデータを提供している。このため，ライセンス申請フォームに記入し，場合によってはデータセットを購入する必要があるかもしれない（→

二次分析 237 頁)。

【キーワード】
学術的な相応さ
ESDS
IBSS
キーワード
SOSIG
スタットベース

【関連項目】
指標と操作化 125 頁
インターネット世論調査 134 頁
質問票 206 頁
二次分析 237 頁
ソーシャル・サーベイ 242 頁

【参照文献】
一般
Adams, D. (2003) *The Salmon of Doubt*. London: Pan Macmillan.
Hine, C. (2000) *Virtual Ethnography*. London: Sage.

研究例
Fink, A. (1998) *Conducting Research Literature Reviews*. London: Sage.
Hart, C. (1998) *Doing a Literature Review*. London: Sage.
Payne, J. (1999) *Researching Health Needs*. London: Sage.
Schutt, R. (1999) *Investigating the Social World* (2nd edn). Thousand Oaks, CA: Pine Forge Press.

Internet Polling インターネット世論調査

インターネット世論調査は，ソーシャル・サーベイと世論調査を実行するための，比較的新しく成長しつつあるがいまだ検証されていない手段であって，潜在的に関心のある集団に掲示板を通して直接 E メールを送る方法と，それ以前に募集したパネル（解答者）だけがアクセスできるウェブサイトを用いる方法がある。

【アウトライン】卒業論文のためのインターネット調査：安く，安全で，快適。研究対象としてのウェブ利用者：利用者の人口統計；利用者のエスノグラ

フィ。世論調査：都合のよい時間に回答する。その他の点では郵送調査票と同様；同様のデザインの必要性。ハードウェアとソフトウェアの非互換性。コーディングのためのソフト。制限：問題に備えたスケジュール；機密保持と匿名性；ネチケット。コストを抑えること vs. 標本の偏り。

　大学生にとって，コンピュータが利用できれば，インターネットを使って公表された情報源を検索するだけではなく（→インターネットと他の検索法 129 頁；二次分析 237 頁），素データ（未加工のデータ）の収集さえをも見込むことができる。このことは特に，卒業論文を作成する際に便利なものである。インターネットの「フィールドワーク」は，より安く，速く，安全でかつより快適だからだ（自宅や大学の図書館で実施できる）。
　インターネットによる社会調査には 3 つの主要なタイプがある。もっとも直接的なものは，調査トピックとして，コンピュータ利用とウェブそれ自体に焦点を当てる。たとえば，このような研究は，コンピュータ／インターネット利用者の「人口統計」を教えてくれる。すなわち，回答者は「白人で男性，第一世界に住んでいて，比較的豊かで，比較的教育レベルが高い傾向にある」（Coomber 1997 5.1）。この調査分野において陥りやすい過ちは，「グローバル・ビレッジ」，「個人の権利拡大」や「コンピュータ化社会」など，おおざっぱな主張をしている誤解を招きやすい非社会学的著作に負うところが大きい。
　インターネット利用を調査トピックとして扱う特別なケースは，今のところ比較的未発達の分野であるエスノグラフィ的分析である（→エスノグラフィ 72 頁）。主要な問題は次のようなものである。利用者はコミュニケーション・システムとしてのインターネットをどのように理解しているか？　そこでの社会関係は「実生活」とどのように異なるか？　自己アイデンティティに対してはどのような意味があるのか？　ハイン（2000）は，ニュースグループ内のやりとりに焦点を当てる研究（Fisher et al. 1996）における多くの課題を検討するために，「メディア・イベント」（ルイーズ・ウッドワード事件）を利用した。
　インターネットに基づく調査の第三のタイプは，主に調査対象者とコンタクトをとるためにインターネットを利用するものである。調査対象者は，投票意志調査のように，母集団を代表することを意図された標本の場合もあるし，この方法でなければコンタクトをとることが難しい人びとの場合もある（たとえば自傷行為者：Fox et al. 2003）。得られる知見に（他の方法とは違う結果をもたらすことによって）影響を与えるか，あるいは，調査の実施に（調査手順にお

いて実質的な利点を提供することで）影響を与える限りにおいて，技術的な問題は重要になる。

インターネット調査から得られる知見と，他の方法から得られる知見とを比較した研究はあるものの，現時点では，人びとがいかにインターネット質問票に回答するかを直接的に調査したものは少ない。たとえば，ハイン（2000）の研究は，利用者の実践の観察研究については言及していない。基本的には郵送調査票に対する反応と同様の仕方で，回答者は電子質問票に取り組むものと考えられている。その一つは，受け取ったときに調査票を埋めずに，もっと都合のよいとき，特に週末に，先送りすることである。

つまり，郵送調査用の調査票デザインの多くの問題（→ソーシャル・サーベイ242頁；質問票206頁）——質問の言葉遣い，質問を適切な順に配置すること，そして明確なインストラクションを用意すること——はまた，インターネット世論調査にも当てはまるということである。直接の面接ではないため，調査票が明確で，曖昧なところが無く答えやすい場合に，人びとはより調査票に回答する傾向にある。同様に，匿名性（以下を参照）や機密保持に関する正直な情報の提供とともに，研究者の身元や調査意図の説明を調査票の冒頭に記すべきである（→倫理実践66頁）。

違いの一つは次のようなものである。自記式の調査が，郵便サービスを通して前払い返信封筒を出したり使ったりする単純なシステムによって運営されるのに対して，インターネット調査は，2つの主要なハードウェア・プラットフォーム（MACとPC）の互換性に頼らなければならない。それぞれのプラットフォームでは，異なるインターネット・ソフト（たとえばネットスケープとマイクロソフト・エクスプローラー）を利用し，いくつかのサービス・プロバイダーの一つに接続することができる。それらの相互接続が互換的であるということが重要である。

対象となる回答者が分かる場合，このことはそれほど問題ではない（たとえば，大学内の学生のEメール・ディレクトリからの標本）。そしてこの場合，接触の方法は，添付ファイルとして質問票を付けたEメールである。包括的なリスト（「標本抽出台帳」：**標本抽出：タイプ231頁**）がない場合，あるウェブサイト上で参加できる調査があることを「宣伝」しつつ，掲示板やニュースグループを通してコンタクトをとるのが通常のやり方である。この方法は，技術的非互換の可能性を高めることになる。

データ収集がウェブサイトを通じて行なわれる場合，より洗練されたツール

を用いることができる。質問票自体にソフトウェアに基づくインストラクション（選択式，即時応答の「プロンプト」；FAQ を通してのサポートの提供；もしくは「楽しい映像」による励まし）を含めることができる。より洗練された（そして費用のかかる）プロジェクトでは，入ってくるデータを，回答をあらかじめ仕分けるための（そしてコーディングのときの重大なエラーを取り除くための：Fox et al. 2003）サーバー上の付加的なソフトウェアで処理することで，分析を手早く行なうことができる。いくつかの商業的パッケージがすでに利用可能である（たとえば，「SphinxSurvey」2003）。ソフトウェアのレベルがどのようなものであれ，研究者自身のハードウェアとソフトウェアだけでなく，すべてのデータ収集ツールを技術的な範囲において事前テストしておくべきである。

　技術的な事前テストを行ったとしても，サーバーが故障する可能性を考慮に入れておくことが賢明である。「マーフィーの法則」（起こりうる可能性のあるものは必ず起こる）はコンピュータを使っているときによく発動する——インターネット調査は，他の方法をやっている時間が無くなりそうな時の最後の手段ではない！　また，回答者になる人と，質問票や機密保持などの倫理的な問題について E メールでやりとりする必要が生じる可能性も，調査スケジュールに含めておくべきである。

　E メールの返信に名前と E メールアドレスが記載されている場合，匿名性の保証はあまり信憑性のあるものではなくなる。これに比べて，機密保持を実現することはもっと簡単である。当然ながら，新たに作ったデータセットはハッカーからの危険にさらされるが，コンピュータ上の他のデータセットと比べて特別攻撃されやすいわけではない。元の「広告」が目立っていればいるだけ，ハッキングを引きつけやすい。しかし，ポータブル・ディスクを経由する迅速なデータ転送は，追跡を妨げる便利な一つの手段である。技術的な問題によって，正直であること，そして情報を守ることといった基本的な倫理的義務から研究者の注意がそらされるべきではない。

　実際のところ，インターネットは新たな倫理的問題をもたらしている。「ネチケット」という慣習は，特に「スパムを送る」ことについて順守される必要がある。掲示板やニュースグループ上での「広告」を使うと，押しつけがましさは少ない（誰も都合の悪い時間に返答や対応する義務を負わない）。面接者がいない状態で「難しい」トピックに取り組んでもらうこともできる（もちろん，たいていの質的調査者はこのことをメリットとは思わないが：**エスノグラフィ**

72頁)。逆に，研究者は，危険なハッキング，結果を偏らせる多重回答（チェックすることでこれを制限できる），意図的なウソの報告，トピックが政治的もしくは道徳的な側面をもつ場合の妨害の試み，などインターネットにおける人びとの有害な行動にさらされる。

　インターネット調査の技術的な制限や，準備に予期しない相当な時間をとられるといった欠点は，用紙や印刷・郵送コストがかからないといった，より明らかな利点によって埋め合わすことができる。データが電子化するにつれて，分析のための処理の前にコンピュータ入力する必要はますますなくなる（→量的調査法200頁；質的データのコーディング32頁；内容分析49頁）。データはすぐに返ってくる。フォックスら（2003）は，関心をもつ人びとからの返信は2週間を待たず先細りになると指摘している。「フォローアップ」（→ソーシャル・サーベイ242頁）は他の方法で実施するのと同じくらい簡単で，研究者の時間をとることは比較的に少ない。

　残る大きな問題は標本抽出である。回答者を代表する部分集合を選択するための標本抽出台帳が，普通存在しない（→標本抽出：タイプ231頁）。先にインターネット利用者は非利用者とは人口統計的に異なることを確認した。それゆえ，こうしたタイプの人びとを超えて，われわれの得た知見を大胆に一般化することはできない。世論調査（たとえばYouGov 2003：Fisher et al. 1996）のような一般母集団についての調査の場合，それぞれの回答者から広範な人口統計データ（インターネットは国際的なものなので，住んでいる国も尋ねる）を収集し，データにウェイトをかけることは，この問題に対処する一つの方法である（→電話とコンピュータ支援の世論調査248頁）。

　しかしながら，人口統計データを調整したとしても，回答を自ら選択した人びとが，様々な都合で回答しなかった人びとと，どのように違うかを見分けることは不可能である。特定の調査困難な集団（たとえば麻薬の売人，自傷行為者：Coomber 1997；Fox et al. 2003を参照）については，同じように欠損標本に左右される他の方法に比べて，インターネット標本抽出はより多くの標本を獲得する可能性がある，ということが主張できる最大の利点である。他の手法と同様に，この手法を選ぶということは，完璧なものを得るためというよりはむしろ「いちばんまし」なものを選ぶということである。

【キーワード】
匿名性

【関連項目】
質的データのコーディング32頁

機密保持
欠損標本
人口統計
「難しい」トピック
メディア・イベント
ニュースグループ
技術的互換性

内容分析 49 頁
倫理実践 66 頁
エスノグラフィ 72 頁
インターネットと他の検索法 129 頁
量的調査法 200 頁
質問票 206 頁
標本抽出：タイプ 231 頁
二次分析 237 頁
ソーシャル・サーベイ 242 頁
電話とコンピュータ支援の世論調査 248 頁

【参照文献】
一般

Coomber, R. (1997) 'Using the Internet for Survey Research', *Sociological Research Online*, 2 (2), www.socresonline.org.uk/socresonline/2/2/2.html

Fisher, B., Margolis, M. and Resnik, D. (1996) 'Surveying the Internet: Democratic Theory and Civic Life in Cyberspace', *Southeastern Political Review*, 24 (3).

Fox, J., Craig, M. and Warm. A. (2003) 'Conducting Research Using Web-based Questionnaires', *International Journal of Social Research Methodology*, 6 (2): 167-80.

研究例

Hine, C. (2000) *Virtual Ethnography*. London: Sage.
SphinxSurvey (2003) www.scolari.co.uk/sphinx/shinx.html
YouGov (2003) www.YouGov.co.uk

Interviewing
インタビュー

インタビューとは，対面的状況においてデータを収集する方法である。口頭での質問 - 回答のフォーマットを用いながら，すべての回答者に体系的で構造

化されたやり方で同一の質問を行なうインタビューと，回答者に当該テーマについて自由に，かつ対話的に語ることを求めるインタビューとがある。

【アウトライン】インタビュー法のバラエティ。ソーシャル・サーベイにおける対面的インタビュー。インタビュアーへの指示，訓練，要請。「中立性」。調査拒否。インタビュアーのバイアス。質的インタビュー：深さのあるインタビューとバイアス。半構造的インタビューと構造化されないインタビュー。回答を記録する。インタビューの限界：コスト；匿名性の低さ；フィールド能力を教えたり管理することの困難。他の方法と比べた利点：回答率の高さ；適切な被調査者との接触；より複雑なデータ処理，回答の精緻化。

もっとも広範に用いられている社会調査法であるインタビューには，広いスタイルの幅がある（Sarantakos 1998 は，30 近いサブタイプを挙げている）。ここでは，1人のインタビュアーが，1人のインタビューをされる人物，すなわち「インフォーマント」ないし「回答者」に対面的に接触するケースに焦点をしぼることにする（→グループ・ディスカッション／フォーカス・グループ110頁；電話とコンピュータ支援の世論調査248頁；Social Survey）。こうした接触は，主に次の2つの形態をとる。1つは，標準化された質問票を用いた調査におけるものである。もう1つは，質的調査におけるものであり，質問はあまり構造化されていない。いずれの場合も，データの質は，インタビューの質に大きく依存している（Polgar and Thomas 1991）。

サーベイ・インタビューにおいては，多数の人びとからの情報は，標準化された同一の質問により入手される。それは，質問する人物による結果の異なりやバイアスを防ぐためである（McFarlane Smith 1972）。インタビュアーは，指示に忠実に従うように訓練される。こうした調査では，インタビュー対象者の選択（→**標本抽出：標本の大きさをどう決めるか226頁：標本抽出：タイプ231頁**）と，彼らへの調査協力依頼が必要である（McCrossan 1991）。回答者には，あらかじめインタビューの性格を説明した手紙が届けられており，インタビュアーは，身分証明書を呈示して，標準的な概要説明を行なうよう要請される。基本的なインフォームド・コンセントが得られたなら（→**倫理実践66頁**），インタビュアーは，できるだけすみやかに調査を実施するとともに，できるだけ正確な記録を作成しなければならない。

インタビュアーは，質問票を正確に順番通りに辿っていき，けっして質問の

言葉づかいを変更したりしないように指示されている（→質問票 206 頁）。彼らは，もっと多くの情報を得るために「促し」たり（「他にはありませんか？　なにか，まだ？」），回答を明確にするために「精査し」たり（「それは……，正確にはどういう意味ですか？」）するだろう。しかし，こうした介入は，要所要所で質問票に指示されているものである。それ以外の逸脱やパラフレーズは禁じられているが，その理由は，データ収集過程に予想外の攪乱的な要因が加わることによって結果を歪めてしまうことになるからである。こうして，余計な会話や意見の呈示によって社会的関係性や個人的つながりを築きたいというインタビュアーの欲望は，厳しく抑制するように求められている。これらは，時間の無駄であるとともに，回答者に対するバイアスとなりかねないからである。インタビュアーは，基本的には丁寧で積極的な態度をとるように指示されているが，意見については中立的でなければならないし，回答を強要することも禁じられている。

　インタビュアーは，どんな問題が生じても対応できるよう要請される。調査が間違いなく進められているかぎり，インタビューを拒否するのはほんの一握りの人だけである。その場合，インタビュアーは，拒否の理由をできるだけ明確に把握しておかなければならない。もしかすると，不都合な時間に訪問してしまったせいかもしれない。そんなときは，もっと都合の良い時間を定めなければならない。あるいは，自分の意見を知られることに対する恐れや不安があるせいかもしれないし，「興味をもてない」からなのかもしれないし，さらに，インフォーマントがそのトピックについてあまりよく知らないと感じているということもある。インタビュアーは，彼らの不安をできるだけ取り除いて安心させてやらねばならない。インタビュアーの「中立性」は（ジェンダー，エスニシティ，年齢などによるインタビュアーとインフォーマントとのあいだのマッチングを可能な限り配慮することも含めて），相手に脅威を与えることのないように図られている。回答者が在宅していない場合には，インタビュアーは，不在による面接不能の報告をするまえに，その日の違う時刻にもう一回以上訪問するように指示されている。

　「インタビュアーによるバイアス」の存在可能性は，重大な問題である。なぜなら調査者は，それぞれのメンバーがもっているインタビュアーとしてのフィールド能力を，直接コントロールすることはできないからである。能力の低いインタビュアーは，間違った回答者と接触するかもしれないし，質問票から逸脱するかもしれないし，回答を誤記するかもしれない。コメントだけではな

く，個人的な風貌，顔の表情，声色の調子が，インフォーマントを誤った方向へ誘導してしまう恐れがある。不誠実なインタビュアーは，インタビューの結果をでっちあげるかもしれない。このように考えてくると，インタビュアーの選択や訓練から，十分な管理の実施，熟練したフィールドワーク監督者の配置，そして回答結果へのチェック体制に至るまでのすべてがきわめて重要だと言わざるをえない。

　こうした問題の一部は，質的調査でのインタビューにおいてはさほど深刻ではない。なぜなら，質的調査におけるインタビューされる人の数や，必要なインタビュアーの数は，はるかに少ないからである。調査者が，インタビュー過程のすべてに関与することは言うまでもない。質的なインタビューは，注意深くワーディングされた質問票を用いる場合に比べて，はるかにインタビュアーが身につけた相互関係を円滑に進める能力や，トピックを切り出すための知識に依存するけれども，インタビュアーが自分個人の意見を表明したり，答えを示唆したりすることは慎重に避けなければならないという点に変わりはない。その名前が示すように，こうしたタイプの深さのあるインタビューの目的は，特定のトピックについての深さのある解釈を入手することにある。ただし，その説明は，インフォーマントによるものでなければならず，調査者のもっている予断のたんなる投射であってはならない。

　インタビュアーによるバイアスは，深さのあるインタビューに対してよく投げかけられる批判の一つである。質的調査は，社会的世界はあまりに複雑であるために固定化された質問によっては全体を掬いあげることができない，という立場をとっている。それゆえ，ラポールを築きあげる目的は，インフォーマントの「世界」に少しでも接近することにあった。フェミニストもまた，男性調査者は，自分たちの権力的地位をインフォーマントに不当に行使してきたと主張している。そして，その結果として，倫理的な義務の存在や，ジェンダー経験の差異についての認識が，どちらも顧みられなくなったという（Feminist Research; Finch 1984 ; Tang 2002 も参照）。どのようにインタビューを実施するかは，誰にインタビューするか，何についてインタビューするか，どんな種類のインタビュー技法を用いるのかによって変わってくる。深さのあるインタビューにおける特定の理論枠組みは，その営みをサーベイ・インタビューとは非常に異なったものにしている。

　今日，社会学においてもっとも一般的に用いられている社会調査法の一つである深さのあるインタビューには，主に2つのタイプがある。半構造化的（な

いし「フォーカス的」）インタビューは，少数の自由な質問にもとづいて行なわれ，その回答は，調査者によってきわめて自由に分析されて，精緻化される。普通は，トピックのセットがリストアップされており，インタビュアーがこれらの論点に取り組むのを助けている。質問なりトピックは，質問シート（「インタビュー・スケジュール」）に載せられた順に行なわれなければならない。そうすることによって回答者は，冒頭の一般的な質問からより特殊な問題へと導かれていくことになる。

　構造化されない（ないし「非指示的」）インタビューとは，ほとんど構造化されていないインタビュー形式にもとづいている。事前に用意された質問はなく，トピックの順序も存在しない。その代わりに，トピックは，備忘録として簡単にリストアップされている。インタビューは，回答者が自分たちの経験や意見や感情を，自分らしいやり方で表明するのを助ける。インタビュアーの役割は，より詳しく細部を精査し，もしも必要なら不明な点を問いただすことにある。したがって，インタビュアーの行なう質問は，それぞれのインタビューの向かう方向によって変わってくる。こうしたタイプのインタビューでは，適切な精査や補足的な問いかけができるように，インタビュアーが当該論点について詳細な知識をもっていることが望ましい。

　言うまでもなく，こうしたインタビューでは，標準化された形式に記録をまとめることはできないし，だからといって，逐語的にノートを取ろうとすると，インタビューの流れを妨げてしまいかねない。その代わりもしも回答者が許可をすれば，テープレコーダーやビデオレコーダーが使われることが多い。このやり方は，ノート筆記よりもはるかに望ましい。録音機は，できるだけさりげない所に置いておかなければならないし，インタビュアーは，インタビューの流れを妨げないようにテープ交換をしなければならない。基本的な筆記は，機械の故障時にそなえて，やはりそれなりに必要である。録音チェックは，なにがあろうと調査終了後すぐに行なわれるべきである。データの収集を円滑に行なうことは，チームワークを良好に保つためにも，調査結果の公表において後にデータの一部を選択して引用するにあたっても，きわめて基本的な事柄である（たとえば Thomson et al. 2002）。

　録音記録のトランスクリプトの作成は，これらインタビュー法において，おそらくもっとも退屈で時間のかかる部分であろう。録音記録を，逐語的に読みやすいテキストに書き表わすことは，良く行なわれている。このテキストは，手動で処理されたり，「NUD＊IST4」のようにテキスト－コーディングのコ

ンピュータープログラムに入力されたりする。

　どんなに十分に準備されたインタビューにおいても，うまくいかないことは起こりうる。たとえば，子どものない夫婦に対する構造化されないインタビューを終えてから，調査者の一人が，録音テープがもつれて使い物にならないことに気がついた。彼女は車をコーナーに止めると，可能な限りインタビュー内容を書き留めた。後にテープの大半が再生可能になったとき，走り書きされたノートはすべてを網羅していたわけではないにしろ正確な記述だったことがわかった。もしも，彼女がテープの文字化を待っていたら，大半のデータが忘れられてしまっていたかもしれない（Payne 1978）。記憶力の良さは，財産なのである。

　他の調査方法に比べて，インタビュー法のかかえる主要な欠点は，（金銭や時間面での）コストと，インタビュアーによるバイアスが生じる可能性の2つである。この方法において，匿名性が保証しにくいし，微妙な論点に関しては当人自身によって記述された解釈に比べて信頼性が低くなるように思われる。インタビュアーも一定のコントロールを受けているにしても，フィールドワークの組織化には困難がつきまとうし，調査者にとってもその読者にとっても，実際に生じていることのすべてを知るのは不可能である。

　インタビュー法の主な利点は，適切なインフォーマントから高レベルの回答率を期待できることである。インタビュアーが現にその場にいるので，回答者に特別な能力は必要とされないし，時間を延長してもっと複雑な質問を行なうことも無理なくできる。この方法では，言葉によらない合図や自発的な反応も記録することが可能である。サーベイ・インタビューが，より高次のデータの一貫性を生みだすとすれば，質的インタビューは，回答された内容に柔軟性と精緻化をもたらしている。インタビュー法は，インタビュアーによる直接的な応答を可能にしている点で，他の間接的な方法から区別される（→ ドキュメント法59頁；自伝／伝記法とライフ・ヒストリー17頁；非干渉的方法254頁）。

【キーワード】
バイアス
深さのあるインタビュー
精査する
促す
半構造化的

【関連項目】
自伝／伝記法とライフ・ヒストリー　17頁
バイアス　22頁
質的データのコーディング　32頁
ドキュメント法　59頁

トランスクリプション
構造化されない

倫理実践 66 頁
フェミニスト調査 93 頁
グループ・ディスカッション／フォーカスグループ 110 頁
質問票 206 頁
標本抽出：標本の大きさをどう決めるか 226 頁
標本抽出：タイプ 231 頁
ソーシャル・サーベイ 242 頁
電話とコンピュータ支援の世論調査 248 頁
非干渉的方法 254 頁

【参照文献】

一般

Harden, J., Scott, S., Beckett-Milburn, K. and Jackson, S. (2000) '"Can't Talk, Won't Talk": Methodological Issues in Researching Children'. *Sociological Research Online* 5 (2). www.socresonline.org.uk/socresonline/5/2/harden.html

McCrossan, L. (1991) *A Handbook for Interviewers* (2nd edn). London : HMSO (for OPCS).

MacFarlane Smith, J. (1972) *Interviewing in Market and Social Research.* London : Routledge & Kegan Paul.

Polgar, S. and Thomas, S. (1991) *Introduction to Research in Health Sciences* (2nd edn). Harlow : Churchill Livingston.

Sarantakos, S. (1998) *Social Research*. Basingstoke : Macmillan.

研究例

Finch, J. (1984) '"It's great to Have Someone to Talk to": the Ethics and Politics of Interviewing Women'. In Bell, C. and Roberts, H. (eds.) *Social Researching*. London : Routledge & Kegan Paul.

Payne, J. (1978) 'Talking about Children:an Examination of Accounts about Reproduction and Family Life'. *Journal of Biosocial Science*, 10 (4): 367-74.

Powney, J. and Watts, M. (eds.) (1987) *Interviewing in Educational Research*. London : Routledge & Kegan Paul.
Tang, N. (2002) 'Interviewer and Interviewee Relationships between Women'. *Sociology*, 36 (3) : 703-21.
Thomson, R., Bell, R., Holland, J., Henderson, S., McGrellis, S. and Sharpe, S. (2002) 'Critical Moments : Choice, Chance and Opportunity in Young People's Narrative of Transition'. *Sociology* 36 (2) : 335-54.

Key Informants
キー・インフォーマント

　キー・インフォーマントとは，調査現場における自身の社会的地位ゆえに，他の人びとや社会過程や出来事について特別な知識を保持している人物のことである。その知識は，普通の人びとのものよりも，はるかに広範で詳細，かつ特権的であり，それゆえキー・インフォーマントは，調査者にとって，すくなくとも調査の初期段階においてきわめて有用な情報源をなしている。

　【アウトライン】キー・インフォーマントと学生の論文執筆。コミュニティや組織において「普通の人びと」より多くの情報をもっている「主要なプレイヤー」。潜在的なキー・インフォーマントを見つける。対抗文化のキー・インフォーマント？　キー・インフォーマントは，すみやかにアクセスできる，唯一の情報源かもしれないが，自分自身の限定された観点からしか語らない。実例：「部族の長老」は，人類学者を誤らせてきた。政治的有力者としてのキー・インフォーマント：ゲートキーパー，「オフレコ」で語ること。固有な専門家的知識 vs. 信頼できない証人。

　調査法に関するテキストブックは，キー・インフォーマントに言及しはするが，一つの方法として論ずるものはほとんどない。これは，残念なことである。なぜなら，キー・インフォーマント法は，とくに学部学生による論文執筆や調査企画に欠かせないものだからである。われわれは，比較的少数の被調査者から重要な情報を，大量に，しかも短期間に収集することができる。これは，時間や資金が限られているときには，非常にありがたいことである。これらのデータの概念化にあたっては，とりわけデータに関する学術的評価が高いとき，

非常に深くかつ洞察にあふれた分析が導きだされる可能性が高い。以下で私たちはこの方法のもつ複雑な側面を指摘するだろうが，けっしてキー・インフォーマント調査に手を染めるのを断念させようとしているわけではない。

　キー・インフォーマント（もしくは「熟達した証人」）が，「普通の」インフォーマントと異なるのは，彼らが提供可能なより多くの情報を手にしていることと，実際にひときわ目立っているがゆえにである。彼らが目立っている理由は，言うまでもなく彼らが公的に権威ある地位についている点にある。私たちが地域社会を観察してみると，すぐにも当該地区選出の議員や，警部，医者，銀行の支配人，教会の牧師などが視野に入ってくるだろう。さらに，もう少し努力すると，われわれはソーシャル・ワーカーや，教師や，保健所員，ボランタリー組織の委員会メンバー，地方公務員，労務管理者，ジャーナリスト，小実業家，商店主，バーやクラブの経営者を見つけだすことができる。

> 　キー・インフォーマントとは，社会における特定の地位ゆえに，調査のテーマに非常に詳しい人物のことである。彼が熟達しているのは，誰がそれを知っているかを知っている点であって，彼は調査者を自分よりもさらによく知っている人のところへ紹介する（Stacy 1969 47頁）。

ステイシーは，小さな町で，「誰が誰と知り合いであるか」を調べるためにキー・インフォーマントを活用した。

> 　私たちは，すべてのボランタリー組織をリストアップした。それから私たちは，それぞれの組織の秘書や他の役員にインタビューした……キー・インフォーマントを決めたのは，ボランタリー組織の事務所だった（ibid.: 103頁）。

地域社会とはまた別に，われわれは学校や工場やクラブといった単一の組織に関心を抱くかもしれない。ここでも，特定の役割を担う人たちの姿が浮かびあがってくる。教師，管理人，秘書，工場長，主任，部長，監督者，組合役員，議長，会計係，過去の委員会委員。しかし，次にあげるリストが示唆するのは，公的な地位についていない他のタイプのキー・インフォーマントである。ガキ大将，スポーツのヒーロー，生産ラインの熟練工，昔のクラブを知っているクラブ・メンバー，そして引退したかつてのクラブ・メンバー。

後者のリストにあがった人びとは，対抗文化を代表するように思われるかもしれないが，彼らは，その公的な地位というよりは，彼らのパーソナリティやインフォーマルなシステム内で彼らが占めている位置ゆえに，われわれが追い求めている必要な知識を保持しているのである。彼らはほとんど目立たないが，彼らの特異な位置や見解は，データの収集を完全なものにするために役に立つ。彼らは公的な地位にある人びととは異なる見方をもたらしてくれるが，それは彼らが異なる利害集団を代表しているせいである。だれ一人，「このコミュニティ」や「この組織」については語らない。彼らが語るのは，自分たちがよく知っていて，属している小集団のことだけである。コンセンサスなど存在しない。このように，収集されたデータに示された対立する複数の観点のなかに意味を見いだすことも，当然，調査の一部なのである。
　フォスターは，地域住民の観点を彼女の「正式な」キー・インフォーマントの観点と対照させながら，後者の特徴をこう述べている。

　　私がインタビューをした議員，開発企業の重役，役員会のメンバーや雇用者，富裕な住民，ビジネスマン，宅地開発業者たちは，もしも諸個人の経験ないし彼らの利害集団の参照枠組みのなかで捉えるかぎり，だれもが正統性を身にまとっていた（Foster 1999 1頁）。

　短期間にやり終える調査においては，調査者は当初出会ったもっとも目立つキー・インフォーマントたちの集団を越えて調査を行なう時間的余裕を持ち合わせていないことが多い。そうしたキー・インフォーマントは，召集された集まりでも議論をつねにリードする傾向がある（→グループ・ディスカッション／フォーカス・グループ110頁）。さらに彼らは，コミュニティ・プロフィール（コミュニティ・プロフィール39頁）の常連である。本書の著者の一人が，健康関連の調査を行なっているボランタリー・グループの事業を調査した。その方法とは，地域の人名録に載っているこの集団の幹事に会って，彼らの答えを額面どおりに聞いてくることだった。同様に，もしも調査「コンサルタント」会社が短期間の調査契約をした場合，最初のステップは，その地域にかんする基本情報を入手するためにキー・インフォーマントに接触することである。
　こんな状況下の調査者は，むしろ小規模で孤立した部族社会を研究した初期の社会人類学者に近い。彼らのエスノグラフィ（エスノグラフィ72頁）の大半は，権威をもった人びと，典型的には，部族の長老たちから聞きだしたこと

に基づいていた。これらの年輩の男たちは、どこでもそうであるように、事物がどのようにあるべきかについて語る傾向をもっていた。彼らが人類学者にもたらした社会記述は、じっさいに何が起こっているかに関する事柄ではなしに、社会の文化規範に力点をおく単純化されたものだった。彼らが男性だったという事実は、彼らが、自分たちの社会がどのように営まれているかについての狭い男性的な観点しか呈示しえていないことを示している。もしも調査者がキー・インフォーマントの説明を越えて調査を進めていかないならば、調査中の社会過程についてバイアスのかかった認識を受け入れる危険をおかしかねない。

　閉鎖的な社会システム（つまりは、学校や工場といった大半の組織）に対するアクセスを可能にするためには、アクセスを許可したり断ったりできる権力をにぎっている人物、すなわち「ゲートキーパー」（→フィールドワーク99頁）と交渉することが必要になる。一旦、アクセスが許可されれば、ゲートキーパーは、個人的にキー・インフォーマントになるだけではなく、他のキー・インフォーマントを紹介するキー・インフォーマントにもなる。これは有益なことではあるが、その一方で、調査者をゲートキーパーと結びついた特定の利害集団のなかで身動きのとれない状態に陥らせてしまうことにもなる。ある調査チームが、大企業へのアクセスを許可された。そのとき利用していたのは、

　　他のメンバーからの協力を容易にとりつけやすくするための、会長の地位と権威だった……［しかし］そのことは、調査を効果的に進めるための交渉力が、事前に調査者の手から取り上げられていたことを意味していた（Brannen 1987 168頁）。

　これは、権力をもつ人びとが、調査を左右する影響力をもっていることを示している。

　　権力ある地位にいる人びとにとって、いろいろな形態のインタビューは、仕事と無関係ではありえない……こうした事態に遭遇して、私は多岐にわたる疑問や感情のなかで熟考せざるをえなかった。彼らは、真実を語っていたのだろうか？　彼らの感情は、自然なものだったのか、それとも装われたものだったのか？　彼らはどの程度本音を語ったのだろうか……？　場合によって、人びとはオフレコの要求をすることもあれば、しないこともあったが、これは、彼らが自分たちの見解を意識的に構築したり統制し

たりしていることの確かな証拠にほかならない。最高のデータは、当然「オフレコ」の状態でのものだが、未だに私はその資料を利用できずにいる（Foster 1999 3 頁）。

「インフォーマル」なキー・インフォーマント、すなわち調査の助けになりたいと思っている人たちでさえ、データ収集を制約することがある。ホワイトの『ストリートコーナーソサエティ』のなかで、ギャングの生活に関する善意のキー・インフォーマントたる「ドック」がホワイトにこう言う。「情報がほしかったら、オレが自分から言うまで待ってろ。」そして、次から次へ質問するのはやめるよう、ホワイトに警告するのだ（Whyte 1955 292, 303 頁）。

このことからも、キー・インフォーマント調査が、われわれがだれとコンタクトをとるか、そして彼らがなにを知っており、さらなる情報のチャネルをどれほど提供できるか、といった諸点に大きく制約されていることがわかる。キー・インフォーマントからの情報は、注意深く利用されなければならない。それは、調査のスタート時点において比較的有効に活用できるだろう。というのは、以上のようなインフォーマントのまとう党派性を、後の調査が薄めてくれるからである。しかし、たとえそうであるにしても、権力を握るゲートキーパーが、本人の許可なく個人情報をもらしたり、調査協力を他者に強いたりすることに関しては、強い批判が存在している。これは、すべてのインフォーマントから「インフォームド・コンセント」をとりつけておくといった原則に反するとともに、逆の意味において、多くのフェミニストたちが主張してきた調査過程における協同の観念や参加の平等性といった問題にも通じている（→倫理実践 66 頁；フェミニスト調査 93 頁）。

キー・インフォーマントを一つの方法として活用する主な魅力は、時間の節約と応用の容易さにある。もう一つの魅力としては、キー・インフォーマントは他の人びとよりもたしかにより多くのことを知っている、という点があげられよう。たとえば、ラーブの調査における 16 人のキー・マンであるかつての教育行政官たちは、

> 調査の遂行のために、彼らの経験を振り返ってくれた。彼らは、出来事についての公的記録に、それに関連する補足的な情報を付け加えて語ってくれた。とくに、当時の自分たちの行為やそれへの制約を説明する助けとなる動機や、解釈や、概況についての情報が重要だった。彼らは、教育的

ないし政策的な了解事項が，彼らの意向とどのように合致したり合致しなかったりしたかを理解するための洞察をもたらしてくれた（Raab 1987 118頁）。

われわれはこうしたキー・インフォーマントを，彼らのもっている特別な潜在的知識に着目しながらきわめて意図的に選び出している。このケースは，代表性のあるランダムサンプリングよりも，「意図的サンプリング」の方がふさわしいといえる好例である。

【キーワード】
対抗文化
ゲートキーパー
インフォーマルなシステム
利害集団
「意図的サンプリング」

【関連項目】
コミュニティ・プロフィール 39頁
倫理実践 66頁
エスノグラフィ 72頁
フィールドワーク 99頁
フェミニスト調査 93頁
グループ・ディスカッション／フォーカス・グループ 110頁

【参照文献】
一般

Stacey, M. (1969) *Methods of Social Research*. Oxford : Pergamon Press.

研究例

Brannen, P. (1987) 'Working on Directors : Some Methodological Issues'. In Moyser, G. and Wagstaffe, M.(eds.), *Research Methods for Elite Studies*. London : Allen & Unwin.

Foster, J. (1999) *Docklands*. London : UCL Press.

Raab, C. (1987) 'Oral History as an Instrument of Research into Scottish Educational Policy-making'. In Moyser, G. and Wagstaffe, M. (eds.), *Research Methods for Elite Studies*. London : Allen & Unwin.

Shaw, A. (1999) 'What Are "They" Doing with Our Food?' *Sociological Research Online*. 4 (3). www.socresonline.org.uk/socresonline/4/3/shaw.html

Whyte, W. F. (1955) *Street Corner Society* (2nd edn). Chicago : Chicago University Press. (奥田道大・有里典三訳, 2000, 『ストリート・コーナー・ソサイエティ』有斐閣)

Levels of Measurement
測定水準

　社会現象は，その性質にしたがって，4つの異なる測定精度水準のいずれかにより測定されうる。その範囲は最も単純なもの（ラベルを与えるだけ，あるいは，「以上」や「以下」といった近似的な比較可能サイズ）から数量的に洗練されたもの（算術的計算が可能なレベル）にまで及ぶ。

　【アウトライン】すべての研究は測定を含意する。量的測定は単純で正確な記述を可能にし，数学的に操作できる。名目的な水準：ラベル。順序的水準：順位，間隔水準：一様な差，比率水準：ゼロを基準とする数値。社会学的概念への数値の貢献。

　すべての社会科学研究は——実際，あらゆる学問分野において（Rose and Sullivan 1993; Polgar and Thomas 1991），測定を含んでいる。質的方法論を用いる研究者でさえしばしばそのことを認めており，データを分析し，知見を報告するのに（たとえ精度の低い水準とはいえ）測定を用いる。ある観察が重要であるのに対して別の観察がそうでないという判断は，一方が他方よりもより重要だという程度差のことを指しているか，重要性の有無を示している。フィールドノートをコード化すること（→グラウンデッド・セオリー 105頁）は，あるものが頻繁に登場するかどうか，あるいは強く強調されているかどうかを発見し，必然的に，分類（あるものがどの程度他のものと似ているかという判断）を含む。特に経験のない質的調査者によるリポートでは「多く」あるいは「ほとんど」のインフォーマントの振る舞いについて述べられている。これは比率（たとえば2/3）やパーセンテージを表している。

　しかしながら明らかに量的研究（→**量的調査法 200頁**）は，より洗練された測定を用いている（たとえばSampson et al. 1997）。この技法の普及度は国の伝統や時代によって異なる。ほとんどのアメリカの社会学雑誌では統計的手法を用いた論文が優位を占めている，一方イギリスの主要な雑誌ではわずか5％の

論文しか量的手法を用いていない（Payne et al. in press）。

「測定」は単純なもの（有り／無し，多い／少ない，頻繁に／まれにという区別）からプロの統計学者の手助けが必要なくらい複雑な統計モデルまで広がっている。測定の3つの魅力は以下のとおりである：

① 非常に簡潔で限定的記述をうみだす能力（たとえばかぞえること）
② 物事を非常に正確に定義し区別する能力（多い少ないというレベルを越えて，どの程度多いかをカウントする）
③ 人に対してはできないような方法で，数を直接的に（統計的手法により）操作する能力（人を数字のように足したり割ったりはできない）

測定には4つの異なる水準がある。どの程度恩恵を受けることができるかはその水準に依存する。

もっとも低い水準が名目的測定である。この水準ではわれわれはカテゴリーの集合にものを入れることで，そのものを名前で同定する。社会学的現象は名前によって同定される。しかしそのこと自体は数学的性質を持っていない。たとえば「男性」「女性」はジェンダーの2つのカテゴリーである。われわれは通常関連する要素（ここではジェンダー）を「変数」とよぶ。というのもそれは1つ以上の形態をとりうるからである。「男性」や「女性」は「ジェンダー」という変数がとりうる2つの形態，あるいは値である。男性として「測定される」ということ（他の男性と共にグループ化されること）は女性としては測定されないことを意味する。またわれわれは人びとをキリスト教，イスラム教，ヒンズー教，仏教，ユダヤ教，無神論者といった宗教的カテゴリーに分けることもあるだろうし，アフロ・カリビアン，ヨーロッパ人，インド人，パキスタン／バングラデッシュ人，中国人といったエスニックグループに分けることもある。ある目的にとっては大まかなグループ分け（たとえばキリスト教徒かそうでないか，黒人／白人）で十分なこともある。一方で，別の場合には，もっと細かな情報（キリスト教の宗派，地域的・文化的出自）が必要な場合もある。いずれにせよわれわれが人びとをカテゴリーに分類している段階では，カテゴリーに数値は与えられていない。

名目的カテゴリーの集合（しばしば名目尺度と呼ばれる）は互いに区別が可能で，相互に排反的な要素から構成されねばならない。たとえば人が同時にキリスト教徒であり同時に仏教徒であってはならない。尺度は網羅的でなければ

ならず，現象のありとあらゆる可能性を考慮していなければならない（それゆえ宗教的帰属を尋ねる場合には無神論者も含める）。カテゴリーのメンバー（女性，キリスト教，ヨーロッパ人）はそれ自体で，他のカテゴリーのメンバー（男性，ヒンズー教，インディアン）より優位であると，ときおりみなされる。しかし，一般にはある名目的カテゴリーが他のものより良いとか大きいといったことを意味しない。

名目的カテゴリーは対象を同定することはできるが，数字のように互いに割ったりかけたりはできない（そもそも和をとることができない）。われわれができることはせいぜい全体の標本の中でどのくらいの割合が各カテゴリーに属しているかを示すことくらいである。もしわれわれがカテゴリーを結合すれば，別の抽象レベルで新しいカテゴリーを生み出したことになる。たとえば「キリスト教」と「仏教」を結合しても，社会学的により意味のあるカテゴリーを作ることはできない。たとえすべての有神論者をまとめて無神論者から区別しても信念の体系についてあまり良い洞察は得られないだろう。

ある場合においては，カテゴリーを選択して何らかの基準に照らして順番に並べることもできる。この第二の測定水準を順序水準測定といい，大きさを表現する。社会的な階級は上流，中流，下流として言及されることがあるだろうし，もっと細かなヒエラルキーに分類されることもある（Payne and Roberts 2002; Rose and O'Reilly 1998）。人は年齢によって区分され，高齢者，中年，若年，子供といった具合に分類される（Vincent 2000）。このようにわれわれは単にカテゴリーを命名するだけではなく，ある原理に従って一列に並べることもある。このようにわれわれは，より小さな精確なカテゴリー（たとえばより限定した階級）を使うことと，各カテゴリーを他のカテゴリーと相対的関係において位置づけられる測定システムを使うことを区別することができる。

しかしながらまだわれわれはカテゴリーを順序づけただけで，カテゴリー間の差の大きさについては何も言っていない。高齢者は中年よりも年を取っているが，2倍年を取っているとは言っていない。若年であることと中年であることの違いは中年であることと高齢者であることの違いと同じではない。順序尺度は，大きさの順番，たとえばあるものを多く持っているとか少なく持っているとか，を示すことにより，名目尺度に何かを付け足したものである。一般に下位の尺度の特徴は（たとえば相互に排反という性質は）上位の尺度に受け継がれる。しかしながら順序的カテゴリーでは，まだ和をとることはできない。

カテゴリー間の差が等しいと仮定することによって，足し算と引き算ができ

るようになる。IQ テストは第三の水準，測定の間隔水準，の例示となる。IQ テストは正確な差を示すためにデザインされており，IQ スケール上であればどの位置で生じたスコア間の距離でもまったく等しい。IQ スコアが 90，100，110 の人が 3 人いたとしよう。もし IQ が単に名目的な尺度なら，われわれはその 3 人が互いに違うということしか分からない。もし IQ が順序尺度なら，三番目の人が最も高いスコアであるということが分かる。もし間隔尺度ならば，90 の人と 100 の人の差（100 − 90 = 10）は，100 の人と 110 の人の差（110 − 100 = 10）と等しい，とわれわれは言うことができる。そして 110 の人と 90 の人の差は，100 の人との差の 2 倍である（110 − 90 = 20 かつ 110 − 100 = 10）といえる。

　しかしながらわれわれがかけ算やわり算を実行する前に，数学にはゼロというポイントが必要になってくる。比率尺度はゼロを持っているが，間隔尺度はゼロを持っていない。第四の水準は測定の比率水準である。年齢や収入や家族数や雇用者数や評価得点はすべてゼロという値をとりうる。われわれは正確に，ある人の年齢はある人の半分だ，とかある集団の給与は別の集団の五倍である，とか表現することができる。

　態度の尺度は厳密には比率尺度ではないけれども，あたかもそうであるものとして扱うことが許されている。もしわれわれが一方の極（たとえば「まったく同意しない」）にゼロを与え，ワンステップ毎に高いスコアを与えれば（同意しない = 1，どちらでもない = 2，同意する = 3，非常に同意する = 4），データを比率尺度として扱うことができる。同様にどちらでもないにゼロ点を与え，同意側に 1，2 を与え，同意しない側に − 1，− 2 を与えてもよい。測定水準は高くなるほど，より数学的になる。そしてより洗練された水準ほど，統計的操作を実行しやすい（Schutt 1999 92-102 頁：**クロス表 54 頁**）。しかしながら量的手法を使う多くの社会学者は実際には低い水準の測定を使っている。このことはサンプリング手続きについての心構えや報告書の書き方にも影響を与える。（→**標本抽出：標本の大きさをどう決めるか 226 頁**）

　態度尺度の例は，実際に社会科学で扱う現象の多くは間隔水準や比率水準に必要な条件を満たしていない，ということを示している。態度尺度（**態度尺度 10 頁**）は現実にはゼロからはじまらないし，5 つのレンジに収まるわけでもない。われわれはただ回答者の回答に数値を与えているだけである。ルールはしばしば都合良く解釈され，データはあたかも高い測定水準を満たしているかのように扱われる。階級は順序尺度に過ぎないが，社会移動は任意の 2 階級間

の移動を（通常は7，8階級の中の2つを）同じ種類の移動としてあつかう。測定水準をむりやり（＝現実には水準の低い水準でしか語りえないものを，むりやり高い水準の尺度として見なすことによって）引き上げることによって研究者はより洗練された統計技法を使うことができるが，このことはかえって四種順の区別をぼやけさせてしまう。しばしば質的方法研究者からこの点に関して批判が起こる。一般にこの種の操作が抽象的になるほど，もとの現象の自然な形態からは遠ざかってゆく。

　量的手法の伝統においては，研究者は測定が可能であるためには概念を定義して，どんな分析をするかを前もって考えておかねばならない（Bryman 2001 214-26頁）。抽象的理論的概念を測定可能な具体的な何かへと変換することを操作化という。先の例でわれわれは「宗教」を5つの宗教を名付けることで操作化した。そこでは何百万人という人によって信仰されている道教や儒教は省いている。このことは西洋社会においては許されようが，中国社会を調べる場合には不適切だろう。操作化は研究プロセスにおいて非常に重要である。というのも測定が現象を「妥当に（validly）」表現していることが操作化により保証されるし，別の研究者によって何度繰り返しても対象を「信頼できるやり方で（reliably）」示していることが確かめられるからである。（→指標と操作化 125頁；妥当性 260頁；信頼性 217頁）

【キーワード】

網羅的

間隔

相互排反的

名目的

操作化

順序的

比率

変数

【関連項目】

態度尺度 10頁

クロス表 54頁

グラウンデッド・セオリー 105頁

指標と操作化 125頁

質的調査法 193頁

量的調査法 200頁

質問票 206頁

信頼性 217頁

標本抽出：推定量と標本の大きさ 222頁

妥当性 260頁

【参照文献】

一般

Bryman, A. (2001) *Social Research methods*. Oxford: Oxford University Press.

Payne, G., Wiliams, M. and Chamberlain, S. (in press) 'Methodological Pluralism in British Sociology'. *Sociology* 38 (1).

Polgar, S. and Thomas, S. (1991) *Introduction to Research in the Health Sciences* (2nd edn). Harlow: Churchill Livingstone.

Rose, D. and Sullivan, O. (1993) *Introducing Data Analysis for Social Scientists*. Buckingham: Open University Press.

Schutt, R. (1999) *Investigating the Social World* (2nd edn). Thousand Oaks, CA: Pine Forge Press.

研究例

Payne, G. and Roberts, J. (2002) 'Opening and Closing the Gates: Recent Development in Brithish Male Social Mobility'. *Sociological Research Online*, 6/6/4/payne.html

Rose, D. and O'Reilly, K. (1998) *The ESRC Review of Government Social Classifications*. Swindon: ESRC/ONS.

Sampson, R., Raudenbush, S., and Earls, F. (1997) 'Neighborhood and Violent Crime'. *Science*, 277: 918–24.

Vincent, J. (2000) 'Age and Old Age'. In Payne, G. (ed.) *Social Divisions*. Basingstoke: Palgrave.

Longitudinal and Cross-sectional Studies
縦断的研究と横断的研究

縦断的研究は，横断的研究のようにデータを一度だけ集めるのではなく，1つ以上の時点で同じ標本（パネル）からデータを継続的に（通常は同じ方法で）集める。これにより社会変動や行為の移り変わりを分析できる

【アウトライン】社会現象は横断的研究では直接アクセスできない「歴史」を持っている。しかし，もし可能ならば2つ以上の独立した横断的研究を比較することができる。ただし1つの研究で若者と高齢者を比較するのは社会変動の分析としてあまり信用がおけない。たとえば社会移動がそうである。横断的

研究は，関連の方向を示すことができず，外的要因や「省略した帰結」に従う。しかし縦断的研究にも問題はある。データがそろうまで時間がかかるし，コストもよりかかる。摩擦；ホーソン効果；オリジナルがもはや時事的な意味を失っていることもある

　社会現象は一瞬の間だけ存在するのではなく，それは時間の流れの中で発生するプロセスの一部である。既に生じたこと，人の経験，はわれわれが研究する出来事へとつながる。われわれはそれらの背景を記憶や記録を通じて間接的にしか研究できない。そしてそれらの記録はたいてい不完全で社会的に構成されたものでありそれ自体が記録に先立つ相互作用によって生み出されたものである（→自伝／伝記法とライフ・ヒストリー 17 頁）。
　通常，この問題に実践的な解決法はない。研究者は自分の研究がビデオというよりは写真に近い，スナップショットでしかないという事実を認めるほかない。われわれはそのスナップショットが良いタイミングでとれていることを望まなければならない。もしプロセスを細長い木材のようなものと見なすならその端から端までを調べることはできない。われわれはただ一つの「横断面」を見るために，ある一点で切断するほか無いだろう。継続的に対象を研究することはよい方法だが，そのような縦断的研究は滅多に可能ではない。
　あるトピックは時間が重要な問題，あるいは時間をかけて変化する社会変動を扱う。縦断的研究によってわれわれは今や健康障害の根底にあるものがよく理解できる（たとえばイギリスの公務員の「ホワイトホール研究」を見よ）。これらの研究は貧しい労働環境が単に社会的不平等であるだけでなく，心臓病との関連において生理学的条件でもある事を示している（Marmot and Wilkinson 1999；Payne and Payne 2000 208-15 頁）。再度社会移動において，われわれは家族背景のような先行経験が職業達成という後に生じた結果にどのような影響を与えていたかが知りたい。理想的な世界においては，われわれは回答者の一生を追い続け，データを集めることができるだろう。
　しかしながら通常はこのようなことができないので，研究者は問題回避のために主に2つの技法を使ってきた。もし異なる時点で2つ以上の研究がなされていたら，その結果を比較することができる。研究の対象になっている個人は同じではないから発見された違いの内いくらかは異なる人を観察したという事実から発生したと考えられる。しかしながら回答者はカテゴリーを代表する者として選択されているので，カテゴリーがどのようにして変わったかについて

妥当な近似を主張することができる。イギリス総選挙研究（British General Election Studies）やイギリス社会態度研究（British Social Attitudes Surveys）のような継続的研究あるいは公式統計（センサス，一般家計調査）はこの方針をとっている。ペインとロバーツ（2002）はこの方法を使って過去30年間で男性の社会移動率がどのように増加してきたかを示した。

　第二の方法は，はるかに信頼性が落ちる。もし標本を若年層と中高年層（あるいは「コーホート（出生年別集団）」）に分けた場合，両者の違いは社会変動によってもたらされたのかもしれない。革新（新制度）が若者により大きな影響を与える一方で，中高年層はそれ以前の条件に従属しているかもしれない。ゴールドソープ（1980/1987）の非常に影響力のある仕事は，若年層と中高年層の間にはほとんど違いがないので，社会的流動率（fluidity）は増加していない（それゆえ階級は変化しておらず，未だ重要である）と間違った主張を述べている。彼の「コーホート分析」は，実際は年齢効果（ある特定の年齢の区間の中で，どのくらい職歴が上昇したか）とコーホート効果（どの時代に生まれたかによって異なる，ある年齢の集団がもつ固有の歴史的経験）を混同している。若年層における移動の増加は，中高年層において活発になる出世によって隠されている。

　デービス（1978：2-14）は他に3つのタイプの横断的研究の限界を指摘している。もし2つの要素が関連づけられた場合（→**連関と因果5頁**），われわれはそのどちらが原因でどちらが結果なのかは，横断的研究からは判別できない。職のない人は職のある人に比べると健康状態が良くない。このとき，失業（ひいては貧困とストレス）が健康に悪影響を及ぼしているのだろうか，それとも逆に健康状態の悪い者が職に就けない傾向を持っているのだろうか？　どちらが原因なのか？　さらにわれわれは連関についての観察されていない要因の効果についても確実なことは分からない。貧しいゲットー地区で生まれ育った人は病気になりやすいかもしれない。さらに加えて，彼らの住んでいる場所が職に就くことをいっそう困難にしているかもしれない。

　第三の問題は，現在の帰結に影響を及ぼしうるような先行する経験に関するすべての関連したデータをわれわれがちゃんと集めることができたか，ということである。失業者になるということは新しい職を探し始めることを意味する。しかし新しい仕事における保証は万全ではない。労働力が余ると，いちばん最近に雇った者から解雇されてゆくのである（「最初に入った者が最後に出てゆく」という法則）。一度解雇されると後に解雇される確率は高くなる。このよ

うな隠された連関は他の連関（たとえば失業と健康）を実際以上に強く見せる。

縦断的研究はこのような問題を回避するのに役立つが，この方法にはまた別の問題がある。もっとも顕著な問題は時間とお金である。研究者は結果が出るまで同じ回答者の集団を30年間追い続けることを望まない。また，複数のデータを集めるには，よりコストがかかるし，調査と調査の間に回答者を見失わないようにするためにも余分なコストがかかる。研究者にこれらのための金銭的余裕はない。そもそも社会科学においては縦断的研究があまり存在しなかったし，実施された例のいくつかは予算の豊富な医学系の分野で開始された（たとえば全国児童発達研究（National Child Development Study: NCDS），ホワイトホール研究，イギリス・コーホート研究（British Cohort Study: BCS），ONS縦断的研究（ONS Longitudinal Studies））。

明らかに，学部のプロジェクトで縦断的研究を行なうことはない。しかし近年のイギリス研究の再組織化で，二次分析（**二次分析237頁**）にもっと利用できるようにデータが作られている。イギリス家計パネル調査（British Household Panel Survey: BHPS）に専門的助言を提供しているESRCイギリス縦断的研究センター（ESRC UK Longitudinal Studies Centre www.iser.essex.ac.uk）と，Center for Longitudinal Studies（www.cls.iow.ac.uk）とが提携して協会が設立された。後者は全国児童発達研究（NCDS）とイギリス・コーホート研究（BCS）と新世紀コーホート研究（new Millennium Cohort Study: MCS）を収容している

データは経済・社会データサービス（Economic and Social Data Service）（www.esds.ac.uk）から得ることができる。縦断的研究センターとユーザーサポート（Center for Longitudinal Study and User Support: CelSIUS）は今では公式統計の縦断的研究事務局（Office of National Statistics' Longitudinal Study: LS（www.celsius.Ishtm.ac.uk））へのアクセスを可能にしている。

これらの主要な研究は，確率抽出された全年齢の「パネル」（BHPS）か，もしくは，ある特定の期間の日付に生まれた「出生コーホート」（NCDS, 1958年3月3-9日生まれの17,000人，BCS, 1970年4月5-11日生まれの14,000人）に基づく。MCSとLSの標本はこの中間に位置する。MCSは2000-1年に生まれた子供から15,000人を標本抽出する。LSは1971年センサスの全年齢の中から特定の4日間に生まれた500,000人を選び，1981年，1991年，2001年センサスから同日に生まれた新生児と移民をそれに加える（後者の資料は2004年のセンサスから入手）。現在ではケース数が800,000件にのぼり，生・死・そ

の他の医学的記録と結びつけられている。その他のヨーロッパやアメリカにおける縦断的研究についてはラスピニ（2002）に情報が載っている。

社会変動に関するデータを提供するという点に関しては利点があるが，これらの研究には，少なからず欠点も存在する。時間とコストについては既に述べた。時間の流れは回答者と接触を保つことを困難にする。回答者を保ち続けるために，手紙を書いたりバースデーカードを送ったり，新聞を送ったりして甚大な努力が払われるも，回答者の減少は免れない。BHPS は 10 年で最初の標本の半分近くを失った。もちろん，失われた者のうちいくらかの原因は死もしくは移民である。残った標本の価値は，その代表性に依存している。

この問題は最初から当てはまる。研究者は将来の回答者あるいは子供の場合，彼らの両親を，研究に関与して再調査されることが（彼らにとって，また社会にとって）価値があることだと説得しなければならない。また将来にわたっても接触や，やる気や協力を維持することは簡単ではない。継続的なインタビューの「波」によって行なわれる縦断的研究は，回答者が「パネル」の役割を学習して研究者の望むとおりに振る舞うようになるというホーソン効果（ホーソン効果 115 頁）の影響も受ける。

さらに別の問題は，現在では重要なデータが集められなかったり，あるいは適切にコーディングされなかったりする一方で，研究の開始当初は重要だったトピックが時代遅れになってしまうことだ。言い換えれば縦断的研究はガラクタになってしまうリスクを抱えており，そうなると研究の利益を減少させてしまう。これに関連するのがスタッフの継続性の問題である。よくできた記録や打ち合わせやトレーニングはスタッフの引継によって生じる問題を減ずるだろう，しかし研究者の関心や研究のスタイルやテーマの流行は時間と共に変わってしまう。

一つ例を挙げると，NCDS のデータは，読み書き能力の促進政策への多大な貢献（たとえ，いくぶん誤解を招く貢献だったとしても）を含め，多くの政治的トピックの進展に役立ってきた（Bynner and Parsons 1997; Payne 2003）。同様に最近のイギリス中央選挙研究の二次分析まで NCDS はイギリスは能力主義的になったかどうかという議論の主要な証拠（たとえ，いくぶん煮え切らない証拠であったとしても）の基になった（Breen and Goldthorpe 1999; Saunders 1996）。しかしながら半世紀近くの間に，その研究は 3 つの異なる組織によって実施され，6 つのデータを用いてきた（www.essex.ac.uk/keeptrack/）。最初の時点で対象としていた北アイルランド地区のデータを失い，1965，1969，

1974, 1981, 1985, 1996, 1999-2000年の継続的な調査で最初の17414人中11419人（66%）だけが残った。次の調査は2004-05年の間に行なわれる。最初は医学的プロジェクトとしてスタートしたが，標本のコーホートが小学生になったときには教育に活動範囲を広げ，さらに後には標本が30代になったときは雇用の問題を扱った。このようにそれが役に立つデータであること（そしてそれはしばしばデータの源としてのみだが）は証明されたが，その貢献は避けようのない技術的限界に制約されている。

【キーワード】
年齢効果
摩擦
コーホート
コーホート効果
省略された帰結
パネル
観察されない要因

【関連項目】
連関と因果 5 頁
自伝／伝記法とライフ・ヒストリー
　17 頁
ホーソン効果 115 頁
二次分析 237 頁

【参照文献】
一般

Davies, R. (1987) 'The Limitations of Cross Sectional Analysis'. In Crouchley, R. (ed.), *Longitudinal Data Analysis*. Aldershot: Avebury.

Ruspini, E. (2002) *An Introduction to Longitudinal Research*. London: Routledge.

研究例

Breen, R. and Goldthorpe, J. (1999) 'Class Inequality and Social Mobility'. *British Journal of Sociology* 50 (1) : 1-27.

Bynner, J. and Parsons, S. (1997) *It Doesn't Get Any Better*. London: Basic Skills Agency.

Goldthorpe, J. (1980/1987) *Social Mobility and Class Structure in Modern Britain*. Oxford: Clarendon Press.

Marmot, M. and Wilkinson, R. (1999) *Social Determinants of Health*. Oxford: Oxford University Press.

Payne, G. (2003) *Immobility, Inequality and 'Illiteracy'*. Paper presented to the

Annual Conference of British Sociological Association, York.
Payne, J. and Payne, G. (2000) 'Health'. In Payne, G. (ed.) *Social Divisions*. Basingstoke: Palgrave.
Payne, G. and Roberts, J. (2002) 'Opening and Closing the Gates: Recent Development in Brithish Male Social Mobility'. *Sociological Research Online*, 6/6/4/payne.html
Saunders, P. (1996) *Unequal but Fair?* London: Institute for Economic Affairs.

方法と方法論
Methods and Methodology

　方法は社会調査で用いる特定の技術のことを指す。それに対して「方法論」は厳密な意味では方法の研究を指す。しかし，通常はあれこれの特殊な方法の使用を正当化する概念的・哲学的仮定の集合を指すものとして用いられる。

　【アウトライン】「道具」としての方法：正しい選択と用い方。方法論的多元主義。方法の効用についての説明。方法とその概念の道具箱：社会的世界の性質に関する仮定。方法の研究としての方法論。単なる「方法」を意味するものとする間違った使い方。さまざまなトピックが方法の選択を影響することが多い。例：社会移動率。トピックそのものの選択を決めるものは何か。利害；ファッション；集合的ならびに個人的志向。

　社会調査（social research）の方法とは，研究の問い（research questions）が何かを確認し，データを集め，知的発見を提示するのに用いる技術的実践のことである。方法については3つのレベルで考えることができる。最も単純に言えば，方法は道具だ。ちょうど釘を打つとき金槌を用いるのと同じように。釘を曲げずに打てれば万々歳だ。むろん，釘が正しい金具か，正しい長さか，木は割れないか，などについて確かめる必要はあるけれども。われわれはネジを締めるときには金槌は使わないし，逆に釘を打ちたいときにはネジ回しを使わないことに注意しよう。言い換えれば，道具に対して単純な見方をしてしまうと，道具の効用がいくつかの制約に支配されているという事実を隠してしまう。道具の効用に着目するのが第二のレベルである。道具は正しく使わないといけないし，仕事にとって正しい道具でなくてはならない。

このアプローチ，すなわち方法論的多元主義はすべての方法を平等に扱う。特定の方法の長所は，研究課題に適切なかたちで取り組んでいるかどうかという観点から評価される。どの方法を選ぶかは，発見したい事柄すなわち研究の問いの性質に依存している。方法論的多元主義は1970年代に主張された。そのときは，イギリスの質的研究者と量的研究者とが激しく言い争っていたときであった（→**質的調査法193頁；量的調査法200頁**：Bell and Newby 1977; Payne et al. 1981 42-61頁）。実際には，両方の方法を駆使している社会学者はきわめて少ない。「多元主義」は全体としての研究成果を指しているのであって，個々人の方法の多元性を言っているのではないし（Payne et al. 2004），一つの研究においていくつかの方法を用いること——この場合は，「マルチメソッド」アプローチという——を指しているのでもない。（面白いことに，方法に関する一般的教科書——専門書ではない——は，自分では量的方法を用いてきた社会学者によって書かれる傾向がある。質的方法だけを経験してきた社会学者によって書かれたものは少ない。）

　方法論的多元主義は，われわれがどれだけ上手く研究道具を使いこなしているか，なぜその方法を選んだことが正しいとわれわれが信じているかの両方について読み手が知らなければいけないことを意味している。短い雑誌論文であっても，そこで用いた方法について議論することで，研究者が何を行なったのか，またその方法を用いたことがどのように知的発見の主張に影響を与えたのかを読み手が評価するうえでの助けとなる。サーベイのなかで，標本の80パーセントについて面接をしたのか，それとも40パーセントどまりであったか。もし「回答率」が低いばあい，それでもなお被面接者は母集団を代表しそれに近似していると言えるのだろうか（→**標本抽出：標本の大きさをどう決めるか226頁**）。

　われわれの例を続けるならば，方法としてサーベイを選ぶのは第二のレベル（仕事にとって正しい道具か）における決定を含むと同時に，もう一つのレベルでもそうである。サーベイは，面接員が短時間に高度に限定的であらかじめ決めておいた質問をする。社会生活についての貴重な何かを研究者に教えてくれる回答を引き出すことができるという仮定で行なわれているのである（→**ソーシャル・サーベイ242頁**）。すべての社会科学がそうした仮定を共有しているわけではない。

　調査票の単純化に比べると人間存在ははるかに複雑だと指摘する向きは多い。バラバラの回答ではなくインフォーマントの人生を丸ごと見ることが大切では

ないのか，と。人間は考え，意味を付与し，そして行為できる能力をもった存在である。

　　　理由，正当化，説明を提示すること，記述をすることは，それ自体深い意味で社会的活動である。したがって，そのことが社会生活を社会生活たらしめ，人間生活を自然界とは本質的に異なったものとさせる。この違いがあるために，われわれは実証主義的な考え方によって求められるのとは別の方法論を必要とするのだ（Hughes and Sharrock 1997 114-15頁）。

　われわれのここでの論点は，サーベイが悪い方法だと言っているのではない。そうではなくて，サーベイは特殊な「知的な鞄」の集合ないしは理論的仮説を備えているという点にある（→実証主義と実在論188頁）。サーベイに託すということは，ふつうは同時に一定の「概念の詰った鞄」に託すことを意味する。同じ一般的論点は，他の調査方法についても等しくあてはまる。個々の仮定や反対意見は異なるかもしれないが。

　このことが，なぜ社会調査方法の学習内容（と本書の関連の諸節）が個別的具体的技術的行為の記述と，他方，概念的哲学的争点についての省察とのあいだを行ったり来たりするかの理由である。われわれは標本抽出，質問文の作成，調査現場に入り込むことについての指示から出発して，観察者の外には世界が広がって存在し，他の人びとの意図や動機づけがどのようなものか，人間行為は構造化されたものか交渉で変わりうるものかを問う。道具はそうした考えがなければ意味をなさないのである。

　「方法論」という言葉は文字通りには方法の研究ないし科学を意味する。したがって社会調査方法の学習内容，つまり本書は方法論的アプローチをとっていると言ってよい。方法論は，方法の特性，方法が作動する原理，方法の選択と応用を支配する規準を扱う。不幸なことに，社会学者は「方法論」という言葉をこれまで少なくとも異なる2つの事柄を意味するのにあててきた。

　一つは「方法」の同義語として。研究者自身の仕事を記述する文脈で使われることが多い：「この研究に用いられている方法論は，次のようなものを含んでいる……」というように。これはいくぶん言語的性質そのものに負っている。「方法論」は「方法」よりも立派に聞こえる。それは口の端や書物のページから甘美に流れ出る。要するに，単に「方法」より響きがいい，というわけだ。

　しかしながら，この用法は第二の意味を示唆していることもある。方法を

「方法論」と呼ぶことによって，著者たちは方法という言葉とともに運ばれてくる「概念の詰った鞄(カバン)」を示唆していることもあるのだ。この意味で，「方法論」は技術の末端の効用よりは，研究者の仕事を方向づけるアイディアのもっと大きな図式を意味している。言葉のこの乱用のために，研究者は正当化のための文献という洗練された装置を（それとなく，多くははっきりと）提示することでトピック，方法，発見の自分なりの選択を正当化できる。でも，これではせいぜい研究者がどの陣営にいるかを読み手に簡単に伝えるに止まる。もし著者がフェミニストの方法論とか構成主義者の方法論を採用してきたことを明言すれば，研究者がどのような価値を研究に持ち込んだか，なぜ研究がそのような特定のかたちをとっているのか，解釈がどのように生まれてきたのかについて，われわれはある程度理解できる。

　ほとんどの研究者は，なぜ自分がそのトピックを選んだのかについてあまり語らない。むしろ語るのは方法についてである。あるばあいには，調査問題(research problem)は所与のものとして受けとめられていて，方法の選択は調査問題から自動的に生まれたものとされる。たとえば，もし社会移動率について知りたいならソーシャル・サーベイがデータ収集の唯一の方法だ。そのデータによって，どのように移動が全国的に起こっているかを一般的に表現できる。われわれは，他の方法を用いて——日記，生活史，準構造化された面接など——社会移動研究をしようと思えばできたし，今でもできる（Payne 1989 181-4頁）。しかし多大のコストをかけなければ，標本調査で対象とされる人数分をカバーすることはできない。

　われわれの事例はここでは出発点でのフレーズ，すなわち「もしわれわれが……について知りたければ」にうまくあてはまる。しかし，この点こそは問題をはらんでいる。つまりたとえ方法が研究の問いから出てくるものであったとしても，そもそも研究の問いの選択を決めるものは何なのか。研究を実施することについての自伝的説明（たとえばMcKeganey and Cunningham-Burley 1987）を読んでみても，トピックの選択が現実にどのようにして行なわれたのかの過程についてはあいまいである。

　ほとんどの研究者は，個人的な志向，概念枠組み，研究のトピック，選んだ方法の間に一貫性があることで慰めを感じている。国家規模における政治変動や公共過程に関心をいだいている人びと（イギリスにおける古い世代の社会学者は，戦後労働党の政治的課題にあまりにも緊密に結びつきすぎだという理由で責められた）は，集合的存在（階級），権力・富・社会福祉といった争点に満

足し，そして運動などの事態がおこる頻度を数えるといった結果になる。それに対して，もっと個人主義的スタイルをもった人びとは，アイデンティティに関する個人的体験（ジェンダー，民族，セクシュアリティ，消費）のようなトピックを好む。そして，質的方法によって小さな集団で研究しようとする。アカデミックな世界においても流行り廃りはある。方法とそれらに結びついた研究の問いは，空中に浮かんでいるのではない。つまり方法論は，方法と研究の問いが，これまでの方向性と知識からどのようにして構築されてくるのかを示すのに役立つのである。

【キーワード】
集合的存在
概念の詰った鞄(カバン)
整合性
正当化のための文献
方法論的多元主義
問題をはらんでいる（problematic）

【関連項目】
実証主義と実在論 188 頁
質的調査法 193 頁
量的調査法 200 頁
標本抽出：標本の大きさをどう決めるか 226 頁
ソーシャル・サーベイ 242 頁

【参考文献】
一般

Bell, C. and Newby, H. (1977) *Doing Sociological Research*. London: Allen & Unwin.

Payne, G., Dingwall, R. Payne, J and Carter, M. (1981) *Sociology and Social Research*. London: Routledge & Kegan Paul.

Payne, G., Williams, M. and Chamberlain, S. (2004) 'Methodological Pluralism in British Sociology'. *Sociology*, 38 (1).

Hughes, J. and Sharrock, W. (1997) *The Philosophy of Social Research* (3rd edn). Harlow: Longman.

McKeganey, N. and Cunningham-Burley, S. (eds.) (1987) *Enter the Sociologist*. Aldershot: Avebury.

Payne, G. (1987) 'Social Mobility'. In Burgess, R. (ed.), *Investigating Society*. Harlow : Longman.

客観性
Objectivity

　社会調査における客観性は，実証主義から導き出される原理である。実証主義によれば，調査者はできるかぎり自分の研究対象から距離をおくべきである。したがって，知的発見は研究対象の性質に依存するのであって，調査者の個性，信念や価値に依存するのではない。(このアプローチは批判的立場ないし批判的解釈的伝統に立つ研究者によっては受け入れられていない。)

　【アウトライン】客観性とバイアス。方向づけとしての客観性。知的発見は誰が研究したかに依存してはならない。初期の実証主義：距離をおいた「科学的」見解。中立性は実際に保守的か？　価値を「条件つきの客観性」によって主張すること。研究者は客観性の欠如を自覚しているか？　プロジェクトのすべての段階における，達成不可能な目標としての価値自由。適切な客観性；立場理論；質的方法における信用性／透明性／密度。信頼性と妥当性。

　「客観性」と「バイアス」は，同じ論争点を指す言葉として用いられることが多い。しかし，それぞれが取り上げている問題は異なる次元を指すものとして受け止めるのがよい。ここでは，われわれは客観性（ないしその欠如）を研究の方向づけと解釈の問題に関わるものを指し，バイアスを手続きの過誤を指すものとして使いたい（→バイアス22頁）。むろんこの二分法が厳格に守られていると断言はできない。とりわけ，量的方法から質的方法に目を移すとそうである。しかし，少なくとも，なぜ，どこでこれらの言葉が重複しているかを評価することは可能だ（Hummersley 1996）。

　客観性が成り立つためには，研究者が自分の個人的偏見を差し控えていると読者が確信できなければならない。研究した人間が誰かによって知的発見が異なってくるようではいけない。そこに存在したものに知的発見は依存していなければならない。一組の「プロトコル（定言命令）」あるいは標準的手続きに従うことによって，すべての重要な関連証拠は報告されなければならない。たとえ研究者の仮説を支持しないことがあっても，である。体系的に用いられるプロトコルは個人が知的発見を歪める余地を少なくするばかりでなく，透明性によって発見手続きをチェックできるようにする。客観性のこの側面は調査の信頼性（**信頼性**217頁）と呼ばれることが多い。

コントやデュルケムといった初期の社会学者は，教会が権力をもっていた反知性主義の時代に執筆活動をしていたが，彼らは社会学的知識の「科学的」性質を強調した。社会科学の課題は，何であるべきかではなくて，何であるかを発見することにある。信仰を語る命題——「べき」や「なければならない」——は価値判断であり，科学的検証にかけることができない（→**実証主義と実在論 188 頁**）。価値判断は個人的な生活——宗教であれ，道徳であれ，政治であれ——に属するものである。科学的研究においては，そうした価値判断は排除しなくてはならない。研究者は哲学者や社会改良家とは違って，中立的な観察者である。すべての理論的命題と研究の営みが価値中立的である，と立証されなければならない。

　以上のような見方は，規則的プロトコルを完璧なコントロール方法なのだと楽観視し過ぎてしまうと，研究者といえども人間であることが理解できなくなってしまう。社会学者は機械修理の技術屋ではない。彼らの感情や評価は彼らの身体の一部になっていて，それを切り離すことはできない。研究者は社会の成員であり，社会と相互作用しているのである。「科学的」モデルのなかのどこに，現状に挑戦する批判的思考や別の未来を展望するための余地があるのだろうか？

　狭義の客観的社会科学を拒否しようと声高に主張する人の多くは，社会学の課題の一つは社会の現状を明らかにするところにあって，したがって社会学は社会を「よりよいもの」に向けて変化させることができると言う。実証主義的客観性は，単に不必要であるばかりか本質的に保守主義的なので望ましくもない。価値の明確な集合がなければ，何が社会的に問題で何が「よりよい」かを決めることができない。たとえば，「法の支配」や「社会的平等」は「不正義」や「不平等」と同じではない。価値があってこそ何を研究すべきかを示すことができる。価値は研究者が研究において厳格であることの邪魔になるわけではない。研究者は自らの価値について正直かつオープンにし，自らの著書や論文のなかで価値を積極的に鮮明にすることによって，読み手が知的発見を評価するさいにこのいわば「条件つきの客観性（qualified objectivity）」を考慮に入れることができるようにする。

　むろん，この議論は研究者が自分自身の個人的スタンスを自覚していることを前提にしている。ソーンダースは，イギリス社会学の多くは「体系的に歪められたコミュニケーション」からなっており，「そのコミュニケーションを通して誰にも気づかれず意図されないままに，（左翼）正統派が永続化される結

果となる」(1989 3頁)と議論している。もっとも，彼自身はその保守主義的スタンスのために「完全移動（＝ランダムな移動）」と他の研究者が理想的移動率と考えている主観的判断とを混同してしまっているけれども（Payne 1992)。『豊かな労働者』研究は女性に対して政治的見解を尋ねなかったが，これはゴールドソープ（1994）が主張しているように単に必要なかったから尋ねなかったにすぎないのか，それとも暗黙の性差別的価値の一例（Hart 1994）なのだろうか？　無意識のうちに客観性を失っている第三の例は，質的調査における「バイアス」の項に見られる。ペインは「社会学者がコミュニティのなかに受け容れられることは簡単だ」と研究者が主張していることに対して懐疑的である（1996 30, 22頁）。また自らのインフォーマントのなかに「自分の嫌いな人びと」を含めて，彼らを評価し，理解することもべつに難しいことではないと主張していることについても懐疑的である。関心や意図を鮮明にしたからといって，客観性の問題に正面から取り組んだという保障にはならない。

　完全な客観性などというものは達成できないということをほとんどの社会学者は認めている。(Aberercrombie et al. 1988)そして研究活動がいくつかの点で客観性問題を必ず生じることを認めている。トピックの選択，注目すべき理論，研究の問いの提起の仕方，データ収集と分析の種類，結論の立て方，の諸段階にはすべて価値が介入しうるし，現に介入している。このことは何も，社会学が単に選択的，事例中心，感情的にならざるをえないということを意味しているわけではない。「完全に価値自由的な取り組みは不可能だということは言うまでもない。しかし，そのことは理想が程度差こそあれ近似的に達成されえないことを意味しているわけではない」（Blalock 1984 31頁)。これは価値と手続きの関係や，健全な研究の営みに対する感受性の問題だ。

　この基本的な考え方は3つのまったく異なる研究哲学を体現している。第1は，前出の説明から直接に出てくる。これは客観性を絶対的なものとしてではなくて，部分的にのぞましい，だが限界のある，現実には手に入れることのできない目標として認める。意図した結果は信頼できて妥当な仕事を生み出すことである。このことはそれ自身基本的には中立的方法を実行することである。同時に，個人的偏見や選好を読み手に示すために，価値スタンスを見えやすい形にして，積極的に議論する（Bell and Encel 1978; Bell and Newby 1977; Bell and Roberts 1984)。

　それとは対照的に，第二のアプローチは研究者の価値スタンスを強調する。フェミニスト調査（フェミニスト調査93頁）では，トピックの選択と用いら

れる方法は女性の地位を向上させようとする政治的スタンスによって明確に決められる。ここでは,「価値中立性」は単に保守的と見られるだけでなくインフォーマントに対する統制を意味し,男性権力を糊塗する仕掛け(デバイス)と見なされる (Hammersley 1992, 1994; Ramazanoglu 1992)。熟慮の末,客観性よりは主観性と(女性の)インフォーマントへの関与とが要求される。もし客観性があるとすれば,それはひとえに女性の客観性である。研究による知的発見の信頼性は,個人的感情をコントロールすることをめざした厳格な手続きにあるのではなくて,他のフェミニストやこれまで情報提供を務めてきた女性によって受け容れられるかどうかにある。事実,あるフェミニストたちにとって個人的感情は研究のなかから引き出してくるべき重要な資源なのである (Reinharz 1992; **反省 212 頁 ; 自伝／伝記法とライフ・ヒストリー 17 頁**)。

　第三のアプローチは,質的社会学(**→質的調査法 193 頁**)のなかでは広く受け容れられているものである。フェミニスト調査とは関心を共有しており,研究による知的発見は研究者と研究対象者との相互作用に依存していると考えている。研究者は距離を置いているとか超然としているとはとても言えないが,インフォーマントと共同で行なわれる発見の個人的主観的過程に関わっている。これはユニークな社会環境のなかで起こる。ここでは研究者は起こるがままの出来事に対応しているので,そのために主観性をコントロールできるあらかじめ用意されたプロトコルみたいなもの——あれば望ましいとしても——はない。重要なのは中立性ではなくて「信用できること (credibility)」である。他の研究者と研究対象者とは提示された解釈で満足しなければならない。不幸にして,この「間主観的信頼性」が複数の研究者が独立に下した判断を相互に比較することで現実に成り立っていると言えるような研究はきわめて少ない (Glandney et al. 2003)。実際には,ほとんどの研究者は自分のフィールドワークで得た証拠にみられる詳細な事実の透明性と密度とに訴えることで,不当な主観性がそこにはないことを主張する根拠としている。

　このように見てくると,よい研究の本質はそれが中立的であったり調査の被対象者から距離をおいているべきだということではなくて,研究が信頼できて妥当であればよいという点にある。信頼性と妥当性はふつう「移譲可能性」,「依存可能性」,「信用できること」と「当てにできること」と代替されている (**→信頼性 217 頁 ; 妥当性 260 頁**)。これらは固定したプロトコルには根を下ろしてはいないけれども,研究による知的発見への自信の基礎として適切な手続きの考え方に依拠している。

【キーワード】　　　　　　　【関連項目】
実証主義的客観性　　　　　　自伝／伝記法とライフ・ヒストリー
プロトコル　　　　　　　　　　17頁
制限的客観性　　　　　　　　バイアス 22 頁
価値判断　　　　　　　　　　フェミニスト調査 93 頁
価値中立性　　　　　　　　　実証主義と実在論 188 頁
価値のスタンス　　　　　　　質的調査法 193 頁
　　　　　　　　　　　　　　信頼性 217 頁
　　　　　　　　　　　　　　妥当性 260 頁

【参照文献】
一般

Abercrombie, N., Hill, S. and Turner, B. (1988) *The Penguin Dictionary of Sociology*. Harmondsworth, Penguin.（丸山哲央監訳・編集，2005，『新しい世紀の社会学中辞典』ミネルヴァ書房）

Blalock, H. (1984) *Basic Dilemmas in the Social Sciences*. Beverley Hills, CA: Sage.

Gladney, A., Ayers, C., Taylor, W., Liehr, P. and Meininger, J. (2003) 'Consistency of Findings Produced by Two Multidisciplinary Research Teams'. *Sociology*, 37 (2) : 297-313.

Hammersley, M. (1992) 'On Feminist Methodology'. *Sociology*, 26 (2) : 187-206.

Hammersley, M. (1992) 'On Feminist Methodology: a Response'. *Sociology*, 28 (1) : 293-300.

Hammersley, M. (1996) 'The Relationship Between Qualitative and Quantitative Research: Paradigm Loyalty Versus Methodological Eclenticism'. In Richardson, J. (ed.) *Handbook of Research Methods for Psychology and the Social Sciences*. Leister: BPS Books.

Ramazanoglu, C. (1992) 'On Feminist Methodology' *Sociology*, 26 (2) : 207-12.

Reinharz, S. (1992) *Feminist Methods in Social Research*. Oxford: Oxford University Press.

研究例

Bell, C. and Encel, S. (eds.) (1978) *Inside the Whale.* Sydney: Pergammon.
Bell, C. and Newby, H. (1977) *Doing Sociological Research.* London: Allen & Unwin.
Bell, C. and Roberts, H. (eds.) (1984) *Social Researching.* London: Routledge & Kegan Paul.
Goldthorpe, J. (1994) 'The Uses of History in Sociology' *Sociology*, 45 (1) : 55-78.
Hart, J. (1994) 'John Goldthorpe and the Relics of Sociology'. *Sociology*, 45 (1) : 21-30.
Payne, G. (1992) 'Social Divisions and Social Mobility'. In Burrows, R. and Marsh, C. (eds.), *Consumption and Class.* London: Macmillan.
Payne, G. (1996) 'Imagining the Community: Some Reflections on the Community Study as Method'. In Lyon, E. S. and Busfield, J. (eds.), *Methodological Imaginations.* London : Macmillan.
Saunders, P. (1989) 'Left Write in Sociology'. *Network*, 44 (May) 2-3.

Observation
観察

単純に人びとを見るという正確な意味での観察は，(非干渉的方法として用いられる場合を除いて) 社会調査ではあまり用いられない。それは2つの理由による。第一に，人間行動はこの方法で記録するにはあまりにも複雑である。第二に，この方法は研究対象から研究者を孤立させてしまい，参加することや，会話やインタビューによる掘り下げた理解の探求を妨げる。

【アウトライン】観察と参与観察。行為の意味は自明のものではない。出発点としての観察。「積極的な」観察：焦点をもっており，体系的であり，記録される。場所を下見する。非干渉的観察：記録しながら観察することの難しさ。非構造化された観察。出来事のコントロールの欠如。クラスルームにおける観察。選択的知覚。構造化された観察：情報過多。観察における標本抽出。

新しく社会調査に参加する人びとは，社会科学者や特に社会学者が観察を一つの方法としてほとんど用いないという事実を，しばしば驚きをもって知るこ

とになる。関連する手法である参与観察（**参与観察 183 頁**）はもっと普及している。このことは、なぜ単純で非干渉主義的な観察があまり人気がないかという謎を解く手がかりを与えてくれる。参与観察では、研究者は研究対象である社会状況の内部で積極的な役割を担う。その際、見ることと同じくらい、聞き、会話し、質問し、そしてインタビューすること、そして「生活により近づく」ことが必要になる。それゆえ、実際は、たいていの「観察」は見ることと同じように聞くことを含む。

　しかしながら、社会学者は意味と説明に関心をもつので、観察だけでは目標に近づくことはできない。人と人との相互行為には発話が伴い、発話を通して社会生活についての交渉が行なわれ、そして意味が与えられる。マックス・ウェーバーの有名な例でいえば、木を切っている男を観察したとしても、彼は自分が使う薪を用意しているかもしれないし、誰かに雇われて労働しているかもしれない。あるいは、エクササイズをしているのかもしれないし、体を温めているだけかもしれない。行為を観察するだけでは不十分であり、われわれは行為を説明し、木を切る男にとっての主観的意味を理解する必要がある。

　観察は、それ自体の有用性は限られるけれども、出発点になりうる。70 年にわたって、一般大衆観察プロジェクトは、普通の日常生活の報告をアマチュアの寄稿者から収集してきており、後にその時代のパターンを調べることができるナショナル・アーカイブを提供している（www.sussex.ac.uk/library/massobs）。われわれが普段は見過ごし、考えることもなく受け入れている行為は、体系的に観察し、頻度やタイミング、順序や参加の規則性を記録すれば、新たな重要性をもつようになるかもしれない。

　観察は、われわれが日常生活の中で自然に見たり聞いたりすることとは違う。日常生活では見聞きの過程は受動的なものである。特別に物や人を探しているのでもない限り、われわれが受け取る映像イメージや音は当たり前のものと見なされるのであって、珍しいものだけにわれわれは積極的に注目する。だからといって、われわれはあちこちで人や物にぶつかっているわけではなく、意識的に見ることなくそれらに反応（例えば避ける）している。たとえば、この前人混みを歩いたときに見た人をあなたは何人覚えているだろうか？　より重要なこととして、あなたはその人びとのことを描写できるだろうか、誰と一緒だったか、何をしていたか、そして何を言っていたか？　対照的に、調査ツールとしての観察は積極的に見たり聞いたりすること、つまり、見て気付き、聞いて記録することである。それは「構造化」され、「体系的」なものである。

いかなる活動にも参加することなく見聞きしたことを記録することが研究者の役割となるような観察研究は，非参与観察と呼ばれる（Polgar and Thomas 1991 130-40 頁）。このタイプの観察は，小集団活動の観察と「コミュニティ・ウォーク」あるいは「場所の下見」の両方を含んでいる。後者を明確に記述したものは少ないが，この考えは最近のコミュニティ志向のフィールドワーク（たとえば Murray and Graham 1995）の根底にあるものである。たいていは準備や探索の段階において，研究者は，物理的環境を体感し，それらがコミュニティの社会生活にどのような影響を与えているかを知るために「場所の下見」をする。（これは方法を複合するアプローチの一部として，**コミュニティ・プロフィール 39 頁**あるいは**ソーシャル・サーベイ 242 頁**により深みを加えるためにも利用できる。）

　このことがより包括的な研究につながるかもしれない。公衆衛生のローカリティ研究は，交通量を計測し危険な交差点を割り出したり，公園内のゴミや割れたガラス，犬のフンの量を調査したり，「車での学校の送り迎え」や犬を放して遊ばせるといった反社会的ふるまいが生じたときにそれを記録するかもしれない。このような複雑でない課題であっても，他の調査手法と同様に，事前の考えや計画，集めるデータの種類の決定や方向付けが必要となる。

　このアプローチは，研究者が道や公園にいるふつうの一般市民に見えるために，非干渉的なものになりうる（→**非干渉的方法と複眼的測定 254 頁**）。このことは，クリップボードや記入フォームといった記録用の道具を持ち込むことなく，単純に注意して見ることによって，観察は達成できるということを示している。つまり，この方法をとると，研究者は，「行為を見守る」ためのある程度の柔軟性をもつことが可能になる。しかし，その代わりに，活動の複雑さ（そしてそれらへの研究者の反応：**フィールドワーク 99 頁**を参照）を後で参照するためにノートに書き留める方法が問題になる。

　しばしば「単純な」もしくは「非構造化された観察」と呼ばれるこうした観察手法は，正確な記録をとるという問題のために，単純な対象だけに限られなければならないだろう。先のコミュニティ・ウォークや道路調査，あるいは公園利用の例ではまた，公共の場で凝視され調査対象になることに対して人びとに「インフォームド・コンセント」を与えたかどうかという倫理的な問題が生じる（→**倫理実践 66 頁**）。

　つまり，一定の環境において，観察に合意した参加者によって行動が繰り返されるような状況が，もっとも観察に向いていることになる（Collins 1984）。

行為者が「自分の好きにする」ことが可能な普段の環境よりも，心理学的実験環境においてこの状況は実現しやすい。このことは，観察が教育研究においてより一般的である理由を説明する助けになる。教育研究では，ORACLEプロジェクト（Galton and Delamont 1985 ; Stanworth 1983）のように，教室の観察を都合よく実現することができる。同じように，繰り返し作業をしている労働者グループの各種活動と生産活動は，ホーソン実験のいくつかで観察された（→ホーソン効果115頁）。しかしながら，ここでも，エスノグラフィ（エスノグラフィ 72頁）のように，観察を他の方法と組み合わせることが一般的である。

観察はまた，研究者の両目に制限される。つまり，一度に見えるものだけしか見ることができない。研究者はまた，周囲で起こっていることの複雑さの中から何を選択的に知覚するかを規定する，いくつかの社会的な仮定を持ち込む。これは，標準化された活動記録フォームを用いる観察者には，あまり起こらないことである。というのも，そのフォームが，研究プロジェクトにもっとも関係する活動の一部分に，観察者の注意を向けるからだ。

この「構造化された観察」の影響力のある一つの例において，フランダース (1970) は，教師と生徒の間の相互行為を分析するための10個のカテゴリー（ほめる，質問する，指示を与える，など）を作り出した。3分ごとに，観察者はそのフォーム（「観察スケジュール」）を使って，その3分間の活動を記述するのに最適なカテゴリーにチェックを付けた。しかしながら，この方法を用いる場合，カテゴリーを知っておくこと，素早く判断すること（いくつかのカテゴリーと多くの活動は複雑である），そして観察を途切れることなく続けることを観察者は要求される。より詳細な活動の分析をしようとすればするほど，より多くのカテゴリーが必要となり，観察がより難しくなる（Bell 1987 88-98頁）。

観察のいくつかの特性は，質問をする場合に必要となるスキルと同じくらい幅の広いスキルを研究者に要求する。研究者はふつう単独で研究に従事し，それゆえデータ収集の責任を一手に引き受ける。つまり，インタビュアーの役割と同様に，偏りのない内省的なアプローチ，順応性，柔軟性，正確な記録と判断力が求められる。研究者は，かなりの確率で，フィールドワーク中に同時に起こる出来事を記録しなければならなくなる。見逃したからといって，もう一度同じ行動を取ってくれと人びとに頼むことはできない。ゆえに，速記のような文字を用いる創造性と，避けがたく選択的になることが求められる。何を記

録するかを決める際に，研究者は，その出来事と研究の中心的なトピックとの関連性について判断しなければならない。

観察する際には，研究者は見聞きしたことを記録する必要があるだけではなく，理論的サンプリング（→グラウンデッド・セオリー 105 頁）と自問を通して，観察そのものから生まれたアイデアを発展させ，検証し改良していく必要もある。このプロセスもまた記録しておくべきである。その結果，可能な限り詳細な報告記事が得られる。そして，これらの報告記事を，フィールドワーク後の分析の際に，ある程度の信頼性をもって詳細に調べることができるだろう。

【キーワード】
観察スケジュール
非参与観察
参与観察
選択的知覚
非構造化された観察

【関連項目】
コミュニティ・プロフィール 39 頁
倫理実践 66 頁
エスノグラフィ 72 頁
フィールドワーク 99 頁
グラウンデッド・セオリー 105 頁
ホーソン効果 115 頁
参与観察 183 頁
ソーシャル・サーベイ 242 頁
非干渉的方法と複眼的測定 254 頁

【参照文献】
一般

Bell, J. (1987) *Doing Your Research Project*. Milton Keynes: Open University Press.

Flanders, N. (1970) *Analyzing Teacher Behaviour*. Reading, MA: Addison-Wesley.

Polgar, S. and Thomas, S. (1991) *Introduction to Research in the Health Sciences* (2nd end). Harlow: Churchill Livingstone.

研究例

Collins, H. (1984) 'Researching Spoonbending'. In Bell, C. and Roberts, H. (eds.), *Social Researching*. London: Routledge & Kegan Paul.

Galton, M. and Delamont, S. (1985) 'Speaking with Forked Tongue? Two Styles of Observation in the ORACLE Project'. In Burgess, R. (ed.), *Field Methods in the Study of Education*. Lewes: Falmer Press.

Murray, S. and Graham, C. (1995) 'Practice Based Health Needs Assessment: Use of Four Methods in a Small Neighbourhood'. *British Medical Journal*, 1443: 8.

Stanworth, M. (1983) *Gender and Schooling*. London: Hutchinson.

Official Statistics 公式統計

　公式統計とは公的な政府機関が主に行政目的で行なう数値的データセットであり，政府主導の社会調査に基づくものと並んで，国勢調査，犯罪統計，健康データ，所得，雇用率などを含む。

　【アウトライン】政府は量的なデータを公刊する。幅広いトピックをカヴァーした表。最近の素データの利用可能性。公式統計の良いところ：安い；広範囲；信頼できる；利用できる。公式統計のわるいところ：融通がきかない；定義；選択的；サンプリング。公式統計の社会的構築。例：犯罪と犯罪統計。国家にとって何が重要かという視点。公表した数値のごまかし。例：失業。シクレルの批判。公式統計のいきすぎた不信。コンピュータにより向上したデータへのアクセス。

　イギリスでは政府各省がイングランド，ウェールズやしばしばスコットランド，北アイルランドまでを範囲に含めて定期的に量的な社会・経済的情報を定期的に集めて公刊している。これらのデータは何らかの行政手続きの副産物である。たとえば警察によって記録された犯罪統計年報や失業率の四半期ごとの定期報告などである。その他のものは，10年ごとの国勢調査（Nissel 1987），一般家計調査あるいは消費と食料調査（前身は家計消費と全国食料調査）といった大規模な社会調査（ソーシャル・サーベイ242頁）に基づいている。

　これらの調査は通常クロス表（**クロス表54頁**）により要約されて発表される（たとえば全国統計局（ONS）が発行している *Social Trends; Regional Trends; the New Earnings Survey; New Social Atlas of Britain* 1995など）。図書館の「統計」「政府統計」「公式統計」コーナーでは，健康・教育・仕事・家

計・民族・移動・所得・健康と安全・社会的態度・産業・出生・結婚と死亡といったトピックが見つかるだろう。それらの大部分は数年にわたり定期的に刊行されている。主要な全国調査の詳細は www.data-archive.ac.uk/findingData/majorStudiesFulllist.asp で見ることができる。ハーベイとマクドナルド（1993 61-9 頁）は役に立つコメントと共に簡単な紹介を提供している。これにはイギリス犯罪研究やイギリス総選挙研究などの学者によって行なわれた準公式調査が含まれる。

　こうしたメジャーな研究は最近「素データ」として，ますます利用可能になっており，研究者たちによって再分析ができる。ダウンロードの申し込みと素データの再分析（無料もしくは有料でも安価である）は承認された研究機関を通して行なわれる必要がある。卒業論文にデータを使用したい（→**二次分析 237 頁**）と考えている学部生はチューターに頼む必要がある。

　公式統計の利用には少なくとも十個の長所がある。公式統計はすでに集められており，安く，簡単に入手することができる。公式統計は国全体をカヴァーする（→**標本抽出：タイプ 231 頁**）大きな標本からなり，同じ方法で数年にわたり対象の国全体における割合を調べることができるように高い技術的基準で集められている（→**量的調査法 200 頁**）。「公式統計」はその名のとおり「公式」なものなので，一般的に認知されているように信用できるものであり，すくなくとも広く知られている限界の範囲においては信用できる。それゆえに権限を使用者にゆだねる。中には労働力調査のように，最新の状態を公開するためにデータを収集してすぐに発表するものある。2, 3 週間の内に，研究者は最初のアイデアから出発して，今年度の社会潮流に関する完成したリポートの作成までたどり着く。

　いくつかのケースにおいては，データ収集の規模の問題で公式統計だけが利用可能なデータとなる場合もある。さらには，政府は特定の組織に対してデータを集めるよう強制する権限を持っている。たとえば雇用者は被雇用者と生産物のデータを，EU の標準的方法で報告しなければならない（「EU 統計局」を見よ。www.europa.eu.int/comm./eurostat）。予期せぬ副産物は，たとえもともとはそのような目的でデータが集められなかったにせよ，国家と地域間で社会学的比較ができることである。

　しかしながらこのような楽観的評価は実践上の困難さを割り引いて考えるべきである。どんな二次分析（**二次分析 237 頁**）でも，何がデータに含まれているか，内容を構成するものがどのように定義されているかは，二次分析を行な

う研究者が決めることではなくて，最初にデータを集めるプロセスが決めることである。時間と共に質問やコーディングの定義が変わることもあるだろう。また，全標本サイズが部分集団を調査するのに十分でないこともある。たとえばイガンスキたち（2002）は少数民族の社会経済的地位の変遷を研究するための公式統計を利用したが，その際，国勢調査における定義の変化や，一般家計調査の標本サイズや，労働力調査の利用可能性や，上記3つの調査の職業分類の枠組みにより，いかに利用が制限されたかを報告している。

　こうした問題は誰がどんなプロセスでどんな目的でデータを集めたのか，ということから発生する困難さの最も明白な例である。とくに犯罪統計はその良い例である。犯罪は「警察に通報された犯罪」の公式統計に出現するまでに，いくつかの段階をパスしなければならない。まずそれは経験されるか，その発生を観察されねばならない。そして犯罪として認識され，警察に通報されねばならない。さらに，そこで警察がその犯罪が調査する価値があり，通知すべき罪の全国リストにのるものかどうか決めなければならない。レイプなどのある種の犯罪は報告されないことがある。仕事量が多くなるとか，あまり重要な犯罪ではないとか，報告よりも防止を呼びかける方がよいなどの理由により，報告された「犯罪」のわずか40％だけが記録される（Mayhew and Maung 1992）。

　またプロセスは一貫していない。警察は政治的・公的な圧力に答えなければならない。彼らは何を記録するかについてのある程度の決定権を持つ（玄関からミルクを数本盗んだ場合，全体で一つの窃盗なのか，それとも一本ずつの窃盗としてカウントするのか？）。特定の犯罪に対する政府のキャンペーンや（2002－3年の「ヨビッシュ［日本でいうところのヤンキーとかチーマー］」のストリート活動），携帯電話泥棒や路上強奪などのメディアの「モラルパニック」は，結果として警察に対し記録をとることや現在では関連犯罪のカテゴリーに加えられている周辺的活動の再分類や犯罪を発見するための再配置への多大な努力を強いる。こうして記録上は犯罪数が増加するのだ。効率性を求める動機と機関内の競争から，資源は測定される成果を達成するために用いられる。（→評価研究83頁）：犯罪はそれらが解決できる場合には，過小にも過大にも記録される。一般公衆から標本を抽出するイギリス犯罪調査は1997年から犯罪は減ったと報告している一方で，記録された犯罪は増加している。犯罪の減少は労働政府機関の政策の成功によるものであり，増加は通報された犯罪の記録の一貫性と効率性が増したためである。

　公式統計が国家によって，実行して管理する者の関心のもとで，作られると

いう事実が問題である。これが原因で，ヒンデス（1973）の影響などもあり，70年代から80年代にかけて公式統計は多くのイギリスの社会学者に無視された。国が何をデータとして集め，何を集めないかを決定するという，基本的な問題が残っている。税金と大金持ちに関するデータは少ない。環境破壊は不必要に監視され，罪に問われる。一つの大きな詐欺（マックスウェル，ギネス等）が盗む額は年間の泥棒と強盗のすべての被害よりも大きい（Levi 1993）。何が監視する価値があるのかは，権力を持つ者が決定する。

　1982年から90年代の中頃までの間で，保守的な政府は「失業者」の公的な定義を30回以上も変更した。当然そのおかげで失業者の数が減ったのだ！『ソーシャル・トレンド』の編集者の一人はこう記録している。

> 政府機関の統計の責任者には，特に健康と失業に関する数字を修正するように大きな圧力がかかっていた。不正をよしとしない者は辞職に追い込まれることもあった。（Nissel 1995）。

　公衆の精査を望まない政治家にサポートされて，公務員は情報を用心深く保護する。公的活動と学術的研究の両方が，支配者からの独立の程度に応じて影響される政府統計に依拠している。

　しかしながら60年代には質的研究の観点から，犯罪と見なされていることは日々の警官や弁護士や裁判の手続きの実践によって構築されるという批判があった。これらのことが何を犯罪と見なすべきかを決定する。この意味で犯罪と逸脱は社会的に構築されている。

> 逸脱行動の割合はある特定の行動を逸脱的であると定義し分類し記録する社会システムの内部にいる人の行為によって作られる（Cicourel 1976 135頁）

　それらは「ある活動形態の指標というよりは，むしろ組織的プロセスの指標」として見なすべきである（Kituse and Cicourel 1963 137頁）。他の公式統計に比して公式犯罪統計が間違っている可能性には，ある程度正当な理由がある。最近では証拠として使うより，公式統計とその創造過程を研究のトピックとして見なす傾向がある。

　ただし以上の考察にもかかわらず，公式統計の限界を誇張しすぎてはならな

い。初期の批判は公刊された「社会的報告」の背後にあるものに対する, より洗練された理解を促してきたけれども, それ以来公式統計の効用は見直されてもいる (Levitas and Guy 1996)。個人用のパソコンは政府が提供するデータの入手と利用の可能性を進化させたのである。

【キーワード】
逸脱
素データ
二次分析
シリーズ

【関連項目】
クロス表 54 頁
評価研究 83 頁
量的調査法 200 頁
標本抽出：タイプ 231 頁
二次分析 237 頁
ソーシャル・サーベイ 242 頁

【参照文献】
一般

Cicourel, A. (1976) *The Social Organisation of Juvenile Justice*. London: Heinemann.

Harvey, L and MacDonald, M. (1993) *Doing Sociology*. Basingstoke: Macmillan.

Hindess, B. (1973) *The Uses of Official Statistics in Sociology*. London: Macmillan.

Kituse, J. and Cicourel, A. (1963) 'A Note on the Use of Official Statistics'. *Social Problems*, 11: 131-9.

Levitas. R. and Guy, W. (eds.) (1996) *Interpreting Official Statistics*. London: Routledge.

研究例

Dorling, D. (1995) *A New Social Atlas of Britain*. Chichehster: John Wiley & Sons.

Dorling, D. and Simpson, S. (eds) (1999) *Statistics in Society: the Arithmetic of Politics*. London: Arnold.（岩井浩ほか監訳, 2003, 『現代イギリスの政治算術――統計は社会を変えるか』北海道大学図書刊行会）

Iganski, P., Payne, G. and Roberts, J. (2002) 'Inclusion or Exclusion? Reflections on the Evidence of Declining Racial Disadvantage in the British Labour Market'. *International Journal of Sociology and Social Policy*, 21 (4-6): 184

-211.

Levi, M. (1993) *The Investigation, Prosecution and Trial of Serious Fraud*. London: Royal Commission on Criminal Justice, Research Study 14.

Mayhew, P. and Maung, N. (1992) *Surveying Crime*. London: Home Office Research and Statistics Department Research Findings No.2, HMSO.

Nissel, M. (1987) *People Count*. London: HMSO (for OPCS).

Nissel, M. (1987) 'Vital Statistics'. *New Statesman and Society*, 27 January.

参与観察
Participant Observation

　参与観察とは，日々の活動に従事している人びとに対して，観察したり，耳を傾けたり，質問をしたりすることを通して，一定期間にわたりデータを収集することであり，その間，調査者は，エスノグラフィの作成と並行しながら，現場の役割を取得することによって，部分的に研究対象である集団のメンバーとなる。

　【アウトライン】溶けこむこと。参加と観察のバランス。観察から参加へのシフト。参与観察の理論的バックグラウンド。フィールドワークのかかえる諸問題：フィールド・ノートをつける，個人的反応，記録の組織化，選択性。「二重の勤務」。

　人びとが日々の仕事に精をだしているのを直接的に見たり聞いたりするのは，社会調査のもつ大きな魅力の一つである。彼らの仕事を中断させたり，観察者としての自分の存在を相手に意識させたりしないために，われわれは，現場の役割を取得することによってその場に溶けこむという方法を選ぶことができる。もしも生産ラインの労働者を研究しようと思ったら，職工の仕事につけばよい。もしも医療現場を研究したければ，取得可能な主だった役割としては，看護師，医者，患者，清掃員，付添人，用務員，見舞客，管理責任者，医療調査者などがある。これらのうちのいくつかの役割には，専門的な資格がないと取得できないものがある。だから，社会学者になろうとめざしてきた看護師が，すぐれた健康調査を行なうことができたとしても，それは驚くにあたらない。

　こうした社会調査法は，「参与観察」と呼ばれている。ただし，参加の範囲

は多様であるし，その調査テクニックが観察のみに限定されているわけでもない（参与観察を，介入的調査と混同してはならない。介入的調査は，調査される人びとを解放したり，エンパワーしようとする立場からなされるものである）。参加とは，現場の役割演技を引き受けることであり，調査者は，調査などしておらず，ただそこで働いたり，訪れたり，住んだりしているだけだというフリをし続けるために，相当のエネルギーを注がなければならない（たとえば教師として働いている Mac an Ghaill : Devine and Heath 1999 24-34 頁を参照）。調査が，目的を隠すことによってはじめて成り立つような場合（ファシストや犯罪者，宗教的原理主義者といった，研究されること自体を望まない人びとを研究対象とする場合（→**倫理実践66頁**））には，すべての計画は，秘密裏に観察することによってしか完遂できない。しかしながら，たいていの調査は，事前に許可を得て「公然と」行なわれる。この場合の役割演技は，調査に対する過剰な意識をなくすことに貢献する。人びとが，日常的に「参加者」の存在に慣れてくるにしたがって，彼／彼女は調査の遂行（たとえば，ノートをとったり，直接に質問したりすること）をいっそうしやすくなる。

　同じように，「観察」もいろいろな事柄を含んでいる。観察は，普段の自然にかわされる会話からはじまっている。無知や誤解を装った問いかけがそれにつづくのだが，そうした社交辞令的な振る舞いを，私たちの同僚であるスコットランド出身の女性研究者は「はしゃぐ小娘を演ずる」と表現した。調査者は，ほどなく調査に関連するトピックを持ちだし，誘導的な質問をはじめ，まさしく例のインタビューと呼ばれるべき実践にとりかかり，そうやって研究対象の人びとと社会関係を取り結んでいく（→**ホーソン効果115頁**）。参与観察は，むしろ参与リスニングといった方がふさわしいかもしれない。なぜなら，たいていの「社会的振る舞い」は対人的コミュニケーションのなかで行なわれるからである（Grbich 1999 121-35 頁）。だが，そうかといって調査者はリスニングのみをしているわけでもない。背景的情報を得るためにはドキュメント（→**ドキュメント法59頁**）も読むし，キー・インフォーマントに対しては正式なインタビューも行なわれる（たとえば，最初のパラグラフで述べた生産ラインの主任のケース）。

　したがって，参与観察とは，参加なしの純粋な観察から完全な参加へと至る諸活動の連続体として描いておくのが現実的である（Gold 1958；Junker 1960）。純粋な観察の極にあっては，調査者はインフォーマントから切り離されて，孤立状態にある（→**観察173頁**）。完全なる参加の極では，調査者は自分の取得

した役割に同一化してしまい，社会学的な視座や分析テーマを見失い，調査目的を一時的に放棄している。こうした両極をもつ連続体のあいだには，「参加している観察者」と「観察している参加者」というポジションが存在している。前者は，役割演技よりも調査に重きをおき，後者は，調査することよりも役割演技を優先する（Collins 1984 も参照）。

参加に力点がおかれているときには，調査者はあまり分析的にはならないとされている（コミュニティ研究 44 頁における Payne 1996 も参照）。反対に，観察への傾きがより厳格になってくると，調査者にとって他の参加者の世界から学ぼうとして彼らに接近することはしづらくなる。近年になって，調査手法への関心がエスノグラフィや，共感や解釈を強調する方法へシフトしてきたことによって，「純粋な」観察は，参加の枠組みからはずされてきている（→**観察 173 頁**；**非干渉的方法と複眼的測定 254 頁**）。

かくして，参与観察は「たんなる常識」などではない。参与観察は，複雑性をそなえた特定の理論的パースペクティブを暗黙の前提としている。それは，自然に起こっている「出来事」と，それらの出来事を理解するためにインフォーマントが相互行為を行なうなかで用いている意味に，優先順位を与えている（→**フィールドワーク 99 頁**）。参与観察は，エスノグラフィ（**エスノグラフィ 72 頁**）と重なる部分が多いけれども，それに加えて，一方で，役割演技を続けながら，他方で，起こった出来事を記録する，困難な実践活動を同時に遂行するという課題を抱えている（Atkinson and hammersley 1994）。

社会学者は，重要な出来事を認識し，出来事を記述し，出来事の生じた文脈においてそれを分析し，出来事を他の出来事に関連づけ，出来事が調査に対してもっている意味を反省し，出来事を最終的に調査報告書のしかるべき場所に位置づけるといった複雑な営みを，即座に同時的に遂行することはできない。この一連のプロセスには，何ヶ月にもわたるデータの処理や再処理を行ないながら相当の思考を積み重ねていくことが必要である。調査者がいざ現場の役割を離れて，帳面を取り出してノートをとろうとしたり，あるいはテープレコーダーをインフォーマントに向けようとしているあいだも，出来事は一時たりとも中断せずに続いている。しかし，記憶は本来誤りやすいものである。だからこそ，なんらかの記録をつけておかねばならない。

記録は，4つの主要な段階を経て作成される。第一段階で，調査者は，出来事が起こったときに，適切な言葉や場所やイメージをそれに重ねることによって，その出来事に心のなかで目印をつけておくよう意識的に努力をしている。

これは，後に回想を再開するときに役にたつ。第二段階で調査者は，できるだけ早い機会に，暫定的な「フィールド・ノート」にこれらの手がかりを状況が許すかぎり詳細に敷衍しながら書き留めておく。そのさい調査者が留意すべきことは，ノートの記載が，後ほどもっと完全な記録を作成するときに記憶を十分に刺激しうるかどうかである。記憶に頼らず，少しでも多くを書き留めておくようにさえすれば，まず間違いは起こらない。そのためには，昼食，フィールドの移動時，つかの間の一人業務，役割演技に課された筆記，はたまたトイレ休憩といった，あらゆる機会が利用されなければならない。ディットンがこうした目的でトイレを長時間占有したことは有名だが，仲間の労働者たちのあいだでは，なんと彼の膀胱の状態！　が実際的な関心を呼んだのだった(Ditton 1973)。

　第三段階は，一日の終わりにやってくる。記憶がはっきりしているうちに，書き留めておいたメモを手がかりにして完全な調査ノートが書きあげられねばならない。ただし，よほど確証のないかぎり，実際に起こった通りを記したとは主張しない方がいい。とくに調査をはじめたばかりの頃は，あまり選択的にならないことが望ましい。なぜなら，何が重要であるかということは，調査の過程で突然わかったり，変化したりしていくものなので，あらかじめ確証をもてないからである。だからこそ，できるだけ詳しく書き留めるに越したことはない。

　フィールド・ノートには，参加している調査者自身のとった個人的な反応も記録しておかねばならない。感情，第一印象，漠然とした着想，有効な手がかり，さらに戦略面での失敗やその日に果たせなかった事柄についての告白に至るまで，すべてを漏れなく含めておくべきである。フィールドワークは，現実生活における社会状況に調査者自身がかかわる反省的な経験である。調査者は，調査対象の一部である。調査者個人の反応は，参加におけるきわめて重要な要素である。とはいえ，ノートは，意識の流れを記しただけでは不十分である。それらの情報は，蓄積しながら，体系的に組織化され，整理されなければならない。

　どの時期の相互行為の，どの部分が重要であるかを知るのはむつかしい。調査開始時における初期の混乱は，有益な経験を得ることによって，もっと落ち着いた状態に変わっていくものである。しかしながら，それもつかの間，ルーティン化したわかりやすい出来事ばかりが起こるなかで倦怠が生じる。調査者は，自分たちが事前に期待していたものに合致する部分だけを選択的にとらえ

ようとする自然の傾向を抑えるようにしなければならない。調査結果は，しばしば選択性というバイアスがかかっていると批判される。ときたま起こるドラマティックな出来事は読み物としては面白いけれども，さして価値のないありきたりな活動が支配的ななかで，その代表性はきわめて疑わしい。情報収集は，体系的であるとともに，できるだけ包括的でなければならない。

　これは，けっして容易なことではない。仕事をしながら同時に調査をするのは，「二重の勤務」についているようなものである。フィールドにおける生活は，予測がつきがたく，それが心配の種になっている。コントロールの欠如は，フラストレーションを生む。出来事は起こそうとして起こせるものではないし，人びとに調査者の関心のあることだけを話すよう仕向けるわけにもいかない。現場の役割を保持しつづけねばならないことは緊張を要するし，すべての調査者がそれに対応できるパーソナリティをもっているわけではない。参与観察のもつ見かけの魅力と，それを用いる社会学者の数の多さにもかかわらず，それは，だれにでも適しているわけではないし，また，だれもがうまくやり遂げられるものでもない。

【キーワード】
秘密裏に
フィールド・ノート
自然に起こっている出来事
公然と
反省
役割演技
選択性

【関連項目】
コミュニティ研究 44 頁
ドキュメント法 59 頁
倫理実践 66 頁
エスノグラフィ 72 頁
フィールドワーク 99 頁
ホーソン効果 115 頁
観察 173 頁
質的調査法 193 頁
反省 212 頁
非干渉的方法と複眼的測定 254 頁

【参照文献】
一般

Atkinson, P. and Hammersley, M.(1994) 'Ethnography and Participant Observation'. In Denzin, N. and Lincoln, Y. (eds.), *Handbook of Qualitative Research*. Thousand Oaks, CA : Sage.

Gold, R.(1958) 'Roles in Sociological Field Observations', *Social Forces*, 36 : 217-23.

Grbich, C.(1999) *Qualitative Research in Health*. London : Sage.（上田礼子・上田敏ほか訳, 2003,『保健医療職のための質的研究入門』医学書院）

Junker, B. （1960）*Field Work*. Chicago : University of Chicago Press.

研究例

Collins, H. （1984）'Researching Spoonbending'. In Bell, C. and Roberts, H. （eds.）*Social Researching*. London : Routledge & Kegan Paul.

Devine, F. and Heath, S.(1999) *Sociological Research Methods in Context*. Basingstoke : Macmillan.

Ditton, J. （1973）*Part-Time Crime : an Ethnography of Fiddling and Pilferage*. London : Macmillan.

Payne, G. （1996）'Imagining the Community'. In Lyon, S. and Busfield, J. （eds.）, *Methodological Imaginations*. Basingstoke : Macmillan.

実証主義と実在論
Positivism and Realism

　社会調査において，社会的世界に対する実証主義的アプローチは自然科学の物理的世界に対するアプローチとまったく同じというわけではないが，似ている。すなわち，主として演繹的な論理と経験的かつ広くは量的な方法とを組み合わせて，一般的に適用可能な規則性を探究する。それに対して，実在論は研究者にとって外在的な社会的世界の存在だけを想定し，社会的世界には感覚と調査研究によって接近できると考える。

　【アウトライン】「実証主義」の拒否。実証主義：知識；推論と価値。外的世界を知る実在論。解釈：社会的世界を知るプロセス。「自然科学的方法」。演繹的推論。反証可能性と仮説の確証。質的方法の隠れた実証主義。

　1980年代には，「実証主義を拒否する」ことが流行となった。実証主義批判を本格的に展開しないまま，一行か二行で実証主義を葬り去るような論文もあらわれた。しかしながら，実証主義は単純な概念でもないし，単一の概念でも

ない。われわれがここで取り上げることのできるのは実証主義の主な特徴のうちのほんのいくつかだけであり，実在論や構築主義など実証主義とは異なる世界の見方，研究の仕方について述べるにとどまる。実証主義には調査方法に慣れていない素人にとって，そして多くの専門家にとってもよく分からないところがあるために，逆にいつも取り上げられてきた。——事実，実証主義をあっさりと拒否している論文でさえ，実証主義の核心的要素を利用していることが多い。それらの論文が実際に拒否しているのは，荒削りで，量的かつ構造決定論的な方法としての実証主義を戯画化したものにしか過ぎなかったのである。

　実証主義（厳密には，「論理実証主義」）は世界についてのさまざまな問題，われわれがどのように世界を経験するか，世界を理解するために用いるさまざまな観念がどのように現実の性質を表現しているか，に対するアプローチの一つである（Williams 2000）。初期の実証主義では，世界を観察者に外在するものとみなしている。つまり，世界を観察可能な「現象」から成っているものとみなす。観察者は現象を記述する「諸理論」をつくる。とくに，さまざまな出来事がそのなかで生じる秩序を記述し，その秩序が将来の時点でどのような姿になっているかについて検証可能な予測（*testable prediction*）をつくる。理論は証拠に照らして検証することで改善される（演繹的推論）。

　「知識」はわれわれの感覚が教えてくれるものを解釈しようとする精神的努力である。われわれは自分たちの感覚をとおしてより多くの情報を体系的に集めることで解釈を洗練させる。このことが知識と，感情や信念とを分ける。信念は感覚が教えてくれるものには根拠をおいていない。われわれは神を信ずることがある。しかし普通の感覚をつうじて神を経験することはできない。文字通りの意味では，神を見たり，その声を聞いたり，触ったりはできない。それに対して世界についての知識命題は，われわれの感覚経験と一致していなくてはならない。

　この種の実証主義には3つの主要な側面があることが分かる。第一は，実証主義が現象学的だということ。なぜなら，実証主義は外的世界とそれを経験する観察者とを区別するからだ。第二は，それが経験的だということ。つまり実証主義は「知識」を構築するにあたって観察可能な証拠を用いる。第三に，それが客観的だということ。つまり，特定の実践的手続きのもとで獲得した「科学的」知識と，他方の信念・価値・感情と峻別しようとする。これらの3つの特徴にさらに付け加えることもできる。実証主義は次のようなことがらを大切にする。規則性（「真の」理論は予測を可能にする），測定（われわれが観察でき

記録できることのみ，つまりは測度が関心の対象である），抽象化（一般的に適用可能な「法則」を求める），観察対象に対する中立の心（手続き的規則が優先されるのであって，感情を排除しなければならない），それに政治的保守主義（現状の根底的批判についての信念，「ねばならない」や「すべきである」の余地がない）。

　この実証主義を他の2つのアプローチと比較してみることができる。「実在論」はもうひとつのアプローチだ。実在論も実証主義と同じように観察者と観察世界とを区別する。しかし実在論は観察可能な現象を現実世界の全体と見なすよりも，より観察しがたい力が現象の背後で働いていることを受け容れる。実証主義においては理論の目的は現象を記述／予測することにあるのに対して，科学的実在論においては，目的はわれわれが現象として観察している基底的な現実的秩序を表現することにある。

　このように，実在論もまた現象学的ではあるが，経験的なものに固定されることはあまりない。それは理論の「真実」を，基本的には正確な予測能力にあると定義しているわけではない。それはまた信念をそれほどは排除しない。批判的実在論は，科学的知識が真実に向かう唯一の道だという考え方に対して挑戦している（Bhaskar 1989）。そして自然科学といえども実証主義者によって（事実，社会学的論文のなかで実証主義に対するナイーブな批評家によって）示唆される単純な方法で仕事をしているわけでは実際はないことを立証するのに用いられてきた。

　他方，実証主義と実在論とはともに現象学的土台と体系的観察によって知識を生成するわれわれの能力とを共有している。現象学的思考と異なるもうひとつの流れは，「観察」と「理解」を規定する精神的過程に重きをおく考え方である。生成される知識（つまり，われわれの解釈）はそれほど明確なものではないし，社会状況から独立したものでもない。人間として，われわれの心は社会化をとおして発達し，思考のなかに文化的に植え付けられた先入観を獲得し，日々の社会的相互作用や「科学的言説」の構築方法（たとえば，なぜ論文には指定の様式で文献目録をつけないといけないか）を理解することを学習する。この伝統において重要なのは，われわれが研究対象である人びとに感情移入することである。つまり，「理解」や「知識」は予測や一般化よりも他者の意味を解釈することに関わる（**質的調査法193頁**：Byrne 2002）。社会的構築主義のようなもっと極端な議論では（Berger and Luckmann 1966），「現実」が構成され，社会的相互作用をとおして再交渉される仕方が強調される。これらの立

場はフッサールの著作に依拠しており，社会学ではシュッツの著作に依拠している（→エスノメソドロジー 78 頁）。

　実証主義者はそうした見解には満足しない。自然科学者は現実についての自分たちなりの表現こそが現実世界の直接的反映だと見なしたがる。したがって，実証主義者と実在論者は外的世界についての行為者の解釈よりも，外的世界の優越を主張する立場として描かれることが多い。さらに，実証主義者は自然科学の基本的方法を社会科学の研究に適用していると見られている。これは外的世界の優越の理由と，「信頼できる知識」は「科学的方法」の適用に依存しているという理由からである。自然科学的方法は典型的には量的であり，仮説の検証，観察事実を結びつける説明と原因，「法則」ないしはこれらの観察事実から得られる規則的パターンの確認からなる。

　社会科学において科学的方法を用いることには反対もある。その反対は社会生活の性質に根ざしている。物理学が研究対象とする無生物と違って，人間は実験室の統制状況の外で感覚的な存在を生きている。社会生活はさほど厳密には一貫していないし，化学的実験における要素よりははるかに多い要因に左右されている。したがって，社会学的予測をくだす（つまり，仮説としてアイディアを表現する）こと，「法則」を発見することは難しい。発見結果がどこまでわれわれの視界からは見えない隠れた要因のせいかを知ることは，さらに難しい。社会学的「発見」の多くは，事柄が相互に連関的 (*associated*)，すなわち，通常は一緒に起こるのであって，一対一の関係で因果的に結びついているわけではない（つまり，労働者階級の子弟で成績の悪い子は多いが，皆が皆が悪いわけではない：**連関と因果 5 頁**）ということを示しているに過ぎない。社会的規則性が仮にあったとしても，それらは微妙であり状況依存的だ。抽象的に予測できるようなものではない。社会学の主題はそれ自身仮説の検証に委ねなければならない。

　演繹的に「仮説を検証する」とわれわれが言うとき，仮説が正しいことを「証明する」ことを意味しているわけではない。これまでの仮説から観察できるのではないかと期待できることが実際に起こったとしよう。これは，一つの特殊例において結果が予測どおりだったことを示しているに過ぎない。別のときには，そうならないかもしれない。ポパーが主張したのは，仮説の検証ではなく不証明ないし「反証」(falsification) を求めよ，というものだった。一つでも否定的な発見があれば，仮説は主張できなくなる（もし，科学的方法にしたがっていて，仮説を反証可能なかたちで定式化していたとすれば）。この最後

の点が，前に述べた実証主義の「価値」という意味である。研究者は科学的実践の専門的基準によって操作する義務を負っている。とりわけ個人的な価値と研究活動とを区別してかかる義務を負っている（→フェミニスト調査93頁）。

　われわれが反証可能性によってこそ研究できると主張することは論理的には真である。しかし，これが現実に起こっているわけではない。ニュートン力学の支配は，それを反証しようとする意識的試みが何世紀に亘ってあったとか，いつかそれが覆される日を待ち望んでいたとかによって注目されたわけではない。科学者はいつでも科学的原理を将来の仕事の礎として歓迎してきた。社会科学も同様で，出発時にはすでに受け容れられている知識をもっている。統計学的分析では「帰無仮説」（われわれが本当に期待している仮説とは逆の表現をして，つぎにそれが反証されたとしても，われわれの真の仮説はなお採択される可能性があるというにとどまる：仮説120頁）をたてることがあるけれども，ふつうはヘンペルが確証（confirmation）と呼んでいるものに頼って仕事をしている。実際に証明できる反証作業がないということは，われわれの中核的仮説がひきつづき採択できることの証明にまではならないが，確証にはなる。

　このことはすべての社会学的研究にあてはまる。実証主義を認めない社会学的研究に対してもである。社会学的説明は暗黙裡に次のように述べている。

>「外的世界はこのようなものだ：もし聴衆のなかに身をおいているあなたが，私のしてきたとおりに研究するならば，同じ結論に達するでしょう。」このことが根底では予測的営みの意味であり，さまざまなレベルでは一般化の営みの意味でもある（Payne et al. 1981 56頁）

　規則性という考えをもたないで研究をすることは不可能だ。そして実証主義という赤子を質的方法という産湯でもって流してしまうという危険もある。解釈に対する正当な関心は，実証主義と実在論との要素のすべてを排除する必要はない。哲学的立場には相互に微妙な違いもあるが，研究者は現実には調査を行なう過程でそれらの間を行ったり来たりしているのである。

【キーワード】
確証
批判的実在論
演繹

【関連項目】
連関と因果 5頁
エスノメソドロジーと会話分析 78頁
フェミニスト調査 93頁

反証	グラウンデッド・セオリー 105 頁
仮説	仮説 120 頁仮説
帰納	質的調査法 193 頁
知識	
法則	
現象学	
実在論	

【参照文献】

一般

Berger, P. and Luckmann, T.(1966) *The Social Construction of Reality*. New York: Doubleday（山口節郎訳，2003，『現実の社会的構成――知識社会学論考』新曜社『日常世界の構成』新曜社 1977）

Bhaskar, R.（1989）*Reclaiming Reality: A Critical Introduction to Contemporary Philosophy*. London: Verso.

Byrne, D.（2002）*Interpreting Qualitative Data*. London: Sage.

Payne, G., Dingwall, R., Payne, J. and Carter, M.（1981）*Sociology and Social Research*. London: Routledge & Kegan Paul.

Williams, M.（2000）*Science and Social Science*. London: Sage.

質的調査法
Qualitative Methods

　質的調査法は，小集団についての詳細で，非数量的な説明を行なう。この方法は，社会的相互作用は帰納的方法でなければ十分に理解できないひとまとまりの関係性の束を形成するという前提に立ち，自然な状況において人びとが自分たちの生活に対して与えている様々な意味を解釈することを目的とする。

　【アウトライン】2つの伝統？　中核的論点：意味を解釈する；全体性；自然に起こっている出来事；低い抽象性；小規模のサンプル；詳細な説明；帰納的推論。量的調査法にたいする利点。テクニック；哲学と気質。研究者間の葛藤：米国と英国。方法論的多元主義。質的調査法と量的調査法の重なり。

通例，社会調査法は，次の2つのタイプに分けられる。（a）質的調査法ないしソフトな調査法，（b）量的調査法ないしハードな調査法。この分類は，ラフで「手短か」なやり方ではあるが，調査アプローチの違いを示すのを容易にし，自伝／伝記法とライフ・ヒストリー（**自伝／伝記法とライフ・ヒストリー17頁**），事例研究（**事例研究27頁**），質的データのコーディング（**質的データのコーディング32頁**）といった特定の技法をつなぐ緩やかな枠組みを用意する。したがってわれわれは，この区別を，調査の基本スタイルを探求する簡便なやり方として採用しよう。ただし，質的調査法と量的調査法とはしばしば重なることがある（たとえば家族の義務を考察するさいに，Finch 1989によるデータソースの用法を参照）。

質的調査法がどのような手法であるかを知るもっとも手っ取り早いやり方は，研究例を参照することである。たとえば本書では，コミュニティ研究，エスノグラフィ，フェミニスト調査，グラウンデッド・セオリー，参与観察の項目があげられる。しかし，これだけではない。ドキュメント法，フィールドワーク，測定水準，方法と方法論といったもっと一般的な項目においても他の参照例が存在している（ただし，これらすべてが，この項目の終わりにある「関連項目リスト」にあげられているわけではない）。

質的調査法は，「とくに普通の人びとが，自分たちの生活をどのように観察したり表現したりしているかという点に関心をおいている」（Silverman 1993 170頁）。この言葉は，多様な調査タイプを一括りにするための用語である。この用語で括られる調査タイプは，以下の特徴をもっている。

- 主要な関心は，規則性や「変数」間の統計的連関ではなく，人びとが自分たちの行為にあたえる意味の探求と，その解釈におかれている。
- 諸行為を，孤立的に抽出したり研究するのではなく，全体的な社会過程とコンテクストの一部をなすものとして考察する。
- 社会現象にたいして，それが自然に起こっている形で出会おうとする（出来事を起こすのではなく，出来事が起こっているのを観察する）。
- 説明における抽象性や一般化の水準が低い
- 国民的パターンといった広範囲にわたる大量の代表性のあるサンプルを分析するのではなく，人びとに関する代表性を問わない小規模のサンプルを用いる。
- 人間生活の細部に焦点を絞る。

- 理論的仮説からはじめて、それを検証しようとするのではなく、遭遇したデータを分析し、そこからアイデアを浮上させる（つまり、演繹的な論理ではなく、帰納的な論理を用いる）。

　質的社会学は、どのように諸個人が相互行為を行なっているかに焦点をすえる。そのさい、とくにそれぞれの個人（調査者を含む：反省212頁）が相互行為に与えている意味の解釈と、そうした互いの理解が共有されていく仕方に力点がおかれる。このアプローチにおいては、結果に影響をおよぼす先行する社会秩序も、行為者の生きられた経験の外部にある社会構造も想定されていない。どのように「社会」が作動するのかという一般「法則」の追求にさしたる重みをおかないのは、社会というものを同時に影響し合う多数の複雑な社会状況の総和としてのみとらえているからである（Bryman 1988）。

　社会生活が、かくも複雑で、かくも状況に依存しているときに、それを統計的に単純化する意味はどこにあるというのだろうか？　ソーシャル・サーベイの質問票が、社会的相互作用の本質を捕捉することなど望みようもない。質的調査法のもつ、詳細で、融通が利き、感性的で、自然な営みを尊重する性格のみが、十分な社会学的説明をもたらすことができる。「ソフトな調査法」という用語は、繊細さを意味しているのであって、けっして容易であることを意味しない。同様に、「ハードな調査法」という用語も、いっそう困難だという意味ではなく、むしろ融通が利かないことを示している。この前者の方法は、研究者によって採用される社会学的観点から生みだされてきたが、そうした社会学的観点は、そもそも世界がどのようにあり、また、人間が世界をどのように認識するのか、といった哲学的観点を具体化したものにほかならない（→**信頼性**217頁；**妥当性**260頁）。

　たいていの社会学者たちは、自分の用いている方法は、先立つ世界に関する知的理解から論理的に導かれたものであると主張する（たとえばSeale 1999）。「社会的なもの」とはなんであって、どのようにしてそれに到達することができるのか、といった哲学的な立脚点は厳密に発展させられてきた。調査実践は、それが前提とする概念枠組みに依拠してなされるが、この概念枠組みは注意深く精緻化されてきており、それゆえに論理的な正しさを主張しうる（むろん、これと同じことが量的社会学にもあてはまる）。象徴的相互作用論やエスノメソドロジーのように、現象学的哲学に多くを負っている場合には（→**実証主義と実在論**188頁）、質的調査法は、論理的にいって社会世界と関係をもつための

唯一の方法なのである。

　われわれは，ここで3つの要素を区別することができる。第1の要素とは，調査テクニックそのものである（**参与観察183頁；エスノグラフィ72頁**など）。第2の要素は，社会学者が研究をはじめるさいに，その前提となる知的理解に関するものである。参考となる諸事例は，実証主義（**実証主義と実在論188頁**）とエスノメソドロジー（**エスノメソドロジーと会話分析78頁**）の項目において論じられている。第3の要素は，質的調査法と量的調査法との対立が，自由意志と決定論をめぐる仮説を反映する点にかかわっている。すなわち，質的調査法は，諸個人のもつ選択の自由を強調する仮説と親和的であるのにたいして，量的調査法は，人間生活を外的要因によって拘束されたり決定されたりするものとして把握する仮説に適合的である。

　われわれは，哲学的志向性や用いられる方法に関する論理的一貫性を，過大に強調しがちである。雑誌論文の限定された長さでは，そうした議論をする余裕はなく，そのため問題の大半が曖昧なまま残されてしまう。米国社会学に関するプラットの研究は，たんなるプラグマティック（実用的）な選択にたいして，無数の事後的な合理化がなされてきたことを示している。つまり，「一般的に表明される理論的／方法論的スタンスは，たんなるスタンスなのであって，スローガンや希望の表明ではあっても，ガイドラインにはなりえない」のである（Platt 1996 275頁）。

　質的調査法についても，2つの傾向が見いだされる。近年よく使われる方法は（主要な英国のジャーナルに発表された論文の内容から判断して），少数のインフォーマントを対象にした焦点を固定化せずに行なう談話形式のインタビューである（たとえばSolomon et al. 2002；Thmson et al. 2002）。これは，ソフトな調査法のさらなるソフト・バージョンといってもよかろう。社会生活のもっている複雑性や感受性を尊重したり，インフォーマントの観点をあるがままに捉えようとする姿勢以外には，調査計画において実質的な哲学的正当化をめざそうとする姿勢はあまり見受けられない。

　もう一つの傾向性は従来からのものであり，いわばソフトな調査法のハード・バージョンといえ，他のアプローチを徹底的に否定する（たとえばReinharz 1992；Stanley 1993）。一貫した思考をするよう訓練された研究者は，概して自分たちが採用しない考え方に対して批判的である。たとえば，量的研究に従事する社会学者は，質的調査法に対して，「非科学的」ないし「無理論的」であるとか（→**実証主義と実在論188頁**），調査者個人の主観的バイアス

を受けやすいとか（→フィールドワーク 99 頁），査察や追試に耐えられないといった批判を投げかけてきた。しかしながら，こうした攻撃の大部分は，アカデミックな諸制度の歴史のたんなる反映でしかない。

　米国では，シカゴ大学において質的調査スタイルをとるエスノグラフィックな社会学が早々と成功をおさめた後，対抗的な量的調査スタイルを信奉する新しいライバル学部から挑戦を受けることになった。ハーバード大学やコロンビア大学において，パーソンズやラザースフェルドといった研究者たちは，社会学者としての個人的嗜好からだけではなく，社会学というディシプリンのリーダーたちに対する闘争という戦略的な見地から，彼らとは異なったスタンスをとり抽象理論やサーベイ調査を強調するようになった。

　批判勢力からは「抽象化された経験主義」や「精神のない数量化法」と呼ばれることになる新しいスタイルの登場は，マッカーシー時代の過激な反共政治によって後押しされた。マッカーシズムは，アメリカ的生活様式に関する新保守主義説明に対して疑問をさしはさませなかった。シカゴ大学においては社会における不遇な人たちに関心が注がれてきていたのに比べて，ハーバードやコロンビアの新学部では，統計的分析の「科学的な」基礎づけや，機能主義的な社会理論による社会的凝集といった考え方をアピールすることによって「反米主義」という非難を免れることができた。

　英国においては，質的社会学も量的社会学も，初期には米国のような支配的形態をとることはなかった（Payne et al. 1981）。もしも，対抗すべき古い伝統を見いだすならば，それは，抽象的な社会理論化を強調するタイプのものだった。後に発展をとげてから（第二次世界大戦後に，ようやく複数の社会学部が並立し），労働党との知的な協同関係も加わって，英国社会学は，社会問題を探求していくにあたってエスノグラフィックな方法とともに素朴なサーベイ調査を利用した（Platt 2003）。高等教育の急激な拡大のなか，新しい社会学部の創設は，方法論的な敵手同士が共存する余地を残した。

　その後，（とくにマルクス主義者的な）グランド・セオリー化と階級にもとづく社会的不平等に対する焦点化をともに退けるなかで，新しい社会学者世代は，米国から「数量化法」や「実証主義」（→**実証主義と実在論 188 頁**）といった（しばしば不正確に用いられてきた）侮蔑的な言葉を借り受けて「古い世代」に対して挑戦をいどみながら，自分たちのフェミニズム的でかつまたエスノメソドロジー的な反抗を正当化していった。主要な調査基金である社会科学研究会議（the Social Science Research Council）（と後の the Economic and Social

Research Council（ESRC））による計算力水準をあげるための試みは，アカデミズムの自由に対する国家の干渉への抵抗の拠点を提供した。

1970年代の半ばまでには，「方法論的多元主義」（→方法と方法論163頁）が提唱され，量的社会学者と質的社会学者との共存が図られた。方法論的多元主義とは，基本的には寛容の呼びかけだった。それは，個々の社会学者に対して，すべての方法を実践することを求めなかった。多元主義は，それぞれの個人のなかで成し遂げられるのではなく，各々の調査結果の総体において達成されるべきものだった。

それでも非常に広い関心をもつ研究者は，プラグマティックなアプローチを採用し，問題の性質（調査される対象）次第で，個々の研究に用いる技法を変えている。その場合には，小規模な過程は質的に研究するのがベストであり，国民的傾向の研究には量的方法が必要だとされている。そうして，一般的な量的調査に着手する前段階の予備調査には，「よりソフトな」方法が用いられるべきである。このプラグマティズムは，排他的に哲学的スタンスを選ぶのではなく，双方の伝統の長所のうえに足場を組もうとしている。

質的調査法が，これまで量的調査法とみなされてきた手法の在庫を活用しようとしているのも事実である。たとえば，グラウンデッド・セオリー（グラウンデッド・セオリー105頁）は，帰納法と演繹法の双方を用いている。会話分析は，語りにおける沈黙を，ミリ秒単位で計測している（→エスノメソドロジーと会話分析78頁）。フィールド・ノートの分析は，内容の数量化を含んでいる（→内容分析49頁）。「質的調査は，たしかにフィールド活動へのコミットメントを意味している。しかしそれは，計算活動の排除を意味しているわけではない」（Kirk and Miller 1986 10頁）。質的調査法にもとづいた調査報告が，往々にして，サンプルの割合について表明していたり，どちらの伝統が用いられているのか判然としないような一般化をめざす調子で書かれていることがある（たとえばJones 1999）。このように見てくると，2つの主要な「学派」を区別することは異なったテクニックを明確にするうえで有益ではあるけれども，実際には，そうした区別の枠組みにあてはまらないきわめて多様な調査実践が行なわれているのである。

【キーワード】
エスノグラフィ
グランド・セオリー

【関連項目】
自伝／伝記法とライフ・ヒストリー
　17頁

全体論的
帰納的
マッカーシズム
意味
方法論的多元主義

事例研究 27 頁
質的データのコーディング 32 頁
内容分析 49 頁
エスノグラフィ 72 頁
エスノメソドロジーと会話分析 78 頁
フィールドワーク 99 頁
グラウンデッド・セオリー 105 頁
方法と方法論 163 頁
参与観察 183 頁
実証主義と実在論 188 頁
反省 212 頁
信頼性 217 頁
妥当性 260 頁

【参照文献】
一般

Bryman, A. (1988) *Quantity and Quality in Social Research*. London : Routledge.
Kirk, J. and Miller, M. (1986) *Reliability and Validity in Qualitative Research*. Qualitative Research Methods Series. No. 1. London : Sage.
Payne, G., Dingwall, R., Payne, J. and Carter, M. (1981) *Sociology and Social Research*. London: Routledge & Kegan Paul.
Platt, J. (1996) *A History of Sociological Research Methods in America 1920-1960*. Cambridge : Cambridge University Press.
Platt, J. (2003) *The British Sociological Association: a Sociological History*. Durham : Sociologypress.
Seale, C. (1999) *The Quality of Qualitative Research*. London : Sage.
Silverman, D. (1993) *Interpreting Qualitative Data*. London : Sage.

研究例

Finch, J. (1989) *Family Obligation and Social Change*. Cambridge : Polity.
Jones, G. (1999) 'The Same People in the Same Places'. *Sociology*, 33 (1) : 1-22.
Reinharz, S. (1992) *Feminist Methods in Social Research*. New York : Oxford University Press.

Solomon, Y., Warin, J., Lewis, C. and Langford, W. (2002) 'Intimate Talk Between Parents and Their Teenage Children'. *Sociology*, 36 (4) : 965-83.
Stanley, L. (1993) 'Editorial Introduction' *Sociology*, 27 (1) :, pp.1-4 (Special Issue on Auto/biography in Sociology).
Thompson, R., Bell, R., Holland, J., Henderson, S. McGrellis, S. and Sharpe, S. (2002) 'Critical Moments : Choice, Chance and Opportunity in Young People's Narrative of Transition'. *Sociology*, 36 (2) : 335-54.

Quantitative Methods
量的調査法

　量的調査法は（通常演繹的論理をもちいて）人間生活の規則性を探求する。そこでは，社会的世界が変数とよばれる実証的構成要素で区別される。変数は頻度や割合といった数字で表現される。変数間の関連は，統計的技術によって分析され，調査者が導入した刺激と体系的測定をとおして接近される。

　【アウトライン】2つの伝統。中心的問題：規則性；変数；数値；統計的連関；測定刺激；統制された測定；外的世界。大規模標本と演繹的論法。「科学的知識」。技術，哲学，気質。流行の方法。方法論的多元主義。量的調査法と質的調査法の重複。

　社会調査の方法を，「量的」と「質的」の2つの種類にわけるのはよくあることである。この区別は，概略を掴む方法として，調査への接近方法の違いを特定することを容易にする。この区別は，特定の例をつなぐゆるい枠組を提供する（以下参照）。したがって，調査の基本的なスタイルを探求する簡単な方法としてこの区別を採用する。もちろん，量的調査法と質的調査法はしばしば重複するが（たとえば，Finch 1989の家族的義務の議論を参照）。
　量的調査法の趣旨をくみとるもっともはやい方法は，実例をみることである。たとえばこの本の中では，クロス表，仮説，公式統計，質問票，標本抽出と調査法といった項がある。これは網羅的なリストではない。ほかにもより一般的な項も参照できる。たとえば，フィールドワーク，測定水準，方法と方法論などである（もっとも，これらのすべてがこの項末の「関連項目リスト」にのっているわけではない）。

「量的調査法」は，異なるタイプの調査を網羅する包括的な言葉である（Bryman 1988）。そのもっとも簡単な形態では，この方法はものごとの頻度を数えるということで成りたつ（たとえば，学校中退者の教育的技能水準；医師の診療時間に訪れた人の数；離婚率；「貧困線」以下で生活している人口の割合（たとえば，Dorling 1995; Kumar 1999 226-40 頁; Iganski and Payne 1999））そして，表やグラフにまとめた形でこれらの頻度を提示する（Frankfort-Nachmias and Leon-Guerrero 2000 72-108 頁）。ここから，2つもしくはそれ以上の要素がつながっているかどうかを調べることによって，手法が拡張されうる。つまり，関連（Rose and Sullivan 1993 3-31 頁）であるとか，社会的パターンの多変量解析法と数学的モデル（Sapsford 1999 169-98 頁; Schutt 1999）などである。

　ほとんどすべての量的調査が，以下のような特徴をもっている。

- 中心的な関心は，人びとがその行為にもたせている意味の探求や解釈ではなく，社会的行動における規則性の説明と記述にある。
- 行動のパターンは，変数で区別されうる。そして，数によって表現されうる。（行為を全体的社会過程や文脈の一部として扱うのではない）
- 説明は変数間の（通常統計的）関連によって表現される。既知の規則性から導き出せる予想というかたちが理想的である。
- 単に自然発生的な社会現象を調べるだけではなく，調査の質問のような刺激を導入することによって，体系的で繰り返され統制された測定によるデータを収集もする。
- 社会過程は個人的行為者の理解をこえているという仮定に基づいている。社会過程は個人の行為を制約しており，事前の理論的かつ経験的知識によって，調査者が理解できるようになると考える。

　量的調査では，理論的仮説が分析され（たとえば，帰納的ではなく演繹的論法を使って），社会行動の規則性や「法則」が探し求められる。しかし，批判者が予想しているほど，この方法は一般的ではない。計量社会学はきわめて流動的な状況ではなく，もっともパターン化され量化されやすい社会行動の側面に注目する。社会的相互行為の詳細と個人がその相互行為にもちこむ意味は，説明においてはあまり重要視されない。このアプローチは，結果を形作るものとして，行為者の外部にあって先行する社会秩序もしくは社会構造により大き

な力点をおく。

　したがって，ほとんどの量的調査は質的調査にくらべて詳細さを欠く。しかしそのかわり，より広い視点でより一般的な水準の説明を行なう。量的調査は，代表的標本を人びとの間の多様性を制御するために利用する（→**標本抽出：タイプ 231 頁**）。これは実用本位の決断に基づくこともある。政府の政策の糧となるように，どのくらいの人びとがある状況（年代，職業，教育的能力）を経験しているのかについて基本的な頻度を求めたい場合，高度に複雑で詳細な研究よりも正確な計数が求められる。国家全体の割合，たとえば健康や社会の不平等とか，そうした状態がたとえばこの先 40 年の間に他の社会過程にどのように関連するのか，といったことを見極めるには，質的調査法による対面の個人的方法を使ってまちぼうけを食わされるよりは，量的調査法をつかうほうが簡単である（**縦断的研究 157 頁**：Marmot and Wikinson 1999; Payne and Roberts 2002）。社会学者は，数値を批判的に理解するのではなく，大衆の生活をとりまわしている商行為や政治など他の数に関する領域と連動するようにつとめてみる必要がある（Dorling and Simpson 1999; Payne 2003）。

　しかしながら，量的調査法はたんに実用主義にだけ基づくというわけではない。量的調査法が「社会的事実」だけを考慮にいれるという理解を過度に強調することはあやまりだろう。その伝統のほとんどは探索的なものであり，態度尺度（**態度尺度 10 頁**）の利用をつうじて「意味」にも関心を示している。より実証主義的な形式では（→**実証主義と実在論 188 頁**），調査者は事前の理論的直感を調べようとするのがふつうである（すなわち，帰納的ではなく演繹的論理で）。さらに調査者は，一般的に適用可能な社会行動の「法則」として表現しうるような結果をうみだそうとするのである。

　この，科学的知識と専門知識に対する主張は量的社会調査の鍵となる特徴のひとつである。この技術は，結果に特有の「真実」を与えることによって，調査者を個人的偏りや価値観から解放するとみなされている。技術的過程（標本計画，質問票，コードブック）のおおくが目に見えること，そして他の調査者による追試の可能性があること，これらが，量的調査法が社会科学の基礎を提供しているという主張を実証するのに使われてきた。計量社会学者の客観的知識は，普通の日常的個人的経験や信念とは異なるのである。量的調査による発見は，信頼できるものであるしまた妥当なものでもある（→**信頼性 217 頁；妥当性 260 頁**）。量的調査の知見は，質的社会調査によって典型的になされる小規模相互行為の解釈的観察とは異なった性質をもつのである。

たいていの社会学者は，彼らが使っている方法は世界に関する事前の知的理解に論理的にしたがうと主張するだろう。なにを「社会」とみなすか，そしてそれにどのように接近可能かということに関する，こうした哲学的立場が厳密に啓発されてきた。

　調査の実践は，注意深く推敲され，論理的に弁護されうる，既存の概念的枠組に依存する（Bryman 2001 214-26頁）（これはもちろん質的社会学にも適用される）。論理的実証主義の哲学に強く頼る場合には，必然的に量的調査法は社会的世界にとりくむ唯一の方法である（→**実証主義と実在論188頁**）。しかしながら，このような一貫性の主張はたいてい暗黙のものである。哲学的立場とそれに付随する方法の傾向と，一貫して実際に起こっている傾向との間には大きな違いがある。

　ここで3つの要素を特定できる。1つは，調査技術それ自体である（→**ソーシャル・サーベイ242頁，質問票206頁**）。2つ目は，社会学者が出発点とする潜在的な知的理解である。実証主義（**実証主義188頁**）と実験（**実験88頁**）の項に例がある。そして3つ目は，量的調査法と質的調査法の議論は自由意志と決定論に関する基本的仮定を反映するということである。人間の生活が外的要因によって抑制され決定されるとみなす人びとに量的調査法は適している。一方で，質的調査法は個人の選択の自由に力点をおく人びとに向いている。

　したがって，多くの社会学的な説明が別のアプローチを激しく排除するのは驚くに値しないことである。一貫的に考えるように訓練された学者は当然彼らが拒否した考えに批判的である。たとえば，質的社会学者は量的調査法を，表面的なもので，社会的存在の複雑さを認識することに失敗している（→**エスノグラフィ72頁**），中立的価値を誤って主張し，調査対象者をたんなるモノとして扱っている（→**フェミニスト調査93頁**），と批判してきた。しかしながら，このような攻撃はアカデミックな制度の歴史を反映してもいる。その点は，質的調査法（**質的調査法193頁**）で説明されている。

　現在の社会学雑誌を一瞥すると，アメリカ社会学のかなりの部分が量的で，もう何十年もそうであることがわかる。英国では，計量化はそれほど確立されなかった。そして現在では少数者の部類に入る（Payne et al. in press）。このことは，調査方法に関する多大な紛争を防ぎはしなかった。そして寛容さの呼びかけである「方法論的多元主義」を求める論評者さえでてきた。それは，すべての社会学者がすべての方法を実践しなければならないと要求するものではなかった。各個人というよりも，社会学の結果全体で多元主義が達成されると

考えられた。

　しかしながら，広い関心をもった研究者の中には，問題（分析されるべきものごと）の性質によって研究に適用される技術を替えることを許すものもいた。それは，小規模過程は質的に研究されるのが一番で，たとえば国家的傾向は量的調査法が必要となるということを認めることになる。こうした現実主義は，排除的な哲学的立場をとるよりもむしろ両方の伝統の長所を建て増すことを試みている。予備的な探索には「よりソフトな」方法を使うのがよいだろうし，基本的な仮説が定式化され測定されるべきカテゴリが特定されれば，次の段階としてはより型どおりの計量分析を行なえばよい。しかし一方で，多くの質的調査者はこうした考えは，彼らが好む調査スタイルを誹謗するものであると考える。

　量的技術が通常質的調査法（**質的調査法 193 頁**）とみなされるものを商売道具として利用していることも，そしてその逆も事実である。調査票設計はいいまわしの解釈にすこぶる敏感でなければならない（→**質問票 206 頁**）。フィールド・ワーク（**フィールドワーク 99 頁**）を実践するには対人関係の技術が要求される。量的アプローチが調査票のみに限定される理由はない。量的アプローチは，観察（**観察 173 頁**）やキー・インフォーマント（**キー・インフォーマント 146 頁**）方法でも使われうる。統計的スタイルの書物が質的調査法からいくぶん距離をおいているように見えるのに対して，より簡単な方法を使った小規模な研究は計量と解釈の間を行き来していて，どちらの伝統が使われているのか完全には明確でない（Werbner 2001）。こうした理由から，2つの主要な「学派」を区別することは異なる技術を明確にすることに役立つが，実際問題としてその違いを理解するのは困難である。

【キーワード】
関連
偏り
演繹的
測定
客観的

【関連項目】
態度尺度 10 頁
エスノグラフィ 72 頁
実験 88 頁
フィールドワーク 99 頁
フェミニスト調査 93 頁
キー・インフォーマント 146 頁
縦断的研究と横断的研究 157 頁
観察 173 頁

実証主義と実在論 188 頁
質的調査法 193 頁
質問票 206 頁
信頼性 217 頁
標本抽出：タイプ 231 頁
ソーシャル・サーベイ 242 頁
妥当性 260 頁

【参照文献】
一般

Bryman, A.（1988）*Quantity and Quality in Social Research*. London : Sage
Bryman, A.（2001）*Social Research Methods*. Oxford : Oxford University Press.
Kumar, R.（1999）*Research Methodology*. London : Sage.
Frankfort-Nachmias, C. and Leon-Guerrero, A.（2000）*Social Statistics for a Diverse Society*（2nd edn.）. Thousand Oaks, CA : Sage.
Payne, G., Williams, M. and Chamberlain, S.（in press）. 'Methodological Pluralism in British Sociology'. *Sociology,* 38（1）.
Rose, D. and Sullivan, O.（1993）*Survey Research*. London: Sage.
Schutt, R.（1999）*Investigating the Social World*（2nd edn）. Thousand Oaks, CA: Pine Forge Press.

研究例

Dorling, D.（1995）*A New Social Atlas of Britain*. Chichester: John Wiley & Sons.
Dorling, D. and Simpson, S.（eds.）（1999）*Statistics in Society : the Arithmetic of Politics*. London : Arnold.（岩井浩ほか監訳，2003，『現代イギリスの政治算術——統計は社会を変えるか』北海道大学図書刊行会）
Finch, J.（1989）*Family Obligations and Social Change*. Cambridge : Polity.
Iganski, P. and Payne, G.（1999）'Socio-economic Re-structuring and Employment'. *British Journal of Sociology* 50（2）: 195-215.
Marmot, M. and Wilkinson, R.（1999）*Social Determinants of Health*. Oxford: Oxford University Press.
Payne, G.（2003）*Immobility, Inequality and 'Illiiteracy'*. Paper presented to the Annual Conference of British Sociological Asssociation, York.

Payne, G. and Roberts, J. (2002) 'Opening and Closing the Gates : Recent Developments in British Male Social Mobility'. *Sociological Research OnLine*, 6/6/4/payne.html..

Webner, P. (2001) 'Metaphors of Spatiality and Networks in the Plural City'. *Sociology*, 35 (3) : 671-93.

Questionnaires 質問票

　質問票は，調査対象者にたずねるための質問文を印刷し一組にまとめたものである。対面的なインタビュー，自記式調査のいずれにおいても用いられる。質問票は，予備調査を行ない構造化した上で誰でも理解できるようにした，(主として量的方法の伝統における) データ収集のための体系的な手段である。

　【アウトライン】質問文の書式：単純，明快，分かりやすいワーディング。落とし穴：あまりに一般的；ダブル・バーレル質問；脅迫的；あまりに複雑。自由回答と選択回答。選択肢をカードで提示する。質問文の並べ方。枝分かれ。自記式。

　サーベイ調査——おそらく量的調査法 (**量的調査法 200 頁**) の典型例——では，面接調査の際に，標本として選ばれたすべての対象者に対して調査員が同一の質問を同じ順番で系統だててたずねる。これは深さのあるインタビュー (**インタビュー 139 頁**)（**自伝／伝記法とライフ・ヒストリー 17 頁**，**非干渉的方法 254 頁**も参照) とは対照的である。調査に含まれるべきトピックのリストは，分かりやすく回答しやすい質問文に変換され，標準的な形式（「質問票」）に書き下ろされる。質問票のデザインは，一見やさしそうに見えるが専門的な技能が必要なので，一人でやろうと思わないほうがよい。質問を文章化する際の有益な出発点として，クエスチョン・バンク (the Question Bank http://qb.soc.surrey.ac.uk) がある。質問票をデザインするときにはつねに従わなければならない一定の基本的なルールがある。これらのルールは，避けるべき落とし穴，質問の種類，質問の順番に分けることができる。

　質問文はすべての調査対象者が容易に理解できるものでなければならない (Payne 1951) ということはすでに定着している。比較可能な回答を得るため

に，各質問文はすべての調査対象者にとって同じことを意味していなければならない。したがって，専門的な用語を避け言葉遣いを単純なものにし，あいまいさがないようにする必要がある。たとえば食事のパターンに関する調査では，「適切な栄養摂取量」や「バランスの取れた食事」についての質問は含めるべきではない。なぜなら，ここで使われている用語が理解できない人や「適切な」とか「栄養」，「バランスの取れた」といった用語を自分の基準で解釈してしまう人がいるからである。こうした質問の代わりに，ある特定の一日もしくは直前の食事で何を食べたかをたずねるとよい。また，「消費した」と言うより「食べた」と言う方がよい。つまり，つねにできる限り単純な言い方をするということである。調査する側は何を意味しているか分かっているとしても，他の人もそうだとは限らない。

　この点は，一般的すぎる質問にも当てはまる。たとえば，「この地域についてどのように考えますか」という質問には，「特にない」と回答されたりその地域の歴史や環境，社会生活についての詳細な説明をされたりといった，比較することのできない多様な回答が返ってくることになるだろう（→コミュニティ・プロフィール39頁）。このような質問の代わりに，調査対象者が賛成もしくは反対と言えるような意見リストを使ったり，その地域の特定の事柄について別々に質問することもできるだろう。一般的質問はしかし，何らかのデータを得るというよりは調査対象者に気楽に取り組んでもらうための導入的な質問としては役立つ。

　一定の回答を期待しているように見える質問（誘導質問）は使うべきではない。対象者は正しい回答があると考え，自分の意見を述べずに質問文に表現されている考え方に同意してしまう可能性がある。「この地域では少年犯罪が問題になっていますよね？」というたずね方は，「この地域では少年犯罪が問題になっていますか？」というように言い換えたほうがよいだろうし，「次にあげるものの中で，あなたがこの地域の主要な問題だと考えるものはどれですか？」とたずね，想定される問題を一覧にして示せばさらによい。中心的な質問である一般的な問題に回答する前に調査対象者に焦点をあわせてもらうよう，限定するための語句（「この地域では」）を質問文の冒頭におくことに注意すること。

　4つめのよく見られる誤りは，2つもしくはそれ以上の質問をまとめてひとつの質問にしてしまうことである。たとえば「あなたは，子供たちや高齢者のためにレクリエーション施設やデイケアセンターがもっと必要だと思います

か？」といった質問である。これでは，回答が「リクリエーション施設」に対するものなのか「デイケアセンター」なのか，「子供たちのため」なのか「高齢者のため」なのかを知ることができない。この質問は4つの別々の質問にしなければならない。

　何らかの脅迫的なもしくは不安を呼び起こす可能性のあることがらは，間接的な質問を代用することで避けることができる。児童虐待の研究では，対象者がもっとも深刻だと考えているものを突き止めるために，直接の体験をたずねるかわりに身体的，精神的虐待を幅を持たせてリスト化した質問を利用している。人びとはさまざまなトピックで脅威や不安を感じることがあり，もし質問によって相手を怖がらせる可能性があるのであればサーベイとは別の方法を考えねばならない。

　複雑な知識や暗算を含む質問あるいは詳細な記憶を呼び起こす必要のある質問は特に不安の源泉となる。これらの質問はまた，事実に照らして不正確な回答の比率を高めてしまう。世帯の平均年齢をたずねることは，家族全員の年齢を知っていることだけでなく，その人の頭の中で平均を計算することができるということをも要求している。この場合，一人ひとりの年齢をたずね，データ分析の段階で平均を計算すればよい。

　質問票には2つの主要な質問形式がある。「自由回答」と「選択回答」である。自由回答の質問では，回答をすべて対象者に任せることになる。この形式の質問を採用するのは，ありうる回答についての事前知識が研究者にほとんどないか，あるいは，より詳しく書いてもらうことによって調査に深みを加えられると研究者が考えているからである。たとえば，「この地域の主だった健康問題は何だと思いますか？」といった質問である。質問票をレイアウトする際に，回答を一語一句記録するための十分なスペースを確保しておかなければならない。

　たいていの質問では，いくつかの決められた回答を用意しその中から対象者に選んでもらうという選択回答形式が用いられている。その際には，ありうる回答をすべてカバーするために「その他」や「分からない」といったカテゴリーも含めておく。選択回答質問の主な利点は，コーディングの段階で回答の分類が容易であること，質問票上で事前にコードを割り振っておくこともできるという点にある。もっともよく見られるタイプは，いくつかの選択肢を提示した「チェックリスト」質問である。たとえば，「あなたが通勤する際に，主に利用する手段は何ですか？　徒歩，自転車，バス，電車，車，これらの併用，

その他」といったものである。ここでは，ただひとつの回答だけが選択される。これとは別に，決められた数だけ回答を選んだり，当てはまるものをすべて選ぶ質問もある。「次にあげる食品の中であなたが今日食べたものはありますか？　パン，ご飯，パスタ，ポテト，ペストリー，卵，肉，平豆，フルーツ，野菜」といった質問である。たいていの「態度尺度」に関する質問では，意見を述べた文章に対して賛成から反対までの5段階の回答を用意している（**態度尺度10頁**：Oppenheim 1992）。

選択回答質問の選択肢を「提示用カード」に印刷しておく場合もある。各々の回答には文字もしくは数字がつけられている。対象者は手渡されたカードから，ある特定の質問に対する回答を選び，当てはまる文字もしくは数字で回答するよう求められる。選択肢が同一の質問がいくつかある場合やリストが長い場合，あるいはセンシティブな質問をたずねる場合には，提示用カードを使うことで調査者は質問文を読むだけでリストまで読まなくてすむので，時間の節約となり，また無駄な繰り返しも不要になる。

質問の順番は回答に重大な影響を与える。一般に，通常の会話のルールに従うようにそれぞれの質問を並べなければならない。しかし，前の質問に対する回答をチェックするために，他のトピックのなかに別の質問を「隠す」ことが可能な場合がある。質問票のレイアウトは込み入ったものであってはならない。調査員が使いやすくなくてはならないし，また「指示」（たとえば枝分かれ，つまりある条件に合致した人にだけ解答を求める場合）は，読み上げられる質問の文言とは峻別されていなければならない。

前の質問に対してある特定の回答をしたときにだけ，別の質問に対する回答を求めることがよくある。こうした質問は，条件質問もしくは枝分かれ質問（filter question）と呼ばれている。この質問が機能するためには，質問が選択回答形式でなければならないのは明らかである。たとえば，対象者に子どもがいる場合にのみ子どもに関する質問をしたいといった場合である。枝分かれ質問で対象者に子どもがいるかどうかたずねる。もし子どもがいなければ調査員に対する指示にしたがって子どもに関する質問は省略される。「もし子どもがいなければ質問Xに行きなさい」——それゆえ「スキップ」質問とか「飛ばし」質問といった用語が用いられる。面接者に対するその他の主だった指示に，確認（PROBE）や促し（PROMPT）がある（→**インタビュー139頁**）。

これらのガイドラインの大部分は自記式の質問票（**インターネット世論調査134頁**も含む）にも当てはまる。しかし，自記式の調査票では対象者が自分で

回答の順番を選ぶことができるため，質問の順番を保証することはできない。質問文のワーディングはきわめて重要であり，枝分かれの指示は完全に明確でなければならない。対象者が集中して取り組んでくれる時間は短いので，質問票は簡潔でなければならない。どちらのタイプの質問票であれ，それは「事実」情報を収集するのにより適しており，相互作用プロセスや含意されている意味といった繊細かつ複雑な社会データの収集には向かない。質問票を用いた調査が成功するか否かは，注意深いデザインと「フィールドに出る」前の十分な予備調査に大きく依存している（→ソーシャル・サーベイ 242 頁）。同様に，オリジナルな概念や洞察に魅力がなければ，その結果も満足のいくものにはならない。「つまらない質問をすればつまらない回答を得るだけだ」（Sapsford 1999 257 頁）ということである。

質問票をデザインするのは簡単なことのように見えるがそうではない。役に立つ経験則は，いつもペアで作業することであり，友人や家族を実験台として使うことである（彼らはもっとも厳しい批判者になるだろう！）。専門のサーベイ研究者でさえ重大な欠陥のある質問を作ってしまうことがある。この文章が書かれた当日に，インターネット調査機関である YouGov は次のような賛否を問う質問を行なっていた。

> バーミンガムのなかのボローニャ，マンチェスターのなかのマドリッド，ヨーロッパ大陸の都市はわたしたちのまちが学ぶことのできるよい例である。

われわれは次のような異議を唱えることができるだろう。

① 「のなかの」は何を意味しているのか。
② われわれのすべてがボローニャ／バーミンガム／マドリッド／マンチェスターについて知っているだろうか。あるいはこれらのまちを同じように好き／嫌いなのだろうか。このことがわれわれの回答にどのような影響を与えるだろうか。
③ これは二重の質問である：ボローニャは「イエス」でマドリッドが「ノー」だったならどうなるのだろうか。
④ 「よい例」とはどのようなことか。何についての？　闘牛？　焼肉？　交通？　これはあまりに一般的過ぎる質問である。

⑤ 「まち」：これはバーミンガムとマンチェスターだけを意味しているのだろうか。それともイギリスの他の都市やより小規模の都市居住区であろうか。すべての「まち」が同じ教訓を学ぶことができるのだろうか。
⑥ 「わたしたち」とは誰のことか。スコットランド人はバーミンガムやマンチェスターを「わたしたちのまち」とは呼ばないだろう。

悲しいかな，誰でも名前を聞いたことのある都市だからといって非難をまぬがれるわけではない。

こうしたことは表面化しないことが多い。というのも，出版物には説明の根拠となった質問票を含めないという出版上の慣習があるからである。質的研究ではなおのこと，質問はよりいっそう目に見えにくくなっており，それゆえ問題がある。質問票のデザインは単なる技術的な問題ではない。サベイジら（Savage et al. 2001）は，質問の種類や質問を提示する順番がエセックス階級調査（Marshall et al. 1989——質問票も含まれている）で得られた結論にいかに影響を及ぼしたかを示している。量的研究において，英国社会的態度年次調査（たとえば Park et al. 2002）は質問票が含まれているという点でよい例外となっている。また，多くの質問票を英国データ・アーカイブ（www.data-archive.ac.uk）からオンラインで調べることができる。読者が関心を持つトピックについてひとつ例を選び質問文のワーディングや質問の順番を見直してみることは，読者の理解をたしかめる上で有益であろう。

【キーワード】
選択回答
チェックリスト
比較可能性
条件質問
枝分かれ質問
誘導質問
自由回答
自記式の質問票
質問をスキップするための指示

【関連項目】
態度尺度 10 頁
自伝／伝記法とライフ・ヒストリー 17 頁
コミュニティ・プロフィール 39 頁
インターネット世論調査 134 頁
インタビュー 139 頁
量的調査法 200 頁
ソーシャル・サーベイ 242 頁
非干渉的方法と複眼的測定 254 頁

【参照文献】

一般

Oppenheim, A. (1992) *Questionnaire Design, Interviewing and Attitude Measurement*. London: Frances Printer.

Payne, S. (1951) *The Art of Asking Questions*. Princeton, NJ: Princeton University Press.

Sapsford, R. (1999) *Survey Research*. London: Sage.

研究例

Marshall, G., Rose, D., Newby, H. and Vogler, C. (1989) *Social Class in Modern Britain*. London: Unwin Hyman.

Park, A., Curtice, J., Thomson, K., Jarvis, L. and Bromley, C. (eds.) (2002) *British Social Attitudes: the 19th Report*. London: Sage.

Question Bank (2003) http://qb.soc.surrey.ac.uk.

Savage, M., Bagnall, G. and Longhurst, B. (2001) 'Ordinary, Ambivalent and Defensive: Class Identities in the Northwest of England'. *Sociology*, 35 (4): 875-92.

UKDA (2003) www.data-archive.ac.uk.

YouGov (2003) *Special Feature Poll*, 1 August, www.YouGov.co.uk.

反省 Reflexivity

反省は研究者の実践である。それは自分が信じていること，価値観と態度，研究している環境への個人の影響，の自覚である。また，自分自身と研究の受け手にとって，研究の知見を評価し理解しやすくするために，研究方法やその適用方法について自己批判することである。

【アウトライン】過小評価された概念としての反省。高い専門的研究水準のための反省。監査証跡。質的方法：個人的反応，感情，疑い。知的リソース対 防御的検討。主張の位置づけ。環境との相互作用。自身のソーシャルスキルの批判的自覚。「告白的報告」の限界。「権威」を持って書くこと。

「反省については興味がつきないし，多くの批評ができる」(Denzin and

Lincoln 1998 394 頁），にもかかわらず方法論のテキストでほとんどこれに触れていない。研究者が明確に自覚的で自己批判的な方法で研究をして論文を書くことは，特にそれによって知見の「妥当性」に関する議論が活発になる質的研究において重要である（→質的調査法 193 頁；妥当性 260 頁）。（ただしこれはエスノメソドロジーにおける「リフレクシビティ」とは違う。エスノメソドロジーにおけるリフレクシビティは，パターンが成員によって認識されたときに，どのように，新しい状況を解釈するためにそのパターンが用いられるかを指している。リフレクシビティは新しい経験に定義を与え，もとのパターンを支持するような形で「証拠」が発見される。）

　研究者による自身の仕事への大量かつ多量のコメントは質的研究において見うけられる（たとえば Ladino 2002）。しかし最も基礎的なレベルにおいて，反省はすべての種類の社会調査に適用可能な，調査の高い専門的水準の維持に関わっている。明らかに良い研究は課題にとって適切で体系的な正しい方法に依拠している。研究者はこのことを確実にする唯一の人間である。それは各ステップを常に吟味して，仕事の水準を設定し，インフォーマントが研究されていること（→非干渉的方法 254 頁）にどう反応しているかを考え，常に何が達成されたかを評価する事を意味する。非常に有能な研究者や，あるいは量的手法を用いる研究者でさえ，自分がしようとしていることと，仕事の進行の両方をよく考え，創造的プロセスとして研究が適切に実行できるように，自身の実践について自問を繰り返す。

　このようにハバーマンとマイルスが質的研究に求める「規則的，継続的，自覚的記録」は他の研究方法に適用できるだろう。プロジェクトのどの部分も含まれうるだろうが，彼らはサンプリングや操作化やデータ収集や分析戦略（どんなソフトを使うのかを含む）や鍵となる証拠の記録に関する決定に注意をうながす。それらの知見は後に技術的な異議申し立てがされるであろう（つまり妥当性の疑問がたちあがる。Hammersly 1992）し，追試の基礎となる。リンカーンとグーバ（1985）やシュワンとハルパーン（1988）はこのような記録を「監査証跡」と呼んでいる。しかしながら実行するのに時間がかかるために方法論的検討はこのフォーマルなやり方では広く実践されてはいない。

　一方，フィールドワーカーたちにとっては観察を記録するだけでなく，それに対する彼ら自身の反応や最初の解釈を記録することが習慣になってきている（→フィールドワーク 99 頁；質的データのコーディング 32 頁）。これは経験を生きたままに保つことに役立ち，それにより後の分析で最初の衝撃や強烈さを

失うことがない。研究者は最初の出会いや出来事の感情的なエネルギーを持ち続ける。サンダースは彼の「研究日誌」の中で，こう述べている。「何という日だ！　これは私を限界へと追いこむ，ひどい事例の始まりだ」「［私が今やっていること］は他のどの研究ともまったく違う，ということは私に本当に衝撃を与えた」(Sanders 1998 195, 190 頁。強調は引用者）後に，中立的で「科学的」で専門的に公平な，血の通っていない用語で書かれた報告は，それらが依拠する出来事のいたるところを失っており，記録を曲げて伝える。

　経験と反省を潜在的な資源として利用するために研究者はおおざっぱな観察ノートを各フィールドワーク「勤務」の終わりに，反省を明確に同定可能な形で加え，適切な記録へと変換しなければならない。これをノート作りの機械的な作業にしてはならない。というのもその主な目的は研究に関する新しい考えを刺激することにあるからだ。マイルスとハバーマンは，インフォーマントに対する感情，発言が意味することについての再考，データの質への疑い，新しい仮説とアイデア，前の事例への参照と分類を含めることを示唆している (1994 66 頁)。

　これは反省が防御的な検討というよりも知的な資源であることを強調する。十分に自覚的な研究者は単に説得的な研究を生み出すだけではなく，彼らがまさに出発した基礎についての疑問をいだくだろう。エスノグラフィ手法への鋭敏さを磨くことは，人類学者の第一世代に対して，旅行者の土産話や植民地の報告書から専門的研究を生み出す基礎を提供した。そして第二世代は反省的に仕事を続け，先人たちおよび自分たち自身の実践を疑うようになった。フェミニスト調査（フェミニスト調査93頁）では，反省は意識高揚の一部と見なされていた。女性の明確になった主観性は，本来的に家父長的な方法論的習慣を拒絶させた。このように反省は所与のプロジェクトの資源になったり，もっと一般的な抜本的なパラダイムシフトの資源になったりする。

　いったん研究者たちがプロジェクトから離れて「自由に浮遊する科学者たち」ともはや見なされなくなると彼らの価値観や人格が興味の対象となる。出版物における「位置を決める発言」——たとえば「私は白人の中流の女性である」——は研究に持ち込む文化的出発点，そしてしばしば政治的スタンス，を認めるための流行の手短な方法になる。

　　　科学的観察者は彼もしくは彼女が理解しようとし，表現しようと努めている環境と文脈と文化の一部であり一区画である。……学者は環境への侵

入や接近の伝統的な問題や，環境のメンバーとの個人的な関係，いかにしてフィールド研究が考えられ記録されているか，特定の観察者が「知見」として報告するものに対して多くの他の実践的問題が重要な含意を持っていること，を理解するようになる（Altheide and Johnson 1998 285頁）

エスノグラフィの伝統では（→エスノグラフィ72頁），研究は特定の環境に位置づけられており，インフォーマント／メンバーとの出会いにおいて関係的であり，第一に研究者によって読まれ解釈されるという意味で，第二に書かれた記録として伝えられるという意味で，二重の意味でテクストに依る (textual)。これらの要素が互いにそして研究方法と相互作用する。こうした要素は研究者の人となりに集結する。それゆえ，もし研究プロセスをきちんと報告しようとするならば，研究者は観客によく見えるよう中央舞台に残っていなければならない。

これは次に研究をどれくらい効率的に達成してきたかという疑問に繋がる。グリルが指摘しているように，研究は単に知的なエクササイズではない。われわれの人格や人付き合いのうまさが決定的に重要なのだ。インフォーマントは

> 研究の目的や同意書や資格よりも，研究者の様々な質（たとえば信頼できるかどうか，ユーモアがあるか，気さくか，オープンか，偏見がないか）に注意が向いているかもしれない（1998 12頁）

これらの要素の反省のなかで，研究者は出版物に解説を含め，より広い実践の争点を示すために研究について直接的に語るようになる。人類学者クリフォード・ギアツ曰く，これらの警告的な話や「告白」は，いかに研究が面倒で，複雑な仕事で，すっきり整然とした教科書の世界には載っていない人間同士の問題や心配事に溢れているかを示すようになるという。自己批判の明らかな機能は，他者への助け，特に経験の足りない研究者への助けを提供することにある（たとえば Bell and Newby 1977; Payne et al 1981 181-252頁）。

「そうであるかのように語る」伝統はそれ自身批判されてきた（ギアツ自身さえ批判した（1988））。最悪な場合にはそれは読者にとってよりも著者自身にとって興味のある個人的な自己発見の記録へと悪化する。そこには伝えるべき教訓が無い。われわれに提供されたものはただのナルシスティックで自己中心的な内省でしかない。定義により意識的なバイアスを取り出すことは不可能で

ある。さらなる検証の研究プロセスを持続しなくても，明確な自己批判は研究者は正しかったと読者を納得させることができる。告白的検討は著者から見た現実に「権威」を貸与することで，自己正当化の実行にもなりうる。

　多くのポストモダン批判が示したように，書くことにおける「権威」はより一般的な争点である。人称の「われわれ」や，非人称的／受動型動詞の使用，提案と議論のフォーマルな構造，書誌的参照やその他のアカデミックな文体は，著者が専門的な知識を持ち能力があることを示すシグナルである（学部生は注意せよ！）。われわれにとって，なぜ誰かが研究すべきなのか，そして，知見が特別な意義を持っていると主張すべきでないのかは，よく分からない。しかしそれをはっきりさせることはポストモダニストたちにとっての問題である。より重要なことは反省を実践することにおいて研究者は自分自身の理解を助けるためだけでなく，読者の理解をも助けねばならないということだ。すべての各作業には心の中に読み手が存在する。そして反省的に書くことは，読者が疑わしい要素に対処できるよう補佐することを目指し，それらを反映するべきである。

【キーワード】
監査証跡（audit trail）
告白的検討
関係的
研究日誌
環境
状況的
テクストに依る

【関連項目】
質的データのコーディング 32 頁
エスノグラフィ 72 頁
エスノメソドロジーと会話分析 78 頁
フェミニスト調査 93 頁
フィールドワーク 99 頁
質的調査法 193 頁
非干渉的方法と複眼的測定 254 頁
妥当性 260 頁

【参照文献】
一般

Altheide, D. and Johnson, J. (1998) 'Criteria for Assessing Interpretive Validity in Qualitative Research'. In Denzin, N. and Lincoln, Y. (eds.), *Collecting and Interpreting Qualitative Materials*. London: Sage.

Denzin, N. and Lincoln, Y. (eds.) (1998) *The Landscape of Qualitative Research*. London: Sage.

Geertz, C. (1998) *Work and Lives: the Anthropologist as Author.* Stanford, CA: Stanford University Press.（森泉弘次訳，1996，『文化の読み方／書き方』岩波書店）

Grills, S. (1998) (ed.) *Doing Ethnographic Research.* London: Sage.

Hammersley, M. (1992) *What's Wrong with Ethnography?* London: Routledge.

Huberman, M. and Miles, M. (1998) 'Data Management and Analysis Methods' In Denzin, N. and Lincoln, Y. (eds.), *Collecting and Interpreting Qualitative Materials.* London: Sage.

Lincoln, Y. and Guba, E. (1985) *Naturalistic Inquiry.* Beverly Hills, CA: Sage.

Miles, M. and Huberman, M. (1994) *Qualitative Data Analysis.* (2nd edn). London: Sage.

Schwandt, T. and Halpern, E. (1998) *Linking Auditing and Metaevaluation.* Newbury Park, CA: Sage.

Seale, C. (1999) *The Quality of Qualitative Research.* London: Sage.

研究例

Bell, C. and Newby, H (1977) *Doing Social Research.* London: Allen & Unwin.

Geertz, C. (1973) *The Interpretation of Cultures.* London: Fontana.（吉田禎吾ほか訳，1987，『文化の解釈学』岩波書店）

Ladino, C. (2002) 'You Make Yourself Sound So Important'. *Sociological Research Online*, 7 (4). http://www.socresonline.org.uk/socresonline/7/4/ladino.html

Payne, G. and Dingwall, R., Payne, J. and Carter, M. (1981) *Sociology and Social Research.* London: Routledge & Kegan Paul.

Sanders, C. (1998) 'Anima Passions'. In Grills, S. (ed.) *Doing Ethnographic Research.* London : Sage.

信頼性
Reliability

信頼性は，社会現象（特に量的な研究方法に関わる）を測定する道具の，現象が安定しているときに誰がそれを使うかにかかわらず，一貫した測度を生み，変わらない基礎的な条件を与える，という性質である

【アウトライン】研究で得た知見の信用性。量的方法における信頼性。反復可能で一貫した測定。妥当性：測定は正しいものを測定しているか？　例：学生の地位。追試。例：社会移動。信頼性：「一時的な」「代表的」、信頼性のテスト。質的方法における信頼性。信用可能性。内在的外在的妥当性。もっともらしさ。確実性。質的信頼性についての僅かな研究。妥当性に関するより大きな関心。

　もしわれわれが研究の結果を信じることができないならば、研究にはほとんど意味が無い。この文脈において「信じること」は、作成された報告が、われわれが研究しているものの性質を正確に反映していると主張するための合理的な根拠を持つことである。信じることは「知識に関する規則の集合や、その産物や表象するものに頼ること」によってなされる。それにより「現象を表象しているはずの個人や文脈に対してわれわれが忠実である」と主張できる (Denzin and Lincoln 1998 414 頁)。特にわれわれは自らが作り、採用した研究「道具」あるいは「測度」を具体化する必要がある（→**倫理実践 66 頁**）。

　「研究道具」や「測度」という用語は、この話がもっぱら質的研究よりも量的研究において議論されてきたことを示している。もしわれわれが社会的行為を「量」に変換しようとすれば、それは明らかにそうするための「メカニズム」の構成も含まれる。測定メカニズムはうまく働くだろうか？　後に見るように、質的研究法もこの問題に対するアプローチの仕方は異なるとはいえ、信用性を提示することには関心がある。

　研究の信頼性には大きな2つの問題がある。一つ目は研究が繰り返されたとして、同じ結果を得ることがあるかどうか、という問題である。第二の問題はより挑戦的である。すなわち、たとえ同じ結果が得られたとしてもそれは正しいのか、すなわちわれわれは、その特徴を正しく捉える方法でわれわれが見る必要があったものを測定したのだろうか、という問題である。最初の問題は信頼性に関わり、第二の問題は妥当性に関わる（関連した話は**妥当性 260 頁**で扱う）。この2つはしばしば混同されやすい。信　頼　性は再現可能性に関わる、といえば覚えやすかろう。というのも測定方法（→**測定水準 152 頁**；**指標と操作化 125 頁**；**態度尺度 10 頁**）の妥当性の問題は、実際には信頼性を測定することの技術的な側面にかかわってくるからだ。
リライアビリティ　　リピータビリティ

　信頼性とはデータを集めるやりかたが違った結果を生み出す手順を含まずに

反復できることを確信していることだ。たとえば学生の高等教育に対する態度の研究で，あなたが学生である間に，われわれが3ヶ月毎にインタビューするとしよう。われわれは毎回あなたが学生であることを確認しようとする。「あなたは，まだフルタイムの学生として登録されていますか？」あなたは誤解しないだろうし質問がクリアなので学生ではないと言わないだろう。

それゆえわれわれはあなたが学生であるかどうか，毎回正確に把握できる。毎回その質問を用いることで同じ結果を得るだろう。それはあなたの地位の信頼できる測度である（反対にあなたの地位が変わったならば，それも発見されるだろう）。

しかし，もしわれわれが「あなたはまだ勉強していますか」とか「ここ最近何をしていましたか」と聞いたならどうだろうか。あなたはまだ学生ですと答えるかもしれない。しかしあなたは，今ちょうど勉強していない（学生はいつも勉強しているわけではない）とか，バーで働いている（大学への学資をかせぐバイトとして）と答えることもありえる。このような曖昧な質問はあなたが学生であるという答えを一貫して生み出さない。このような曖昧な質問は，データを集めるための信頼できる方法ではない。

ほとんどの研究はこのような再インタビューをしない。概して，すべての回答者が質問を同じ意味で理解する，あるいは他の研究者が同じ道具（質問，定義，サンプリング，**ソーシャル・サーベイ242頁**あるいは**インターネット世論調査134頁**のようなデータコレクション）を使って繰り返した場合に同じ結果を得ることを望んでいる。繰り返された研究は「追試」と呼ばれる。自然科学においては，知見を受容する過程として頻繁に実験が繰り返されるが，社会学的研究のほとんどは繰り返されることはない。

1つの例外がイングランドとウェールズ（Goldthorpe 1987）およびスコットランド（Payne 1987）の社会移動の研究である。非常に似かよった質問票とコーディングを用いて，2年の間に2つの標本調査は独立にほとんど同じ移動率を発見した。スコットランドにおける移動は中流階級において期待したよりは若干少なかった。結果は同一ではないけれど，信頼できる方法でデータが集められたといえよう。

もし研究されたものそれ自体が安定しており一貫して測定できるなら（それは多くの質的研究法利用者が社会現象に関して否定するものである），われわれは2種類の信頼性をさがし求めるだろう。「一時的信頼性」（学生の例）は異なる時点間で同じ結果を得ることを要求する。もちろんわれわれが調べているも

のが時間に関わるもののばあい、たとえば買い物に行く時間とか旅行に行く時期とか長期休暇の時期などの場合は、同一性を期待しない。「代表的信頼性」は同じような標本から得た知見は、最初の研究で得たものと基本的には同じであることを要求する。言い換えれば、研究をもっともらしく一般化できることを要求する。

　信頼性をチェックするにはいくつかの方法がある。たとえば回答者のデータを半分に分けて、説明できない違いがそこにあるかどうかをチェックすることができる（折半法）。また知見が変わらないことをチェックするために同じ標本で調査を繰り返すこともできる（「テスト／再テスト」）。あるいは同じ対象に対して2つかそれ以上の測定を使い、結果を比較することもできる（「内的項目」検査、態度尺度の構成の一部としてしばしば用いられる）。

　このようなチェック法は、標準化とデータ収集の管理に強調点がおかれる量的方法で道理によく適っている。この強調は社会に一般的パターンが存在しておりその発見を追究するという哲学的立場に従っている（→実証主義と実在論188頁）。そのようなパターンは安定的であり、適切な研究方法で接近でき、最初の設定から引き出され単純化されたデータに基づくとみなされる（→量的調査法200頁）。ある者にとってはデンジンとリンカーン（1998）が言うように、知識を正すことを要求することは管理するための権力とすぐれた知識に関する暗黙の言明である。

　この説明は哲学的仮説が日々の研究活動でどのように役割を果たしているかに光を当てる。質的研究方法においては、その哲学的立場の違いによって、信頼性の問題は違った形式をとる（Shipman 1997）。彼らは社会的行為をより複雑なものと見なし、その真の性質が詳細な複雑性とそれが自然に生じる特定の環境の両方に存すると考えている。それゆえ「再－研究」は実現しにくく（おそらく不可能である。Marchall and Rossman 1989）、新しい特徴を発見しがちである。社会生活は繰り返しが少なく、安定的ではない、それゆえわれわれの研究における認識も完全に一貫しえない。

　同一性を求めるかわりに質的研究方法は代替的、革新的方法への意識的な開放性を提供する。代替的アプローチは深刻な非一貫性を除去するのに役立つ。同様に反省（反省212頁）（簡単に言えば研究プロセスと参加者を結びつける研究者自身の経験の追究：質的研究法193頁）の伝統は、研究がどのようになされたか、信頼できるかどうかという研究者間の議論を提示する。研究者自身の反応と欠点に直面し、どんな異なる技術が作られたかの比較することによって、

対話と経験からもっともらしさと首尾一貫性が生まれてくる（→**客観性** 168 頁）。

　リンカーンとグーバ（1985）は，「信頼性」を求めるよりは，一つの研究の結果がもう一度起こりやすいかどうかという，より一般的な疑問を示す「信用可能性 dependability」のほうが用語としてふさわしいと示唆している。これはルコントとゴーツ（1982）が「外的信頼性」と呼ぶものである。「外的信頼性」とは，2つの環境あるいは用いられた方法間のバリエーションの違いのあるなしで決まる。もっとも彼ら自身もこの概念があいまいであることを認めているが。彼らは，同じプロジェクトに参加する研究者たちが解釈に同意するかどうかという「内的信頼性」のテスト方法も提唱している。その他の量的研究法も用いる研究者，ハームスリー（1992），メイソン（1996），シルバーマン（1993），は信頼性，もっともらしさ，確実性を，より量的方法に沿うものとして扱っている。彼らは「証拠」が解釈的社会学において決定的な役割を持つと考えている。「すべての科学的作業と同様に，どのようにして観察しているものの適切な記述を作り出すかという問題にかかわる」（Silverman 1993：170）

　しかしながらグラドニーたち（2003）は，2つの独立した研究チームがいかにして自由面接の内容を分析しているのかを比較した。彼らによれば，質的信頼性の研究は他には一例しか見当たらない（Armstrong et al. 1997）。質的研究法は，まだ信頼性の扱いに慣れていないが，量的方法は実践的の水準でよりうまく信頼性を扱うことができると一般的に言えるだろう。強調点の違いは，信頼性，つまり，われわれが物事を同定するやり方が同じものを常に同定することに通じるかどうかという疑問だけに適用されるべきではない。われわれが何かを同定するときに正しいものを実際につかまえているかどうか，すなわち妥当性の争点にも適用されるべきである（→**妥当性** 260 頁）。

【キーワード】
信用可能性（dependability）
外的信頼性
内的信頼性
反復
代表的信頼性
研究道具
折半（法による）テスト
一時的信頼性

【関連項目】
態度尺度 10 頁
倫理実践 66 頁
指標と操作化 125 頁
インターネット世論調査 134 頁
測定水準 152 頁
客観性 168 頁
実証主義と実在論 188 頁
質的調査法 193 頁

テスト／再テスト	量的調査法 200 頁
	反省 212 頁
	ソーシャル・サーベイ 242 頁
	妥当性 260 頁

【参照文献】
一般

Denzin, N. and Lincoln, Y. (eds.) (1998) *The Landscape of Qualitative Research.* London: Sage.
Hammersley, M. (1992) *What's Wrong with Ethnography?* London: Routledge.
Lecompte, M. and Goetz, J. (1982) 'Problems of Relaiability and Validity in Ethnographic Research'. *Review of Educational Research*, 53: 32–60.
Lincoln, Y. and Guba, E. (1985) *Naturalistic Inquiry.* Beverly Hills, CA: Sage.
Marshall, C. and Rossman, G. (1989) *Designing Qualitative Research* (2nd edn). London: Sage.
Mason, J. (1996) *Qualitative Researching.* London: Sage.

研究例

Armstrong, D., Gosling, A., Weinman, J. and Marteau, T. (1997) 'The Place of Inter-Rater Reliability in Qualitative Research'. *Sociology*, 31 (3): 597–606.
Gladney, A., Ayers, C., Taylor, W., Liehr, P and Meininger, J. (2003) 'Consistency of Findings Produced by Two Multidisciplinary Research Teams'. *Sociology*, 37 (2): 297–313.
Goldthorpe, J. (1987) *Social Mobility and Class Structure in Modern Britain.* Oxford: Clarendon Press.
Payne, G. (1987) *Employment and Opportunity.* London: Macmillan.

標本抽出：推定量と標本の大きさ
Sampling: Estimates and Size

　標本抽出は，これから研究しようとする人や社会現象をそれらが属するより大きな母集団から部分集合として選択するプロセスである。確率あるいは代表的サンプルの場合，選択のプロセスは確率論の統計量に基づいているが標本の

大きさを決める単純な早見表を見るだけで済ませることもできる。

【アウトライン】推定量への信頼。比率を推定すること。信頼区間。信頼水準。標本数は「母集団」の大きさではなく，どの程度の精度と正確さを要求するかに依存する。標本数の増加することで得られるものの限界。標本数の早見表。推定量の報告：習慣化したアプローチ。

　ほとんどの量的社会学研究は低い測定水準（**測定水準 152 頁**）に依拠しており，特に比率や変数の単純集計に関心がある。一方，もっと進んだ方法では平均や変数のより洗練された計算量を使うけれども，最も共通して用いられるのは，標本によって推定しようとしている「母集団」における変数の比率である（**→標本抽出：標本の大きさをどう決めるか 226 頁**）。標本に依拠した推定量がどの程度（真の値に近いという意味で）良いのか，どうやったら分かるだろうか？

　本質的には同じ質問の別の聞き方が「知見を信頼するためにはどの程度の大きさの標本数が必要か？」である。確率標本の大きさは，統計的諸原則（**標本抽出：標本の大きさはどう決めるか 226 頁，そして二次分析 237 頁**をしている場合には利用可能性）と同様に，データの源泉と計画している分析方法と母団の多様性によって決まる。後者を理解するには少々の統計的計算に従事する必要がある（もし統計に関する説明をとばしたいなら，この節の最後の二段落まで読みとばすとよい。もし統計的扱いにもっと自信を深めたいなら，たとえば Frankfort-Nachmias and Leon-Guerrero 2000: 433-64 をみよ）。

　標本サイズを計算するための最も便利な式は，標本数 $= pqZ^2 \div E^2$ である。ここで p は問題となっている比率の「推測」値である。q は $100-p$ である。p の推測は先行研究や予備調査がある場合にはそれに基づくことができるだろう。もしそのような基準がない場合は，p を通常 50％に設定する。というのもこれが最も悪いケースで最大の標本数が必要だからである。もし 50％という推測が間違っていたとしても，それは単にわれわれが大きすぎる標本を使ったことを意味するだけで，誰もそのことを責めはしない。

　単純な計算で例示しよう。もし p＝50％なら，pq の値は $50 \times (100-50) =$ 2500 である。もし p の真の値が 40％なら，pq は $40 \times (100-40) = 2400$ にさがる。もし p が 60％だった場合も結果は同じである。p が 50％よりも離れているほど pq は小さくなる。読者は p の値をいろいろと変えて試しに計算して

みると良い。標本数の式の分子における pq の値が大きくなるほど，標本数の式全体の値は大きくなる。逆に pq の値が小さくなるほど標本数は小さくなる。

標本数計算式のその他の要素が「信頼水準」Z であり，われわれが設定したい値を選ぶ。さらに E は「信頼区間」である。E はより直接的にわれわれが許容できる誤差の量を表している。もしわれわれが 10％の範囲（真の値の両側 5％）で正確さを期すならば，許容できる真の値からの逸脱は 5％までである。この場合，E＝5 と設定する。正確さを要求するほど，信頼区間が狭くなり，E も小さくなる。この計算式において E を小さくすることは，標本数が大きくなることを意味する。

信頼水準 Z は，われわれの推定量が（信頼区間の範囲内で）正しいと判明する確率を表している。もしわれわれが 20 回中 19 回正しいことを求めるならば，Z を 1.96 に設定する。さらに確実に，99％の確からしさを求める場合には，信頼水準 Z を 2.57 に設定する。より高い信頼水準を求めると Z の値は大きくなり，標本数も大きくなる。（統計に親しんでいる読者は「正規分布」においては，95％のケースが ±(1.96 × 標準偏差) の範囲に収まることが分かるだろう。信頼水準の背景にある理論とは，非常に大きな数の標本は推定量の正規分布，二項分布を生み出す，ということである。（標本数が大きいとき）母集団の平均まわりの標本平均の偏差を標準誤差という。）

ここで注意すべきは標本数を計算する式には母集団の大きさに関する項が含まれてはないということである。標本数は推定された比率と，正確さと信頼の水準とに依存して，母集団には依存しない。この点は標準偏差に再度言及することで強調する価値がある。

母集団において全ての変数について，異なっている値の総量がその変数の標準偏差であり，その値が何であるかわれわれは知らない。それでも SE＝$\sigma \div N$ という式によって，「標準誤差 standard error」を計算するための推定量を使うことができる。ここで σ は推定標準偏差であり，N は標本サイズである。標本数が大きくなれば標準誤差（母集団平均からの標本変動）は小さくなる。しかしながら標本数の平方根をとるので，標本数の増加の影響は小さい。

標本数 N が 100 だったと仮定しよう。その平方根は 10 である。たとえ標本数を（100 倍して）1,000 に増やしても，標準誤差を 100 倍減らせるわけではない。1,000 の平方根 31.6 になるだけだ。同じように，標準誤差を半分にしようとすれば標本数は 4 倍大きくしなければならない。標本数を大きくする毎に（たとえば 100 追加する毎に），標準誤差は小さな割合でしか減らない。ある点

を超えると標本数の増加に求められる量は効率的ではなくなってしまう。

もし以上の計算の話が理解できなかったとしても，標本数を決めるためにもっと簡単な方法がある。別の計算方法を用いて，クレシーとモーガン（1970）は，もっとも悪い比率（50：50）かつ95％信頼水準用に，異なる母集団の数に対して標本数を与える早見表を作った。

表4 異なる母集団数に対する標本数の早見表

母集団	標本	母集団	標本	母集団	標本	母集団	標本
10	10	100	80	1,250	294	6,000	361
15	14	200	132	1,500	306	7,500	366
20	19	300	169	2,000	322	10,000	370
30	28	400	196	2,500	333	15,000	375
40	36	500	217	3,000	341	20,000	377
50	40	600	234	3,500	346	30,000	379
60	44	700	248	4,000	351	40,000	380
70	59	800	260	4,500	354	50,000	381
80	66	900	269	5,000	357	75,000	382
90	73	1,000	278	5,500	359	1000,000	384

出所：Krejcie, R. and Morgan, D. 1970 より作成

このように，50のうちの一つの教会であると見なされていようが，あるいはその教会の1,500人の参列者のうち，あるいは国全体の母集団170,000人のうち50人の回答者として見なされていようが，ハント（2002 151頁）の標本は統計的に不適切である。一方，クラーク（2002 553頁）の4,023世帯の標本は，四つの都市へ（実際のところ国全体へ）の一般化を十分に支持している。

ここでわれわれは最初の問題「標本に基づいた推定量が（真の値に近いという意味で）どの程度良いのか，どうやったら分かるだろうか？」に取り組むことができる。答えは，標本設計の一部として，最初に限界（信頼区間と水準）を設定する，というものである。もしすべての統計的仮定が正しいならば（ただしそれは確実ではないということを覚えておくべきである），われわれは結果の確実さと正確さが分かる。信頼区間と信頼水準が設定されていないとき，（慣習上，社会学の標本統計では報告されてはいないが）最も安全な仮定は，50：50の比率の推定と，95％の信頼水準に基づいた数値である。

【キーワード】
信頼区間

【関連項目】
測定水準 152頁

信頼水準
正規分布
標準偏差
標準誤差
標本変動

標本抽出：タイプ 231 頁
標本抽出：標本の大きさをどう決めるか 226 頁
二次分析 237 頁

【参照文献】
一般

Frankfort-Nachmias, C. and Leon-Guerrero, A. (2000) *Social Statistics for a Diverse Society* (2nd edn). Thousand Oaks, CA: Sage.

Krejcie, R. and Morgan, D. (1970) 'Determining Sample Size for Research Activities'. *Educational and Psychological Measurement*, 30: 607–10.

Kumar, R. (1999) Research Methodology. London: Sage.

研究例

Clarke, C. (2002) 'Budgetary Management in Russian Households'. *Sociology*, 36 (3): 539–57.

Hunt, S. (2002) '"Neither Here nor There"'. *Sociology*, 36 (1): 147–69.

Sampling : Questions of Size
標本抽出：標本の大きさをどう決めるか

　研究対象となる人びともしくは社会現象の一部分を，それらを含むより大きな「全体」(universe) から選び出すプロセス。標本の大きさは利用可能な資源や分析で使うことが予想される技法，母集団において想定される多様性，標本から得られたデータに基づいて母集団特性を推定する際に推定値に求められる精度，これらのバランスのなかで決定される。

　【アウトライン】どの程度の大きさの標本？　非確率的標本。「全体」から抽出された標本。資源と利用予定の分析技法，母集団を構成する要素の多様性とのトレードオフ。例：学生選挙。層化抽出標本。部分抽出標本。推定値：正しさ（精度とは異なる）。

ソーシャル・サーベイ（ソーシャル・サーベイ242頁）を行なう際，標本抽出に関してもっとも頻繁にたずねられる質問は「どのくらいの大きさの標本が必要か」というものである。その答えは，標本の種類（→**標本抽出：タイプ231頁**），利用可能な資源，どの程度の情報の質を標本に求めるのかに依存している。部分的には統計技術にかかわる問題であるが，実際には思われているほどその割合は大きくない。

割当法による標本のような「非確率的標本」は「確率的標本」より安上がりであるが，そのような標本から得られた知見はさほど信頼できない。確率的標本は，それが抽出された「全体」（universe）に関する推定を行なう上でより好ましい標本である。より大きな集合（全体もしくは母集団（population））から小さな部分集合（「標本」）を取り出す。それは全体／母集団について何らかの推定をしたいからである。（紛らわしいけれども，この意味での母集団や全体という用語は統計的な意味で用いており，人口や被造物全体を意味する通常の名詞ではない。それゆえ，社会調査の対象としての人間とは異なるということがより分かりやすく，また内容分析（**内容分析49頁**）あるいはドキュメント法（**ドキュメント法59頁**）との関連を想起させるという理由で，われわれは「全体」（universe）を用いる方が好ましいと考えている。）確率的標本の大きさは，われわれが必要とする母集団推定値の正確さと精度に関連する（Hoinville et al. 1982 55-89頁）。しかし標本の大きさは統計的な原理よりもむしろ次に上げる3つの実用上の考慮によって決められる。すなわち，資源，使用予定の分析法，標本の抽出元である全体における多様性の大きさである。

資源には，標本を使ってフィールドワークを行なう際に利用されるすべての側面が含まれる。標本に含まれる調査対象者と接触するためにはお金や時間がかかるし，その仕事を担当する人びとも必要になる。社会心理学者にとって実験がもつ暗黙の魅力のひとつは，そのスピードと費用の安さである。もし多額の資金があれば，仕事を手早く進めるために助手を雇うことができる。単独で活動する研究者（たとえば学生）は，多数の面接者を擁する研究チームに比べれば，やれることは明らかに少ない（→**インタビュー139頁**；**ソーシャル・サーベイ242頁**）。（普通そうであるように）時間が限られている場合には，大規模なプロジェクトであっても，巨大な標本集団から時間をかけてより多くのデータを収集し続けるということはできない。

研究者は不可避的に，現実が余裕のあるものであればより大きな標本を採りたいという本能とのトレードオフに直面しつつも，限定された資源・予算のも

とで研究に取り組むことになる。その時々で費用は異なるけれども，たとえば現時点で3,000人の全国標本からデータを収集しコンピュータで読み込み可能な形に変換するためには，標本一人当たり約40ポンド（58ユーロ，65ドル）の費用がかかる。社会科学において標本の大きさを決める最大の要因は予算である。他の条件が同じであれば，資源が少ないほど標本も小さくなる。

　あらかじめ予定している分析法もまた重要である。ただしここで意味しているのは，質的／量的といった区別ではなく（→**方法と方法論163頁**；**グラウンデッド・セオリー105頁**），量的研究のなかでの方法の違いである。研究で問われている問題が，かなり限定されたものであり，中心となる説明対象に影響する要因が少ない場合は，小規模の標本で十分であろう。しかし，もし複数のカテゴリーを持つ重要変数をいくつか利用する予定であるならば，データをずっと小さな部分に分割せざるをえないという危険を冒すことになる。

　たとえば，社会移動研究では7つの出身階級と7つの到達階級が分析でよく利用される。この場合，7×7クロス表（→**クロス表54頁**）を作成し，標本をおよそ50の部分（あるいは「セル」）に分割することになる。さらに3段階の教育達成レベルをもつ4つのコーホートにデータを切り分けるとなると，50×4×3＝600セルになる。大きさ3,000の標本の場合，投票行動を説明するといった個別の問題を調べる以前に，これら4変数の各組み合せに含まれる標本数は平均して5つになってしまう。いくつかのセルには標本がひとつも入らないということも起こるだろう。よく使われる分析技法のなかには空のセルがある場合にはうまく機能しないものもある。分析の際に標本を分割する予定がある場合には，より大きな標本が必要となるのである。

　この問題は，母集団の多様性と関連した形でも現れる。母集団に含まれる個体がすべて互いに似通っている場合，その母集団は「均質的」だといわれる。子どもを持つ女性の大学院生について研究するのであれば，一般の人びとを対象とする場合に比べずっと均質的な母集団を研究することになろう。彼女らの見解をたずねたとすれば，一般の人びとに比べて女性大学院生の間で一致している可能性が高い。というのも，一般の人びとを対象とした場合，そこには男性や子ども，子どものいない女性，教育レベルの低い女性が含まれるからである。

　標本を限定して不要なケースを除去しようとする場合であっても，目標変数のいくつかは依然として幅広い値を本来的に持っている。たとえば，教育それ自体に主要な関心がある場合，多くの異なった教育達成，教育機関のレベルと

種類を考慮に入れなければならない。他方，学生代表の座をめぐる2人の候補者への投票意図にジェンダーがどのような効果を持つかを明らかにしようとする簡単な（学生）プロジェクトでは，教育は重要な要因にはならないだろう。ここには2つの中心的な変数があるがどちらも多様性は小さい。2人の候補者しかおらず，したがって一方に投票するか他方に投票するか，それとも棄権するかの3つの値しかない。ジェンダーの数も2つである。母集団はひとつの大学の学生から構成されている。この例では，分析のレベルに関してほとんど多様性がない。予想される多様性が大きいほどより大きな標本が必要となる。また，こうした研究では選挙結果の予測やジェンダー差を示すことにどの程度成功するかはさほど重要ではない。学生プロジェクトでは，統計的な正しさより利用可能な資源のほうがずっと重要なのである。

　多様性の問題は，次にあげる無作為抽出法の2つの特殊ケースにも関連する。ひとつは「層化抽出」法であり，母集団における分布がより正確に反映されるように標本を「層」もしくは部分に分け（都市／農村；北部／南部など），それぞれから別々に標本を抽出する。もうひとつは，現地での作業を容易にし費用がかからないようにするために，標本を抽出する地点を限定して標本抽出を行なう方法である。後者の場合，多くの調査対象者が少数の「集団」から抽出されるために信頼性は低くなる。というのも，これらの標本は局所的な多様性しか持たないからである（Kumar 1999 158-60頁）。ハント（Hunt 2002 151頁）は，170,000人のメンバーからなる全国信徒団の中からもっとも大きな教会（1,500人）に参加している50人を標本として抽出した。またクラーク（Clarke 2002 553頁）は全国標本を4つの主要都市から抽出している。「確率比例」抽出法と呼ばれる技法は，任意の地域が抽出される確率をその地域の大きさに比例させ，さらに抽出された地域から一定数の対象者を選び出すことにより，任意の個人が調査対象者として抽出される確率が単純無作為抽出の場合と等しくなるようにしたものである。

　たいていの量的な研究者は，母集団に関して「十中八九正しく」かつ「精確な」記述をしたいと考えている（Sapsford 1999）。これら2つは統計理論上の意味が異なっており，同じ事柄ではない（→標本抽出：推定量と標本の大きさ 222頁）。推定値はおおよそ正しい（「われわれの推定値は，20回のうち19回あるいは100回のうち99回は現実の母集団の値に近いよい推定値である」）。ここで正しさとは，推定値が現実の母集団の値に近いものである可能性について述べたものである。

推定値はおおむね精確でもありうる（「標本から，母集団での値が20と30の間にあると推測する」，あるいはより高い精度で「母集団の値は20と24の間のどこかにある」）。ここで精度とは，母集団の値が存在すると推定される範囲について述べたものである。こうした区別がもつ含意についてのさらなる議論については，デボース（1991）またはフランクフォルト＝ナッハミアスとレオン・ゲレロ（2000）を参照されたい。

　推定値が精確であることと（実際に精確であるかどうかは別にして）その推定値が母集団における真の値に近いことが確実であるということと同じではない。常識的には精確であればあるほど正しさに関して誤まる可能性をより大きく見込まなければならないと考えられるが，精度（絶対誤差の大きさ）と正しさ（推定の信頼度）は2つの別種のものなのである。通常これらを同時に考慮に入れるが，標本の大きさを決める際にもちいる統計的なプロセスの中では異なる部分に対応しているのである（→標本抽出：推定量と標本の大きさ222頁）。

　標本設計とりわけ標本の大きさの決定にあたっては，これまで述べてきた4つの要因をすべて考慮することになる。ある要因についての要請は他の要因についての要請と両立しないということも起こるだろう。出版事情のため，研究者が標本抽出について詳細に説明をするだけのスペースはほとんどなく，その結果たいていの場合，どのように標本設計がなされたのかを知ることができないままにされている。選ばれた解決策の範囲やそれらの解決策がどのように報告される（あるいはされない！）かは，クラークがロシアにおける家計費についての研究の際にもちいた注意深い無作為標本（Clarke 2002 553-4頁）とそのような情報がまったくないクロウフォードによるスポーツ・ファンに関する研究（Crawford 2003）とを比較することで例証されよう。

【キーワード】
正しさ
母集団
精度
資源
全体（universe）
多様性

【関連項目】
内容分析 49頁
クロス表 54頁
ドキュメント法 59頁
グラウンデッド・セオリー 105頁
インタビュー 139頁
方法と方法論 163頁
標本抽出：推定量と標本の大きさ 222頁

標本抽出：タイプ 231 頁
ソーシャル・サーベイ 242 頁

【参照文献】

一般

Frankfort-Nachmias, C. and Leon-Guerrero, A.（2000）*Social Statistics for a Diverse Society*（2nd edn.）. Thousand Oaks, CA: Sage.

Hoinville, G., Jowell, R. and Associates（1982）*Survey Research Practice*. London: Heinemann.

Kumar, R.（1999）*Research Methodology*. London: Sage.

Sapsford, R.（1999）*Survey Research*. London: Sage.

研究例

Clarke, C.（2002）'Budgetary Management in Russian Households'. *Sociology*, 36（3）: 539-57.

Crawford, G.（2003）'The Career of the Sport Supporter'. *Sociology*, 37（2）: 219-37.

deVaus, D.（1991）*Surveys in Social Research*（3rd edn.）. London: UCL Press.

Hunt, S.（2002）'"Neither Here nor There"'. *Sociology*, 36（1）: 147-69.

標本抽出：タイプ
Sampling:Types

　標本抽出は，研究対象となる人や社会現象の部分集合をそれらが属しているより大きな「母集団」から選ぶ過程である。方法としては，非代表的方法（簡便性や実例選択にもとづく）や代表的方法（標本が母集団の典型となるようにするために確率理論にもとづく）などがある。

　【アウトライン】すべての調査は標本にもとづく。時間；場所；有効性。質的調査法の標本抽出：意図的；理論的；雪だるま式；非代表的。量的調査法の標本抽出：確率的標本抽出。「無作為性」：母集団から一人の標本が選ばれる確率。標本台帳に必要なもの。標本／母集団の「適合」：重みづけ。割当法とその限界。

すべてのことを調査することは不可能である。不可避的に，社会調査者は関心のある社会現象の小さな部分集合にはたらきかけることになる。もし，われわれが今月，もしくは今年のデータを収集したとすると，より長い過程のなかから「時間標本」を抽出したことになる。これは，ただ都合の良い時間と「場所」を選んだだけで，たんなる偶然にすぎないかもしれない。地方の調査環境への立ち入りや事例研究は，調査者の仕事がすいたときに可能になる。一方で，異なる時間を代表するように調査期間を選んで，より厳密に時間を扱っている研究もある。

　特定の日や数日間の不規則な特性を排除するために，入院患者とその見舞客が数週の間きまった曜日に面接されることもあるだろう。「場所」にもとづいた標本抽出がなされることもある。研究期間や場所は普通，長期間で広範囲の過程や繰り返しおこる結果の代表的なものがえらばれる（クリスマス商戦の研究は12月に特有のものであり，一年全体を対象とはしない）。季節的もしくはより長期間の傾向があるとき，全体を知るにはタイミングが重要になってくる。

　質的調査法（**質的調査法193頁**）は，具体例とその意味に注目し，より広範な過程には注目しない。一般化の可能性を否定する質的調査者もいるし（Guba and Lincoln 1994），強い疑いをもつものもいる。しかし，限定され，注意深く適切な一般化は可能であると，ウィリアムスは提示している（2000）。「選ばれる者」が誰なのかということによって，「発見されること」が何なのかが大きく変わってくる。代表的であるというよりも面白いとか適切であるという理由から，人びとや出来事が意図的に選択されるのである。

　こうした「有意標本抽出」は，特定の非統計的目的のために部分集合を取り出す（他の種類については，Sarantakos 1998のリストを参照）。たとえば，われわれはキー・インフォーマント（**キー・インフォーマント146頁**）を典型的でないという理由から意図的に選ぶ。彼らは，他の人びとよりもコミュニティや組織のことを詳しく知っている。グラウンデッド・セオリー（**グラウンデッド・セオリー105頁**）では，理論的概念は可能なすべての範囲の条件に対して検定される。このような「理論的標本抽出（サンプリング）」は，選択的であって代表的ではない。「雪だるま式標本抽出」は，数人の情報提供者からはじめて，その人たちが個人的に知っている他の人びとを紹介してもらうことによって標本をひろげていく（Lupton and Tulloch 2002）。雪だるま作りは，他に加える人がそれ以上いなくなった時点で，または追加してもあらたな情報が得

られないと思われた時点で，または時間切れになった時点でとめられる。標本の質は，雪だるま式ネットワークの始点と強さに依存する。

　量的調査法（**量的調査法 200 頁**）は，部分集合における発見をその部分集合が抽出されたものより大きな集合（もしくは「母集団」：**標本抽出：標本の大きさをどう決めるか 226 頁**）について一般化することに力点をおく。標本は規模が小さくなっただけで，母集団の特徴を代表し，母集団に類似するように計画される。標本計画は数学の確率理論から導き出される。それゆえ，正確には「確率的標本抽出」という。

　確率的標本抽出はしばしば「無作為標本抽出」とよばれる。「無作為性」は，じっさいは数学的概念で，集合内の各要素が関連していないことを意味する。「乱数」表がこの性質を持つものとして構築されてきた。無作為抽出をするためには，母集団内のすべての単位に番号をわりふり，そして乱数を用いて標本を抽出する。しかしこれはきわめて時間を浪費する作業であり，いまとなってはめったに行なわれない作業である。「無作為」という言葉は，混乱のもとである。母集団を代表するように個々に選択されたインフォーマントは，特別な理由もなく自分が選ばれ（無作為の選択），他の人も同様であるとまちがって考えることが多い。実験（**実験 88 頁**）では，外生的要因を除外するために条件が統制されるのに対して，確率的標本抽出では，母集団と同じ割合で含まれるように統制される。

　一般化のためのもっとも的確な基礎は，当該母集団中の各人や各社会現象が等しい確率で抽出されうる，という点にある。厳密にいえば，われわれはその確率（すなわち，1000 分の 1 であるとか）を知る必要がある。また，それはゼロであってはならない。各単位が抽出される確率が等しいので，標本は母集団の縮図になり，規模以外は母集団に類似することになる。

　これを達成するために，母集団を構成する諸要素のリストがまず必要である。そこから，母集団の大きさを測り，標本を抽出する。この「標本台帳」は，最新の，正確で，完全な，合目的なものである必要がある。二年前の電話帳は最新のものではないし，引っ越してはいるが番号を保持しているような人を正確に網羅していない。さらに，番号が古かったり，固定電話をもっていない人がいるといった理由から完全でもない。したがって，移動が頻繁な人や，若者，それに貧困者を抽出する台帳としては合目的ではないだろう（**インターネット世論調査 134 頁**と**電話とコンピュータ支援の世論調査 248 頁**では，標本抽出において特殊な問題が生じる）。

住民全般を網羅したソーシャル・サーベイ（ソーシャル・サーベイ242頁）のためのよいリスト（「標本台帳」）は、あまりない。選挙人登録（「選挙人名簿」）が広く使われてきたが、短期滞在者を網羅できないという制限がある（さらに、広い範囲で標本を得ようとすればきわめて高くつく）。住所や郵便番号による標本抽出が広まってきている。住民台帳に比べて、住所はそれほどはやく変わらないし、すぐに更新されるものである。

このような巧妙な解決法はいつも利用可能であるとは限らない。「隠れた人口」——アジア人の女性労働者とか公的なリストに載っていない犯罪者とか——は、自らすすんで表にでてくることはないだろう。そのような場合、最終的にどのような方法でデータを集めるにせよ、無作為抽出とは異なる方法を採用する必要がある（Devine and Heath 1999 45-52頁；Lee 1993；Williams and Cheal 2001）。この場合、非無作為標本がどのくらい代表的であるか、という問題が生じる。しかし、そうした人びとを無視できるわけではない。ブランネンとニルセン（2002 533-4頁）は、若者研究においてフォーカス・グループを利用し、参加者がどのような人であるか、彼らの協力がいかに得られたのか、を注意深く説明している。

反対に、代表的標本からデータを集めた場合、われわれがすでにその母集団について知っていることと、標本の鍵となる特徴のいくつかを比較できる。もし、われわれが一般的ひとびとを抽出したのであれば、性別、年代、標本における位置などの比率を知りたいと思うだろう。それによって、国勢調査などから知りうる母集団におけるそうした性質の比率に近いかどうかを確認できる。標本と母集団が近い程、標本の知見を全体に一般化することに自信がもてる。この等価性は当然のものではない。われわれが技術的誤差（→バイアス22頁）を避けたとしても、われわれが正しく抽出した標本が不幸にも典型的なものでないかもしれない（→**標本抽出：推定量と標本の大きさ222頁**）。標本中の全員に面接するわけではないので、もともとの標本を代表しない部分をもつことになるかもしれない。

ひとつの解決方法は、標本データを重み付けすることである。ある種の標本が少なすぎる場合、その種の標本をデータのなかで複数倍に割りまして数えることができる。たとえば、若者の情報提供者が必要数の半分しかいないばあいを想像してみよう。接触できた若者からはデータを得ることができるので、それらを二倍して、つまり正しい比率になるように重み付けすることができる。もちろん、これは、われわれが獲得することができたデータが、獲得すること

ができなかったデータと基本的に同じであることを想定している。そして，獲得できないという誤差よりは修正のほうがよいと想定している。多くの世論調査がこの方法を採用している。なぜなら，そうしないとデータ収集において体系的な偏りが生じてしまうからである。たとえば，実際に投票しそうな人に重みをつけることによって，投票予定データの集計を調整するひともいる。これは，重み付きの確率的標本抽出である。

　よく使われている第三の標本抽出方法は，「割当法」である。情報提供者は，母集団における存在比率に応じて選択される。性別，年齢，階級，位置関係などが利用される。いくつかの次元を個別に利用して標本抽出をすることもあるが，それらを「連結して」使用したほうがよい。つまり，性別だけが正しく調和していても満足できないし，年齢だけが正しく調和していても満足できない。しかし，各性別ごとの年齢分布が正しければ満足できる。もちろん，母集団の特徴をあらかじめ知っている場合にのみ割当計画が可能になる。割当法は，適切な確率的抽出法よりも手早くかつ安価にできる。そして，適切に実行されれば，よい結果がもたらされる。しかしながら，割当法は確率標本でないし，厳密に定義されてもいない。こうした技術的理由から，分析に使用できる統計手法が限定される。

　割当法に対するもうひとつの批判は，面接者が割当を「満たす」ために選ぶ対象者を統制できない，ということについてである。各面接者の割当は，名前や住所で指名された人びとではなく，一般的カテゴリ毎の人数できめられる。たとえば，割当12人というのは，「女性7人男性5人」で「ブルーカラー4人，専門職5人，無償労働3人」で「45才以上6人，それ未満6人」などである。面接者は，適当な情報提供者を選ぶ自由がある（MacFarlane Smith 1972 45-52頁）。面接者が接触しやすい人を選ぶという危険性や，親しげで接近可能なように見える人ばかりを選ぶという危険性がある。そうした人びととの回答は代表的な答ではないかも知れないのである（→インタビュー 139頁）。

　最初のうちは簡単に人を選ぶことができるが，だんだんと困難になってくる。誰でも，最初の三人くらいは適切な情報提供者を選べる。しかし，最後のほうになると，女性のブルーカラーで45才未満とか，年配の専門職男性などと，選ぶべき情報提供者のカテゴリの制約がきつくなる。そうなると，適切な標本を得ることは不可能になってくる。面接者が選択をごまかそうとする誘因が増加してしまう。

　正直な面接者でさえ，年齢や社会階級などを誤って判断することもありうる

し，「好意的な」人ばかりを取りあげることもありうる。割当法は，低い階級の人や，民間部門で働いている人や，すごく貧しい人やすごく富んでいる人などを代表する標本が少なくなる傾向にある。幼い子どもをもった女性や，大家族の成員の標本は過度に収集される。フィールドワークの管理はより困難なので，こうした問題を防ぐことは難しい。各面接者の割当が統合されるとき，標本は母集団の性質に似ていなければならない。もしおそまつな面接者しかいなければ，それを実現するのは困難である。しかしながら，実際に，どんなによく類似性が達成されても，統計に注意をはらう社会学者はこうした純真でない方法で集められたデータを使いたいとは思わないだろう（Kumar 1999 148-58 頁）。

【キーワード】
連結割当
確率標本
有意標本
割当法
標本抽出台帳
雪だるま式
理論的標本抽出（サンプリング）
重み付け

【関連項目】
バイアス 22 頁
実験 88 頁
グラウンデッド・セオリー 105 頁
インターネット世論調査 134 頁
インタビュー 139 頁
キー・インフォーマント 146 頁
質的調査法 193 頁
量的調査法 200 頁
標本抽出：推定量と標本の大きさ 222 頁
標本抽出：標本の大きさをどう決めるか 226 頁
ソーシャル・サーベイ 242 頁
電話とコンピュータ支援の世論調査 248 頁

【参照文献】
一般
Guba, E. and Lincoln,Y. (1994) 'Competing Paradigms in Qualitative Research'. In Denzin, N. and Lincoln,Y. (eds.), *Handbook of Qualitative Methods*. London: Sage.

Hammersley, M. (1992) *What's Wrong with Ethnography?* London : Routledge.
Kumar, R. (1999) *Research Methodology.* London : Sage.
Lee, R. (1999) *Doing Research on Sensitive Topics.* London: Sage.
MacFarlane Smith, J. (1972) *Interviewing in Market and Social Research.* London: Routledge & Kegan Paul.（小林和夫訳，1975,『インタビューの実務——市場調査・社会調査の面接技術』東洋経済新報社）
Sarantakos, S. (1998) *Social Research* (2nd edn). London: Macmillan.
Williams, M. (2000) 'Interpretivism and Generalisation'. *Sociology*, 34 (2) : 209–24.

研究例

Brannen, J. and Nilsen, A. (2002) 'Young People's Time Perspective' *Sociology*, 36 (3) : 513-37.
Devine, F. and Heath, S. (1999) *Sociological Research Methods in Context.* Basingstoke: Macmillan.
Lupton, D. and Tulloch,J. (2002) "Risk is Part of Your Life". *Sociology*, 26 (2) : 317-34.
Williams, M. and Cheal, B. (2001) 'Is There Any Such Thing as Homelessness? *European Journal of Social Science Research*, 11 (3) : 239-54.

Secondary Analysis
二次分析

　二次分析は，先行研究において既に収集された質的もしくは量的データの再分析であり，ふつうは新たな研究課題に取り組みたいと思っている別の研究者によって実施されるものである。

　【アウトライン】データセットは決して完全に利用されていない。新たな目的のための再利用。出版されたものにアクセスするか，素データにアクセスするか？　データ・アーカイブ。卒業論文のための二次分析。データセット：適合性と新たな概念のための測度の再定義。データセットは利用可能か？　質的方法における二次分析：倫理；状況の中の人。

他の仕事に時間をとられることもあって，収集されたデータのすべての側面を分析する研究はない。このため，他の研究者にとって，先行研究のデータを再検討し再利用する機会が生まれる。ペイン（2003）によるナフィールド移動研究の主要な表からの再計算のように，時として，元のトピックを発展させるためにデータの再分析が行なわれる。より典型的には，元の意図とは異なる目的のために，データの二次利用が行われる。たとえば，ウェールズ人炭鉱夫のオーラル・ヒストリーは，社会資本理論を検討するために再利用され，雇用データは人種差別の社会経済学を研究するために再分析された（Bloor 2002；Iganski et al. 2001：ドキュメント法59頁；公式統計178頁）。

　こうした分析を示す用語が「二次分析」であり，一つのプロジェクトで収集されたデータを第二の研究において利用することを意味する。これは，単に出版物から引用したり，基本的に元の文献にあった通りに表を再現したり，情報源として何かを相互参照すること以上のことである。二次分析と呼ばれるためには，データは二次利用する研究者が収集してきたかのように利用されなくてはならない。つまり，詳細に評価され，再加工され，最初の研究とは異なる議論のための証拠にされなくてはならない（Dale et al. 1988）。二次分析の最大の魅力は，すでに収集されたデータがたいへん素早く入手できて，フィールドワークのコストが実質的にはないことである。他方で，元の調査の質に制限される。たとえば，データ収集において技術的な誤りがあった場合（→バイアス22頁），ふつうは過去に遡ってこれを修正することはできない。

　データの入手可能性は，二次分析の状況を決める決定的な要因である。ほこりっぽい古い質問票の山の中にある手書きのインタビュー記録と，インターネット上からダウンロードできる，コード化されクリーニングされ分類されたデータセットとでは，利用しやすさに大きな違いがある。以前は，データセットの全体は公開されなかった。その一方で，新たな集計表は，提供されない場合もあり，提供されたとしても抽出に非常に多くの時間とコストがかかるため非経済的であった。研究者は多くの部分を，出版されたある程度操作可能な表を作り替えることに頼っていた。しかし，それらはいかなる必要な形式にも加工可能な素データ（つまり，それぞれの回答者のそれぞれの質問への回答）にはほど遠いものであった。1970年代の中頃に行なわれた産業集約理論のある二次分析では，5回の国勢調査の職業表を手作業と計算機を使って再コーディングした。これは1921年から用いられてきた詳細な分類を，1971年に利用されたより細かな単位へと分解し直したものである（Payne 1977）。この作業は完成

までに2ヶ月かかり，それまでは実質的な分析を始めることはできなかった。

今日では，コストを少しかけるかあるいは無料で，公式サイトからデータセットがEメールで送られてくる。たとえば，現代のイギリス国勢調査データは，今や「あらゆる研究者のデスクトップ上で」利用可能である。この結果，何をどのような順序で処理し，どのようなデータ保持の仕組みを用い，どのような「出版」のための技術的メディアを用いるか，といったことが影響を受けることになる。すべてのデータが公開されていない一方で（「小規模地域統計」では，その中に含まれている標本を特定することができないようになっている），調査者は，地理的境界，年齢集団，詳細な社会階級カテゴリーなどを広い範囲で選択することができる。現在，主要な研究は，最初の分析が完了すると，データのコピーをセントラル・アーカイブに登録している。実際のところ，イギリスの主要な研究資金提供機関である経済社会研究会議（Economic and Social Research Council; ESRC）は，アーカイブへの登録を研究助成の条件の一つにしている。データセットとフォーマットが記載されたコーディング文書は，経済・社会データ・サービス（Economic and Social Data Service; ESDS）の一部門で，2003年に保存された記録の保管をコーディネートするために設立されたUKデータ・アーカイブ（www.data-archive.ac.uk, archive-userservices@essex.ac.jp）に保管されている。このアーカイブでは，データ処理サービスは行なっていないが，非常に低いコストで正規の研究者にデータセットを提供してくれる。ESDSの他の部門では，縦断的研究（**縦断的研究157頁**），政府調査（→**公式統計178頁**），質的歴史的データ（qual@essex.ac.uk, hds@essex.ac.jp），そして国際比較調査のデータを保有している。元の研究から選択しやすいように，変数や標本規模が電子目録上でリスト化されている。

広範な統計情報が国際レベルの比較研究のために利用可能である。EUのユーロスタット（EUROSTAT），世界保健機構（WHO），経済開発協力機構（OECD）によって構築された統計情報はとりわけ重要である。これらはすべて，保健と社会状況に関連する統計を年間基準で発表している（たとえば，OECDの保健年次データ）加えて，臨時の報告書がひんぱんに作成されている。これらすべての情報は，インターネット上の機構のウェブサイトにリストアップされている（→**インターネットと他の検索法129頁**）。

これらの情報源によって，卒業論文の明るい見通しが得られる。論文の準備をしている学生の中で，数千のインタビューを収集してそれを処理できるものは誰もいない。実際，しばしばデータは非常に有能なインタビュアーによって

収集され，記述され，学術的な出版物を通して専門的なものとして受け入れられている。よく知られた定番の知見がそれらのデータの分析から導出されているという事実は，それらのデータの質の高さを示している。スピード，安さ，質そして正統性が提供できる状態で準備されており，あなたの指導教員を通して ESDS から入手することができる。

　しかしながら，二次分析による卒業論文には，3つの「使用上の注意」がある。少数の学部では，データ収集それ自体に得点を与える卒論評価規則があり，アーカイブの情報を使うことに完全な評価を与えていない。このことは前もって，あなたの指導教員に確認しておくべきだ。第二に，二次分析論文の焦点は，検討されるアイデアや，データ分析にある（なぜならデータ収集によって得られる点数はないから）。あなたがよい点数を得たいのであれば，再分析をうまくこなさなければならない。第三に，ここですべての二次分析が直面する問題に戻るが，計画している新たな利用方法にデータが対応可能でなければならない。

　公式の統計と同様に，それぞれの研究には，一連の操作的定義と実践的手順がある。データを再利用するときには，標本が十分に大きく，関心対象である人びとや組織を代表していることを確かめておく必要がある。研究の中で，例えば，子供たちや世帯，インナー・シティ，移民や信心深さ（最近の雑誌からトピックを選択した）について言及されている場合，われわれが同じ言葉で意味していることと同じことを，これらのことは意味しているだろうか？　元の研究チームは暗黙の知識を共有しているために，コーディング・インストラクションのような公的な記録は，しばしば不完全である。われわれが調べたい要因をすべて含むような研究もまた必要になる。ゆえに，われわれが再分析できる範囲，われわれが得る新たな知見の信頼性は一定の制限を受けるのである。

　一例を挙げてより詳細に見ていくと，イガンスキら（2001）は，イギリスの少数民族集団の地位が 1960 年代からどのように変化してきたかを検討しようとした。いくつかの単独の社会学的研究はあったものの，それらは異なる定義を用いており，イギリス全土をカバーしていなかった。すべての答えを出してくれるような繰り返しの政府調査もなかった。2年ごとの一般家計調査に都合のよい質問項目があったが，標本があまりにも小さいため，潜在的に大きな標本誤差（→標本抽出：推定量と標本の大きさ 222 頁）なしに推定を行なうことはできない。国勢調査は大規模な標本をもっているが，「生まれた国」を尋ねているため，イギリス在住の外国籍の白人やイギリスで生まれた少数民族のメ

ンバーを間違って把握してしまうことになる。毎年の新賃金統計には，仕事や産業，所得についての質問はあるが，民族に関するデータはない。年4回の労働力調査（LFS）は主要な情報源になったが，標本規模の問題で，調査を合併させなければならず，5つの民族集団のみが分析の対象となった。LFSの所得データは信頼性が乏しいので，LFSが使った登記局の「社会経済集団分類」にしたがう雇用カテゴリーを代用する必要があった。

　量的調査でさえ，二次分析は様々な困難にぶつかるということを，この例は示している。二次分析の取組みが未だに比較的新しい質的調査においては，正しい研究の仕方についてあまり合意はされていない。被調査者は二次分析に利用されることを同意していない。では，再利用は倫理的だろうか？　ある意味において，二次分析は非干渉的方法（非干渉的方法254頁）である。しかしもちろんのこと，元の調査が非常に立ち入ったものであった可能性がある。そのデータが，元の研究者と人びとや出来事との間に生じた独特の相互作用に負うところが大きい場合（→**質的調査法193頁**），後の分析者は，元の研究者と同様の理解に到達したことを，いったいどのように主張できるだろうか（Hammersley 1997）？　再び，アーカイブ・データの形式が問題になる。インタビュー原稿や録音の単純な再分析は可能であろうが，それらはたいていの場合再コーディングを必要とする。さらに作業にはフィールド・ノートや元の観察の再処理が含まれるが，それらが簡単で分かりやすい形で残っていることは滅多にない。これらの実際上の問題により，二次分析の利用が未だに限定されたものになっているのである。

【キーワード】
コーディング
ESDS
正統性
操作的定義
素データ
集計表

【関連項目】
バイアス 22頁
ドキュメント法 59頁
倫理実践 66頁
インターネットと他の検索法 129頁
縦断的研究と横断的研究 157頁
公式統計 178頁
質的調査法 193頁
標本抽出：推定量と標本の大きさ 222頁
非干渉的方法と複眼的測定 254頁

【参照文献】
一般

Dale, A., Arber, S. and Proctor, M. (1988) *Doing Secondary Analysis*. London: Unwin Hyman.

Hammersley, M. (1997) 'Qualitative Data Archiving: Some Reflections on Its Prospects and Problems'. *Sociology*, 31 (1) : 131-42.

研究例

Bloor, M. (2002) 'No Longer Dying for a Living'. *Sociology*, 36 (1) : 89-104.

Iganski, P., Payne, G. and Roberts, J. (2001) 'Inclusion or Exclusion? Reflections on the Evidence of Declining Racial Disadvantage in the British Labour Market'. *International Journal of Sociology and Social Policy*, 21 (4-6) : 184-211.

Payne, G. (1977) 'Occupational Transition in Advanced Industrial Societies'. *Sociological Review*, 25 (1) : 5-39.

Payne, G. (2003) 'Size Doesn't Matter'. *International Journal of Social Research Methodology*, 6 (2) : 141-57.

Social Surveys
ソーシャル・サーベイ

ソーシャル・サーベイ（社会踏査）は，人びとの（通常は母集団を代表する）標本から主には量的データを，しかし同時に質的データも集める。その際，回答は面接員が用意した質問や自由記述式の質問に対する言葉での回答から成り，質問は一定の体系的で構造化された質問から成る。

【アウトライン】サーベイ調査の現状。サーベイは標準的方法，標本，コード化可能なデータから成る。ソーシャル・サーベイの諸類型。仮説と操作化。プリテストとパイロット調査。標本・デザインと作業量。面接者の訓練とブリーフィング。フィールドワークの外注。プリ・フィールドワークのチェック。面接，フィールドワーク管理と回答率。

ソーシャル・サーベイはもっとも広く用いられている社会科学の道具である。市場調査や世論調査をとおして，現代生活の一部として認められるようになった。適切な形で行なったサーベイは，データ収集の有効な手段である（パラダイムのなかにはサーベイを頭から拒否しているものもあるけれども：**方法と方法論** 163 頁；**フェミニスト調査** 93 頁）。しかし，無節操なロビイストがサーベイを誤用したりするものだから，サーベイに対する信用の失墜も起こった。大まかな社会的傾向を説明するよりも意味解釈のほうに関心をもっている社会研究者は，他の方法を選ぶようになってしまった（→**質的調査法** 193 頁）。サーベイに対する信頼を得るには，一連の構成要素を通じて適切なやり方を統合し（Hoinville et al. 1982），適切な目的のために応用しなければならない（→**量的調査法** 200 頁）。本節では，サーベイを一連の課題から成るものとして示すことで，前者の問題に焦点を合わせよう。

　ソーシャル・サーベイは典型的には 3 つの特性を含んでいる。まず，回答者の標本のなかから標準化された方法でデータを集める。データをコード化し，ふつうは量的なかたちで処理できるようにする。サーベイにはいくつかのタイプがある：一対一の面接調査者によるもの，電話調査，インターネット調査（→**インタビュー** 139 頁；**電話とコンピュータ支援の世論調査** 248 頁；**インターネット世論調査** 134 頁），自己記入型サーベイ（→**質問票** 206 頁）。それらのサーベイは同じ基本的ステップを共有している。異なるのはどの特定の視点を重要視するかだけである。たとえば，自己記入型サーベイにとっては調査票の設計が重要である。質問に答えるインフォーマントを助けられる研究者は誰もいないからである。電子媒体によるサーベイではサンプリングと回答率の問題が大きい。対面的サーベイでは，インタビューすることにともなう困難に遭遇する。大規模な研究では，面接員の実査部隊を管理するという困難に遭遇する（MacFarlane 1972 52-71 頁）。そのような大規模研究は事例研究（**事例研究** 27 頁）法ならびにほとんどの質的研究と対照的に異なる。

　ソーシャル・サーベイは検証されるべき理論から出発する。多くは仮説の検証というかたち（→**仮説** 120 頁）で，もっと多くは理論的明確化を押し進めるための一ステップとして探究されるべきアイディアの検証というかたちをとる。たしかに，出発点はそもそもソーシャル・サーベイが理論の検証としていちばんふさわしいかどうか，である。それは最善の方法なのか？　それは「実行可能な」のか（Sapsford 1999 10 頁）。理論とアイディアは操作的定義のかたちで表現される必要がある。データはその定義にしたがって収集される。操作

化は知的過程として始まり，草案段階の測定と質問とに至る。たとえば，「エスニシティ（所属民族は何か）」は民族集団のリストのかたちで明確にする必要がある。そして回答者が質問に答えるさいにはこれらの集団に分類できるようにする。目的によっては，イギリスでは5つの広いグルーピングで十分だ（たとえば，白人，インド人，西インド人，パキスタン－バングラデシュ人，それに「その他」である：Iganski et al. 2001）。他の国では，これらのグルーピングは異なる。もっと詳しい調査のためには規模の小さい集団に分けておくことも必要になる：中国人，西アフリカ人，東ヨーロッパ人（Abbott and Tyler 1995：また**指標と操作化125頁**を見よ）。

　草案段階の設問を集めて予備的調査票をつくる。それを「プリテスト」ないし「パイロット」調査する。プリテストでは，便宜的に選んだ若干の人びと（同僚とか，友達とか）を相手に基本的なフォーマット（形式）がそれでいいかどうかをチェックする。それに対して，パイロット調査ではミニチュア版の研究を実施する。つまり，実際の部分的標本を使い，コーディング段階まで作業を進めて，「コードブック」をドラフトのかたちで作る。パイロット調査では調査票——レイアウトやインストラクションを通じて——がうまく「行く」かどうか，そして望むような情報が引き出せるかどうかを明らかにしなければならない。態度尺度（**態度尺度66頁**）は，もっと準備的な段階に力を入れなければならない。

　調査票を準備するかたわら，標本をデザインしてサンプリングをする（→**標本抽出：タイプ231頁**）。標本枠組から潜在的回答者の完全なリストを抽出し，対面的インタヴュー用に相手の名前と住所を書いたリストを面接員のための仕事分担に区分けする。面接員は一日中働けるのか夕方だけしか働けないのか，何人の面接員が使えるか，実査の地理的広がりからみて見込まれる移動時間，一つの面接を済ますのにどれくらいの時間を見込めばいいか，などによって区分けを決めていく。

　面接員を確保し，訓練することも必要だ。経験のあるきわめて有能な面接員を確保できることもある。その場合には研究のこれといった特徴について説明しておけば済む。そうでない場合には，もっと基本的な訓練が最初に必要になる（McCrossan 1991）。その訓練はワークショップ形式で，次のようなものを含まなければならない：

●サーベイの一般原理（標本，質問のタイプ）；

- 機密保持；
- 誠実さ（truthfulness）；
- 自己提示と外見——きちんとした身なりをすべきだがお洒落のし過ぎはよくない；
- 協力と信頼をどうやって得るか；
- 質問を言葉どおりに正確に読み取ることの重要さ；
- さまざまな技術を駆使し追求すること；
- 回答を記録するうえでの正確さ；
- 個人的な情報保護と安全性；
- 携行する必要品目：身分証明書，挨拶状，電話番号，回答者の住所，フォルダー，白紙の調査票，地図，ペンと鉛筆，（回答時の回答選択肢を書いた）提示カード；
- 特別のサーベイに関連する問題点：好ましいのはハンドブックも事前に準備。面接員には事前に調査票を学習し，試しでいくつかの面接を試みるだけの時間を与えておかないといけない。

　すべての研究者が面接員チームを使えるわけではない。また，彼らの管理責任を引きうけたいわけではない。このために実査部隊をもつマーケティング調査会社への「外注」が生まれる。事実，面接員はパートタイムで，いくつもの会社で働いている。彼らは個人的に知っている自営の「監督者」をとおして委託を受ける。より安上がりにしようとすれば，可能だとすれば監督者と直接契約することである。データ収集を委託しようとすれば，契約を交わす前にいくつかの会社から見積もりをとるのが通例である。

　社会調査専門の会社のなかには，調査票の設計から面接の実施，データの予備分析から結果の電子版での配布にいたるまで，広範囲のサービスを行なっているところもある。会社のなかには評価の高い会社もあるけれども（文献中の献辞を見ればそれらの会社がどこだか分かる），外注すればフィールドワークが成功するという保障はない。このようなかたちで管理権を渡したがらない研究者も多いし，もっと多いのは外注費用を負担できない場合だ。

　一人の研究者がすべての面接を一人でやりとげるような小さなサーベイにおいてさえ，準備段階のすべてを全うすることが重要である。たとえば身分証明書や挨拶状は，とうぜん神経質になっている回答者に接触するうえで必要だ。地域サーベイでは，土地の警察署に事前に知らせておかないといけないことも

ある（とりわけ，こうしておくことで回答者には面接員の身元照会を独自にできるようにする）。もし回答者が特別のカテゴリー（民族集団，性，階級）に属する場合には，面接員は彼らに接触して，ラポール（信頼関係）を築くことは易しいだろうか？　面接のタイミング（＝日，週，季節のそれぞれのうちのいつ面接するか）も慎重に計画に織り込んでおかねばならない。もし複数の面接員がいるならば，彼らの「品質管理」が必要になってくる。つまり，記入済みの調査票を即刻点検して，標本については全部でなくても，予定どおりに実際に面接を受けたかどうかについて郵便でチェックすることも必要だ。

　調査者は面接を拒否をされて回答率が高まらないことを恐れることが多い。対面的面接（そして，**電話の世論調査 248 頁**の場合はもっとなのだが）が，公式統計（**公式統計 178 頁**）の再利用や他の非干渉的方法（**非干渉的方法 254 頁**）よりもおしつけがましいことは事実だ。しかしながら，多くのトピックにとって，もしサーベイが正しく行なわれるならば面接拒否に会うケースはきわめて少ないだろう（「慎重を要する」トピックについての議論に関しては，Devine and Heath 1999 107-28 頁を参照）。もしサーベイが正しく行なわれているのに拒否に遭えば，面接員はその理由を見つけるように努力しなければならない（→**インタビュー 139 頁**）。都合の悪い時間帯に訪問してしまったからかもしれないし，もしそうであれば適切な時間に訪問を調整しなおせば済む。他の理由としては，恐れ，回答内容が知れわたってしまうのではないかという心配，トピックについて自分が無知だと感じさせられる，などがある。面接員はそれらの理由を確認しなければならない。拒否に遭っても，あと二回は試みる／再訪するというのがふつうで，最後の一回は別の面接員（できればより経験豊かな）に委ねるのがよい。郵送サーベイでは，非回答者に対して追跡の郵便を最初の郵送の 10 日から 20 日後に発送すべきである。誘因（ボールペンとか抽選券のようなささいな贈り物）は通常回答を促進するうえで役立つ。

　どのようなサーベイでも 100 パーセントの回答率はありえない。人は引越ししたり死んだりするし，住所や人をつきとめられないこともある。こうした問題に対しては，標準的手続きが開発されている。もし狙いの人が死亡していたり転出で追跡不可能な場合，住所や人がつきとめられないときには，代替標本を使う。（標本を選ぶときに，通例は代替／予備候補のリストをあらかじめ作っておく。）

　高い回答率は，丁寧に記録をとることと間髪を入れずに口を挟むことにかかっている。経験的に言って，対面調査の場合だと 70 パーセントもあれば「御

の字」と言える。むろん80〜85パーセントがよりよい目標ではあるけれど。自己記入型の郵送サーベイとなると，33パーセントというのが典型的である。もっとも回答者にとって特別の意味のあるトピックの場合には60パーセントを望めないこともないけれど。重要なのは，非回答率そのものではなく，寄せられた回答の標本がもともとの標本に類似しているかどうかである（→**標本抽出：標本の大きさをどう決めるか**226頁）。

【キーワード】
実査部隊
仮説
操作的定義
パイロット
プリテスト
回答率

【関連項目】
態度尺度 10頁
事例研究 27頁
フェミニスト調査 93頁
仮説 120頁
指標と操作化 125頁
インターネット世論調査 134頁
インタビュー 139頁
方法と方法論 163頁
公式統計 178頁
質的調査法 193頁
量的調査法 200頁
質問票 206頁
標本抽出：タイプ 231頁
標本抽出：標本の大きさをどう決めるか 226頁
電話とコンピュータ支援の世論調査 248頁
非干渉的方法と複眼的測定 254頁

【参照文献】
一般

Hoinville, G., Jowell, R. and Associates (1982) *Survey Research Practice*. London: Heinemann.

MacFarlane Smith, J. (1972) *Interviewing in Market and Social Research*. London: Routledge & Kegan Paul. （小林和夫訳, 1975, 『インタビューの実

務――市場調査・社会調査の面接技術』東洋経済新報社)

McCrossan, L. (1991) *A Handbook for Interviewers* (2nd edn). London: HMSO (for OPCS).

Sapsford, R. (1999) *Survey Research*. London : Sage.

研究例

Abbott, P. and Tyler, M. (1995) 'Ethnic Variation in the Female Labour Force'. *British Journal of Sociology*, 46 (2) : 339-53.

Devine, F. and Heath, S. (1999) *Sociological Research Methods in Context*. Basingstoke: Macmillan.

Iganski, P., G. and Roberts, J. (2001) 'Inclusion or Exclusion? Reflections on the Evidence of Declining Racial Disadvantage in the British Labour Market'. *International Journal of Sociology and Social Policy*, 21 (4-6) : 184-211.

Telephone and Computer-assisted Polling
電話とコンピュータ支援の世論調査

電話世論調査は、商業調査においておそらく未だに支配的なデータ収集法であり、特別な標本抽出と、たいていは量的な調査インタビューを離れたところから管理するためのコンピュータ技術を用いており、社会調査者のための電子的補助の一つである。

【アウトライン】電話世論調査の魅力。イギリスではそれほどでもないが、アメリカにおいてもっとも普及した方法。標本抽出：乱数番号法（RDD）。他の技術的な革新：多重ダイヤル；CATI；CAPI；「監視」。携帯電話と留守番電話。電話インタビューにおける相互行為。「正しい」人物と接触する。侵害の倫理性。インターネット世論調査への移行？

電話越しに人びとにインタビューするというのは、とてもよいアイデアのように思われる。研究者は一カ所に留まって、インタビューしたい人びととの住所を探し出す時間とお金を節約することができる。調査員の監督は比較的簡単である。というのも、調査員は一カ所にいるので、監督者はすぐにどんな質問にも答えることができる。長時間のインタビューを電話で行なうのは適切ではな

いかもしれないが，世論調査（メディアや政党の締め切りに間に合わせるために，しばしばすぐに完了することが求められる）のようにいくつかの短い質問をする場合は，日常の技術が便利な解決策を提供してくれる。

電話調査の主要な解説者の一人によれば，1980年代のアメリカにおいて，電話世論調査はもっとも普及した方法であって，実施されたインタビューの10回のうち4回近くが電話を使って行なわれたという（Frey 1989 35-6頁）。しかしながら，この数字は学術的社会調査と市場調査の両方を含んでいる。当時は，対面インタビューと同程度に，接触に成功した人のうちの60%から70%の有効回答率（→ソーシャル・サーベイ 242頁）が見込まれていた。連邦統計方法論委員会は，調査におけるより一層の電話利用さえ提唱していた。

今日，電話調査は有力でもっとも人気のある調査技法である。たいていの商業調査，そして学術調査は，全国レベルであろうが地方や地域レベルであろうが，電話によって行なわれている（Frey 1989 9頁）

調査実践における電話世論調査のこうした特徴は，いくつかの理由でイギリスにおいては見られなかった。アメリカでは電話の所有が電話が登場した頃から広まり，1970年には87%の世帯が電話を所有し，1980年代中頃には97%に達していた。イギリスでは，電話の普及はもっと後になって始まり，スピードも遅く1980年代の終わりに75%に達するにとどまり，95%になったのはさらに10年後であった。比較的安い市内通話料金，供給会社間の競争，アメリカ人がより豊かになっていったこと，これらのことが組み合わさって，アメリカにおいて相対的にかなり安い電話料金体系ができあがった。イギリスにおいては，電話はあまり浸透せず，比較的高いコストがかかっていた結果，電話に親しむ文化はゆるやかにしか生まれなかった。たいていのアメリカ人が喜んで電話世論調査に答えているように見えるのに対して，現在のところ，無作為に電話した場合，イギリス人の6人に1人から4人に1人だけが調査への参加に同意するのである（Kellner 2003 ; Sparrow 2003）。

電話世論調査は，イギリスの学術的社会科学のもつ2つの特徴によって妨げられてもいる。イギリスの社会調査におけるソーシャル・サーベイの伝統は，常にかなり弱いものであり続けたので，調査技術の革新を推進する力は弱かった。さらに，電話世論調査が社会的不平等の影響をかなり受けやすいという問題がこれに加わる。一般的に，電話所有は豊かな人びとの方にかなり偏る。電

話標本から見過ごされてしまう電話の非購買者は，教育レベルの低い低所得者や失業者，インナー・シティの借家人，そして特にアメリカでは，少数民族のメンバーである傾向にある。最近電話をつないだ人や，電話帳に番号を載せていない人びとは，それ以外の人びととはやはり異なる。それゆえに，電話標本は深刻な代表標本抽出問題を引き起こすのである。

　アメリカにおける電話世論調査は，この問題に2つの方向で対処している。第一に，電話の世帯普及率が高くなればなるほど，対象から除外される人は少なくなる。第二に，研究者はすぐに，伝統的な電話帳を標本抽出の枠組みとすることを止め，電話会社によって地域ごとに割り当てられた電話番号「列」をリストアップする方式に切り替えた。個々の数字を「無作為」（→標本抽出：タイプ231頁）に変えて選択することで，リストに載っていない加入者をも含めることができる。この乱数番号法（Random Digit Dialing; RDD: Frey 1989 91-104頁を参照）は，代表標本を統計的に手早くそして安く手に入れることができ，非住宅用の商用番号を無視するに十分な数を得ることができるという点で重要である（Lavrakas 1986）。(もちろん，ある団体のメ・ン・バ・ー・のリストアップは，その団体の同意があってはじめて可能になる。）

　後に，これを組み合わせる多重ダイヤル機能が発展した。それは，他の人が終わるとすぐに，誰かが応答するまで，いくつかの番号に同時に電話をかけるという方法である。この方法は待ち時間を減らし，結果としてコストを減らす（呼び出し音が突然切れることで潜在的な回答者が感じるいらだちとひきかえに）。電話はソフトウェアによって操作され，インタビュアーはもはや番号を選ぶことはない。インタビューを直接行なう必要さえない。コンピュータ支援の電話インタビュー（Computer-assisted Telephone Interview; CATI）ソフトウェアを使うと，質問を自動で読み上げる機能，そして回答を記録するための番号入力と自動コーディング・システムを利用することができる（→インタビュー139頁）。監督者は作業状況を直接監視することができ，昔ながらのコール・センターのやり方で，作業量や精度をコントロールできる。例として，QPSMRやベルビュー（Bellview），サーベイクラフト（Surveycraft）などのシステムがある。CATIを使ってできることの（楽観的な）記述は，様々な商業調査のウェブサイトで見ることができる。

　コンピュータ支援のインタビューと電話によるコミュニケーションのアイデアは，個人的インタビューを行なうフィールドワークへと拡がっている。つまり「CAPI（Computer-assisted Personal Interview）」である。ノート・パソコ

ンに入力された回答は，たいていはモデムと電話リンク経由でダウンロードされ，素早く一カ所で処理される。それぞれの質問はスクリーン上に示されるので，書類を使うことはない。回答者を分類するためのフィルター質問が正しく理解されていることを，ソフトウェアが保証してくれる（→質問票206頁）。ソフトを使うことで，専門的知識や訓練をあまり必要とせずに，質問票をより正確に使いこなすようにインタビュアーに対し指導することができる。デリケートな内容の質問への回答を調査対象者自身が直接打ち込むこともできる。近年のもう一つの技術的革新は「電子的監視」である。インタビュアーが聴いているラジオを尋ねたり，調査対象者がそれを日記に書き残すのではなく，対象者に小さな装置を付けてもらい，聞いているものすべてを直接的に監視する方法である。旧来の方法によると，トーク中心のラジオ4は1,000万人，音楽中心のラジオ2は1,320万人の聴取者をもっているという調査結果であったが，「監視」法ではラジオ4は1,800万人近く，そしてラジオ2は1,520万人であった（*The Guardian* 2003）。これらの知見に対する一つの解釈は，旧来のデータ収集法は妥当ではないということである。

　しかしながら，事態を複雑にする他の新たな技術上の進歩が，電話世論調査の急速な発展を減速させた。その進歩とは，携帯電話と留守番電話である。部分的には異なるテレコミュニケーション技術のために，また部分的にはそれ以前の電話システムの脆弱さのために，アメリカよりも速いペースで，イギリスで携帯電話は一般的になった。たった15年前に刊行された『電話による社会調査』（Frey 1989）では，携帯電話は一度も言及されていない。電話世論調査がアメリカにおいて，電話帳にもとづく形で出発したのに対して，イギリスでは，それぞれの競合会社によって保持された，事実上リスト化されておらず桁も一定でない番号システムへと，急速にシフトしていった。電話番号についての標本台帳（→標本抽出：タイプ231頁）がなければ，RDDを使って，母集団の代表標本を抽出することは不可能である。番号が通じたとしても，留守番電話に遮断され，歓迎されないものとして除去されることがだんだんと増えている。

　電話インタビューを完全なものにするために，他のタイプの社会調査についての様々な優れた実践的ガイドラインを参照することができる（方法間の優れた比較として，Schutt 1999 254-69頁を参照）。しかしながら，電話インタビューに特有の様々な問題がある。電話での注意持続時間は短く，他の形式と同じように，印刷した複雑な資料を示すこともできない。インタビュアーは目の前

にいないので，質問に混乱していることや，無関心さなどの調査対象者の非言語的態度を観察することもできない。逆に，物理的存在の欠如というこの特性は，インタビュアーの外見（たとえば，エスニシティや年齢）に対象者が反応することがより少なくなり，匿名的な「関係」にあるのでより安全であると感じることを意味していると見なすこともできる。どちらのやり方をとるにせよ，調査における相互行為は，日常生活においては異例のものである（会話分析者には失礼ながら：**エスノメソドロジーと会話分析 78 頁**）。

さらなる問題は，電話で答えている人物が，インタビューすべき当の人物ではないかもしれないということである（あなたの家で最初に電話に出るのはだれか？）。年齢やジェンダーのバランスをとるために，電話上で付加的な標本抽出段階を導入する必要がある。企業などの組織のオフィスではたいてい，歓迎されない電話を弾くようにはっきりと設定しているので，管理者への直接の電話はたいへん難しい。

職場と家庭のどちらについても，忙しい状況にある可能性があるので，電話は非常にじゃまなものになりうる。電話は直接リビング・ルームへとつながる。迷惑なセールス電話のように，その不当な立ち入りは，人びとのプライベートな生活に対する侵害であり非倫理的な行ないである。先に言及したように，イギリスでは対面インタビューよりも拒否率がだいたい 15 倍ほど高いのであるが，これは驚くにあたらない（アメリカにおける電話インタビューの状況についての主張は，回答率を計算するとき異なる基準をとっているため，比較が難しい：Frey and Oishi 1995）。

電話世論調査への他からの挑戦として，インターネット世論調査（**インターネット世論調査 134 頁**）がある。この方法は，アクセスや代表標本，そしてプライバシー侵害について電話と同様の問題を多く抱えているものの，支持者はその可能性について楽観的である。家庭用コンピュータは，一般電話に比べて，まだまだ普及していないし（総世帯の約半数が PC を所有している），女性や老人，そして労働者階級についての過小代表性を修正するために，インターネットで採られた標本に対する重み付けが必要になる。重み付けをしたとしても，インターネット回答者は，母集団全体に比べて，数％以上の割合で進歩的でリベラルな回答をする傾向にある。

この原稿を書いている時点で，アメリカにおいてさえ，電話世論調査に対する不安は高まっている（ただし Bourque 2003 を参照）。クリントン前大統領の世論調査アドバイザーであるスタン・グリーンバーグは，公式発言において，

予想として「国内で実際に起こっていることと，電話で収集されたことの間の対立が生じていくだろう」と述べている。また，共和党の世論調査員のリーダーであるホイット・エアーズの次のような発言が引用されている。

　　20年後も電話がデータ収集の主要な手段であると予想することはできない。この業界は，電話によるデータ収集からインターネットによる収集へと移行している（Kellner 2003）。

　電話世論調査の衰退は，管理コストの違いがなくなりつつあることを含む，いくつかの要因によるものである。しかしながら，この方法と他のライバルの技術的支援による方法との間の違いを，特に，社会調査の中心的な問題である信頼性（**信頼性 217 頁**）と妥当性（**妥当性 260 頁**）に関して，これから確定していかなければならない。

【キーワード】
CAPI
CATI
フィルター
電話に親しんでいる文化
RDD
代表標本
重み付け

【関連項目】
エスノメソドロジーと会話分析 78 頁
インターネット世論調査 134 頁
インタビュー 139 頁
質問票 206 頁
信頼性 217 頁
標本抽出：タイプ 231 頁
ソーシャル・サーベイ 242 頁
妥当性 260 頁

【参考文献】
一般

Bourque, L. (2003) *How to Conduct Telephone Surveys* (2nd edn). Thousand Oaks, CA: Sage.
Frey, J. (1989) *Survey Research by Telephone* (2nd edn). London: Sage.
Frey, J. and Oishi, S. (1995) *How to Conduct Interviews by Phone and in Person.* Thousand Oaks, CA: Sage.
Lavrakas, P. (1986) *Telephone Survey Methods.* Newbury Park, CA: Sage.
Schutt, R. (1999) *Investigating the Social World* (2nd edn). Thousand Oaks,

CA: Pine Forge Press.

研究例

Bellview CATI (2003) www.bellviewcati.com
Kellner, P. (2003) 'For the Record'. *The Guardian*, 12 February: 19.
QPSMR CATI (2003) www.qpsmrcati.ltd/qpsmr_cati.htm
Sparrow, N. (2003) 'Why Internet Polls Have a Liberal Bias'. Letter to the Editor, *The Guardian*, 13 February: 23.
Surveycraft CATI (2003) www.infocorp.co.uk
The Guardian (2003) 'R4 to the fore – or is 2 still No 1?' 29 May: 21.

非干渉的方法と複眼的測定
Unobtrusive Methods and Triangulation

　物的な資料あるいは集団や個人から，それと気づかれないように，また研究されていることを知られることで行動が変らないようにしてデータ引き出す仕方を非干渉的方法という。非干渉的方法は，ある特定のトピックに関する研究で得られた知見を別のデータで照合することができるよう複数の方法を組み合わせて複眼的に測定しようとする場合にしばしば用いられる。

　【アウトライン】「非反応的方法」。サーベイ研究を補強するものでありそれに換わるものではない。多元的方法によるアプローチ。複眼的方法とその形態。方法論的多元主義。「より反応の少ない方法」。物的な記録。フィールド・ノート，二次分析，心理学実験は実際には非干渉的でない。巧妙な間接的方法の例。参与観察。倫理実践の問題。非干渉的であることを報告する。

　非干渉的方法は，研究対象の人びとの生活に入り込むことなくデータを収集する仕方を総称したものである。その利点は，研究対象である普段どおりに起こっている過程を邪魔することがないことにある。特に，研究が進行していることにインフォーマントが気づかないため，彼らの行動や自己表現が研究者の存在や活動によって調整されることがない（Lee 2000）。こうした技法は，別に「非反応的」もしくは「間接的」方法と呼ばれることがある。

　非干渉的アプローチの推奨者（たとえば Webb et al. 1966）は，サーベイ調

査に異議を唱えているわけではないが，それが被調査者の現実の行動や信念体系に踏み込む手段となっていることに伴う限界について注意を喚起している。彼らは，サーベイを否定するというよりはむしろ，追加的な技法を用いることによってデータを収集することもでき，その結果，複数の情報源をもとにしたよりよい描写が可能になるという提案をしているのである。非反応的な測定により，研究者が「インタビューや質問票が調査対象者に反応を起こさせてしまうという欠点を補う」ことができる（Webb et al. 1966 174 頁）。

　非干渉的方法の目的は，社会科学的な概念が経験的に定義され表現され，よりよく理解される，そのための方法を改善することにある。たとえば人種主義やセクシュアリティ，あるいは親族といった概念でさえ，面接調査の質問による単独の測定だけでは十分には捕らえきれない可能性がある。面接調査では，調査対象者は人前で（つまり調査者に対して）自分が人種主義的な立場を取っていることや普通とは違った性的な好みを持っていること，両親のところにあまり顔を見せないことなどを認めることにそれほどのためらいはないと信じられている。

　ところが，面接者の存在により調査対象者の話す内容は変ってしまう。というのも彼らは調査されていること自体に反応するからである。対象者は社会的に受け入れがたい見解を引っ込めるであろうし，研究者が何を調べたいのかを考えそれにあわせて振舞うことになろう。また，録音機を意識するようになるだろうし，決まりきったやり方（たとえば似たような質問にはすべてノーと答える：**質問票 206 頁**）で質問票に回答するであろう。あるいは缶詰にされた空間では研究者の存在に順応して活動を修正するかもしれない。何かを測定することは，不可避的にその何かを変えてしまう（→**ホーソン効果 115 頁**）。肝心なのは，インフォーマントがそういう場におかれなければ実際に行なっていたであろうことや信じていたことであり，「じっと見られている」ことを知っている場合にどのように行動し何を語るかということではない（Speer and Hutchby 2003）。（インフォーマントからは）見えない方法を採用することがこうした問題を抑制するのに役立つ。また，この方法で得た結果を通常のサーベイ技法によって発見されたものと比較することもできる（→**ソーシャル・サーベイ 242 頁**）。

　複数の方法を用いることにより，概念を相互補完的に測定することができる。また，それぞれの方法によって得られた結果を比較することで，より洗練された的確な測定値を得ることができるだろう。複数の方法を採用して測定するこ

とを複眼的測定（三角測量）と言う。三角測量という用語は，2地点のデータにもとづいて土地を測量することから借用したものである。デンジン（1970，1978）は，異なる視点（「理論的な複眼的測定」），異なるデータセット（「データにおける複眼的測定」），異なる研究者（「研究者における複眼的測定」），異なる研究（「方法内の方法論的な複眼的測定」），異なるデータ収集法（「方法間の方法論的な複眼的測定」）の使用を薦めている。これらの複眼的測定を組み合わせることは「重層的な複眼的測定」（Denzin 1970 472頁）と呼ばれている。複眼的測定が幅広くなされるほど，発見したことがらに対してより強い確信を持つことができる（→信頼性217頁；妥当性260頁）。

複眼的測定は，「方法論的多元主義」の特殊ケースである。ここで方法論的多元主義とは，目前の課題に対して「最良の方法」や「もっともふさわしい方法」を言い争うことはもう終わりにすべきだと論ずる視点のことである（→**方法と方法論163頁**）。ウエッブによる方法間の複眼的測定は，非反応的方法がサーベイ研究に新しい洞察を付け加えるということを強調している。とはいえ，次のことはより一般に当てはまる。すなわち，「あらゆるデータ収集の方法——インタビュー，質問票，観察，行動記録，物的証拠——には潜在的にバイアスがかかっている」（Webb 1970 450頁）。非干渉的方法は，量的研究よりも質的研究に優先度を与えるわけではない。むしろ，より反応的な測定により反応的でない測定を付け加えるのである。

対面的接触を含まない「間接的方法」と，接触はするけれども研究者の存在による意図せざる効果を最小化する「反応性の少ない方法」とを区別することができる。この点に関して標準的な方法の中でもっとも重要なのはドキュメント法（→**ドキュメント法59頁**）である。研究する前にすでに書かれている文書に対して研究それ自体が影響を与えることはありえない（日記や「個人的」な覚え書きはしばしば，後世の人びとの目や世間での評判を意識して書かれるけれども：**自伝／伝記法とライフ・ヒストリー17頁**）。程度はさまざまであるが，文書は代表性がなく不完全で入手しがたい信頼できないものである。おのおのの方法はそれ自身の限界を持つ。

もうひとつの主要な間接的方法は内容分析（**内容分析49頁**）である。この方法は，ドキュメント法と同じ強みと弱みの多くを共有しているが，安上がりにできること，たいてい出版された情報源に対して応用されること，元になった資料を容易にチェックできることという利点がある。他方，フィールド・ノートの内容分析——「コーディング」というもっとも一般的な方法——は直接

的方法である。というのも、そのデータは対面的な研究状況において研究者がかねてから収集してきたものだからである。同様に、実験で何をテストするのかを前もって被験者に知らせない社会心理学的な実験は、知らされていないこと自体が結果を歪める可能性があり、それゆえ干渉性が少ないといっても部分的でしかない。

これと同様の注意点が二次分析（**二次分析 237 頁**）にも当てはまる。二次分析では、ある目的のために収集されたデータが後に別の目的のために再分析される。元になる研究で反応性が認められるのであれば、その元データを利用する二次分析で反応性が減少することはありえず、したがって二次分析を反応性の少ない方法とみなすことはできない。実際、公式統計のような多くの一次資料は対面的な形でデータ収集を行なっており、たいていの「社会指標」においてもその事情は変わらない（→**指標と操作化 125 頁**）。

直接的かつもっとも工夫された方法の例は、どのセクションの図書がもっとも多く利用されておりそれゆえ知的に重要であるかを知ることを目的とした、図書館における参考図書の損傷に関するモステラーの調査である（Webb 1970 から引用）。ジャーナリストや市場調査に携わる人びとは、消費パターンを調べるために家庭ごみをより分けたりする。どちらの場合でも、研究されるのは物的な対象であり、人ではない。このような物的な痕跡を利用することは、ライフスタイルや宗教的な実践、社会的な序列に関する情報を収集する考古学ではしっかりと確立されている伝統である。キャンベルら（Campbell 1966）は、階段教室における着席パターンを監視することで、学生集団における人種間態度についての推論を行なっている。こうした方法は、人びとを観察（**観察 173 頁**）することにまさにかかわっているが、社会的な相互作用は存在しない。

既に存在している対象の利用可能性とそれらを研究者がコントロールできないことはひとつの限界である。もうひとつの反応性のより少ない方法は、「巧妙に企てた観察」である。これは、研究をしていることがわからないように刺激を導入する方法である。ブライマン（2001 165-6 頁）は、はしごを壁に立てかけたままにしておき、迷信の尺度として、その下を何人の人が通るかを観察するという例を挙げている。より一般的な方法は参与観察（**参与観察 183 頁**）である。そこでは、研究者は、対象者が彼らの存在になれてしまうよう、対象者の間に溶け込もうとする。

これら最後の2つの方法で見られるように、非干渉的研究は倫理的な問題を惹起することになる。というのも、調査対象者に事前に十分な説明がなされな

いからである（→倫理実践66頁）。デンジン（1970 447頁）は,「対象者が傷ついたり不審を抱いたりするかどうかは研究者が一番よく知っており……倫理的な問題は観察者の手の中にある」と言って,こうした問題を平気で退けてしまう。言い換えれば,デンジンは多くの研究者は倫理的でないことに気づくはずだと述べることで,潜在的に非倫理的な実践に対するすべての責任は研究者の個別判断として個々の研究者にゆだねてしまっているのである。しかしながら,研究の質を単に改善するためという理由は,非倫理的な手続きを取ることに対する根拠としては粗末なものでしかない。

複数の測定を採用すること——そのうちのいくつかはさほど押し付けがましいものではない——と「いつもどおり」に起こっている出来事の研究に安直にかかわることを混同すべきではない。ハマースレイとアトキンソン（1995）によれば,質的伝統と量的伝統の両方ともが,世界がどのようにして作動しているのかを,研究によるバイアスのないありのままの状態で,知りたいと考えている。両方の伝統ともそれぞれ独自のやり方で,研究プロセスがほとんど影響を与えない（あったとしてもその影響が知られている）ような,そして手続きや研究者による違いが最小化されるような状況をつくりあげている。しかしこのことは,いつもどおりに起こる出来事はそれを中断しないようにして研究するしかない（多くの質的研究者はこのことを最優先しているが）,あるいは知られないようにして研究すべきだということを意味しているわけではない。多元的方法アプローチの目的は,データの収集によって物事がいかに変化するかを理解すること,言い換えれば反応性という不可避的なプロセスに適切に対処することにある。系統立てて反省性（**反省212頁**）を働かせることにより,研究者は次に記すことが行なわれているか注意深く精査するのである。

> 方法論的,倫理的な両面で,彼らが行なったことをなぜ彼らはやったのか,そしてその帰結はどうだったか……彼らの研究がどのようになされたのか,発見物を生み出す上での彼ら自身の役割はどのようなものであったのかを読者に明らかにする（Hammersley 2003 344-5頁）。

【キーワード】
巧妙に企てた観察
フィールド・ノート
普段どおりに起こっていること

【関連項目】
自伝／伝記法とライフ・ヒストリー17頁
内容分析49頁
ドキュメント法59頁

物的痕跡
反応性
反省

倫理実践 66 頁
ホーソン効果 115 頁
指標と操作化 125 頁
方法と方法論 163 頁
観察 173 頁
参与観察 183 頁
質問票 206 頁
反省 212 頁
信頼性 217 頁
二次分析 237 頁
ソーシャル・サーベイ 242 頁
妥当性 260 頁

【参照文献】
一般

Denzin, N. (ed.) (1970) *Sociological Methods*. Chicago: Aldine.

Denzin, N. (1978) The *Research Act*. Englewood Cliffs, NJ: Prentice Hall.

Hammersley, M. (2003) '"Analytics" are No Substitute for Methodology'. *Sociology*, 37 (2) : 339-51.

Hammersley, M. and Atkinson, P. (1995) *Ethnography: Principles in Practice*. London: Routledge.

Lee, R. (2000) *Unobtrusive Methods in Social Research*. Buckingham: Open University Press.

Webb, E. (1970) 'Unconventionality, Triangulation, and Inference'. In Denzin, N. (ed.), *Sociological Methods*. Chicago: Aldine.

Webb, E., Campbell, D., Schwartz, R. and Sechrest, L. (1966) *Unobtrusive Measures: Nonreactive Measures in the Social Sciences*. Chicago: Rand McNally.

研究例

Bryman, A. (2001) *Social Research Methods*. Oxford: Oxford University Press.

Campbell, D., Kruskal, W. and Wallace, W. (1966) 'Seating Aggregation as an Index of Attitude'. *Sociometry*, 29 (1) : 1-15.

Speer, S. and Hutchby, I. (2003) 'From Ethics to Analytics'. *Sociology*, 37 (2) : 339-51.

妥当性
Validity

　いくつかの形態をとりうる妥当性は，研究対象の概念の特徴を規格化する能力およびその手法によって測ろうとしているものを正しく測定する研究技術の能力に言及する。

　【アウトライン】知見の正当化。信頼性と妥当性。量的研究における概念の「表現」。内的と外的妥当性。例：社会移動における職業とジェンダー。妥当性：予測的，実践的，協同の。質的研究における知見の妥当性：信頼できるかどうか，信用性，移転可能性，生態学的妥当性。知見の確証。

　もしわれわれが研究の結果を信じることができないならば，研究にはほとんど意味が無い。ここでいう「信じること」は，作成された報告が，われわれが研究しているものの性質を正確に反映していると主張するための合理的な根拠を持つことである。信じることは「知識に関する規則の集合や，その産物や表象するものに頼ること」によってなされる。それによって「現象を代表するはずの個人や文脈にわれわれは忠実である」と主張できる（Denzin and Lincoln 1998 414 頁）。特にわれわれは適用した研究「道具」を具体化する必要がある（→倫理実践66頁）。

　研究の道具とはアイデアや概念や，研究者が社会的世界を理解するために使うデータ収集と分析の技法である。これらの抽象的なメカニズムはわれわれが興味を持つ実際の現象の近似もしくは表現である。ここで2つの疑問がある。第一に，研究の道具は一貫した結果を生みだしているだろうか（→信頼性217頁）？　第二に，研究の道具は表現しようとしているものの本質を捉えているだろうか？──「妥当性」を持っているだろうか？　という問題である。

　われわれがたとえば宗教的信仰心と世俗化を調べようとしている場合，教会の出席率は適切なデータを提供しているだろうか？　IQテストは「知性」を測っているのだろうか，それとも学習経験やテストに不可避的に「組み込まれ」た文化的価値観を測っているのだろうか？（→指標と操作化125頁）もし

42％の人が娯楽用にドラッグを実際に使っていたとしたら，われわれの研究は何を発見するのだろうか？　居住者が土地に長く住み着いている者と最近やってきた者とを区別しているとしたら，「地元の人」や「移住者」といった概念は居住者の考えや感情を完全に反映しているだろうか？

　ほとんどの妥当性に関する疑問は測度の内的妥当性と外的妥当性に関するものとに分類できる。「内的妥当性」は，やろうと準備したことを達成しているか？　といった研究それ自身の論理を扱う。操作的定義は，十分に練られた概念枠組みを反映していなければならないし，結論はもっともらしく，正当と認められなければならない。現象間の連関を主張する場合は，それらの現象が，言及していない現象に媒介されていないことを明確にすべきである（→連関と因果 5 頁）。「外的妥当性」は操作化が課する一般化の限界に関係している。研究の知見はすべての男性について当てはまるかもしれないが，女性については当てはまらないかもしれない（後に示す社会移動の例）。ある場合には，労使関係の不満を測定するには，ストライキにおける「不就労日数」を調べるだけで十分だが，ほかの文脈では，それだけでは「サボタージュ」や無断欠勤あるいは労働者の手抜きを含んでいないので，不十分である（さらに詳細な例はHammersley 1998 90–109 頁）。

　良い量的研究の例は社会移動の分析である。階級移動の測定には職業集団を用いてきた。職業集団が階級システムをうまく表現しているかどうかについてはかなり多くの理論上の議論がなされてきた（たとえば Marshall et al. 1988）。経験的に，どの職業をグループにまとめるべきかという問題や「働いていない人」をどう扱うべきかという問題があった。まだ訓練や教育の途上にある若者や，雇用状態にない既婚女性，パートタイム（どのように定義するにしろ）で働く人，一時的もしくは長期的な失業者，身体障害者や働けない人，早期退職した人，とても裕福であるか特権的であるために一度も働いたことのない人，一つ以上の職を持つ人，ブラックマーケットに「仕事」を持つ人などをどう扱うべきか。これらすべて（一説によれば男性「労働者」の約半分と女性の 3/4）の扱いを決めたときのみ，われわれは職業集団が所属階級をどのくらい妥当に表現しているかを決めることができる（Payne 1987）。

　社会学者が「階級移動」率について語っているとき，彼らはすべての労働年齢の成人の経験を語っているが，その結論はたいていの場合，男性の標本に基づいている。女性の移動は男性の移動と同じだと仮定されているか，もしくは彼女らの階級行動は夫の職業で近似できるので，女性の移動はあまり重要でな

いと考えられている。ここで，男性と女性の移動は同じものなのか，夫の階級行動と妻のそれとはどのくらい似ているのか，といった妥当性の問題がたちあがる（Payne and Abbott 1991）。

　移動分析は妥当性のテストについてどのくらいうまくいっているのか？「一見したところ」，移動測度はもっと改良しうる。階級と仕事とジェンダーの間の論理的つながりについて，すべての明確な問いが解き明かされてはいないので，「表面的妥当性」を欠いている。また移動の測定は，移動のすべての形態，特に女性の移動，をカヴァーしていないので「内容的妥当性」にも欠ける。測定しているもの（職業間の男性の移動率）が測定しようとしている理論的現象の限定的な表象に過ぎないので，「構成概念」あるいは「測定妥当性」に関してうまくいっていない（「成人階級移動」：**測定水準 152 頁**）。

　経験的な視点から見ると量的調査法（**量的調査法 200 頁**）には３つの妥当性テストがある。最も望ましいのは「予測妥当性」である。これはあることが生じた場合続いて何が起こるかを前もって予測することを要求する。この場合，測定の妥当性は研究結果が予期されたとおりになることで正当化される（もちろんこうした予測には理論的要素が含まれる）。経験的妥当性のもっとも単純なテストは，明らかなエラーや失敗（→バイアス 22 頁）が含まれていないかを確かめるためにすべての手続きをチェックすることである。これは「実践的」あるいは「実用妥当性」と呼ばれる。三つ目のテストは研究の結果が先行研究の知見と似ているかどうかである。この「一致妥当性」は研究が対象の本質をうまくとらえているかどうか，というよりもむしろ測定の信頼性（**信頼性 217 頁**）（あるいは一貫性）に関わっている（Hammersley 1998 58-70 頁 ; 78-90 頁）。

　極端に現象学的な立場をとる者を除いて（エスノメソドロジー 78 頁），質的研究でも，その用語は異なれども妥当性のほとんどの側面に関心がある。たとえばある研究と他の研究の結果の比較による外的なテストは「累積的妥当性」と呼ばれている。「議論妥当性」は，証拠と結論が表現される方法のもっともらしさ，という内的一貫性に関係している。

　リンカーンとグーバ（1985）は質的研究における「信頼可能性（trustworthiness）」の４つの側面を同定している（**質的調査法 193 頁**：Lecompte and Goetz 1982; Kirk and Miller 1986）。「確実性（credibility）」と「移転可能性」は量的方法における内的外的妥当性と基本的には同じである。「確証可能性」は量的研究で「観察者バイアス」と呼ぶものの程度を議論する（→客観性 168 頁，反省 212 頁）。「信用可能性（dependability）」は結果の一般

的適用に取り組み，実際には信頼性（**信頼性 217 頁**）のテストである。

　質的研究は量的研究よりも妥当性に関する問題をより効率的に扱える，ということには一般的な同意がある。質的研究は一般化ということにあまり関心はないけれど（Shipman 1997），それに特有の社会的文脈で自然発生する，観察された環境の詳細に関する関心と，対象に接近して繰り返される観察は，対象の本質を捉えることに役立つ。解釈をインフォーマントに裏打ちしてもらうようにすることと（「コミュニケーション的妥当性」）研究プロセス（→グラウンデッド・セオリー 105 頁，フェミニスト調査 93 頁）において参加と平等を求めることは同じ目的に貢献する。

　シクレル（1982）は研究知見の自然な環境で関連した人びとに理解される能力を「生態学的妥当性」と呼ぶ。質的研究は主観的意味の解釈を目指しているので，もしこの妥当性を達成していなくとも他の種類の妥当性が満足できているかどうかあまり関心がない。研究室実験の結果は予測を含む仮説を生み出せるかもしれない。しかし人は研究室の中で生きていない。

　「質的研究の「良いところ」」は実践され，証拠とならなければならない。マイルスとハバーマン（1994 262-79 頁）は知見を「確証する」ための「戦略」の範囲を決めた。これらはつまるところ質的研究の潜在的力をだしきるためのもので，潜在的な弱点については避けている。

　　質的分析は感情を呼び起こしたり，問題点を明らかにすることができるが，横柄になり，そして間違うこともある。あるがままにうまく語られた物語はデータにフィットしない。……（一つの知見に対して解釈が異なる場合）「正しい」事をつかむたった一つの現実など存在しないという考えを強化された現象学者はほくそ笑むが合理的な結論がどこかにあるはずだという忍びよる感覚からは彼らも逃れられない（同書 262 頁）。

【キーワード】
確証可能性
構成概念妥当性
外的妥当性
表面的妥当性
内的妥当性
信頼性

【関連項目】
連関と因果 5 頁
バイアス 22 頁
倫理実践 66 頁
エスノグラフィ 72 頁
エスノメソドロジーと会話分析 78 頁
フェミニスト調査 93 頁

信頼可能性　　　　　　　グラウンデッド・セオリー 105 頁
　　　　　　　　　　　　指標と操作化 125 頁
　　　　　　　　　　　　測定水準 152 頁
　　　　　　　　　　　　客観性 168 頁
　　　　　　　　　　　　質的調査法 193 頁
　　　　　　　　　　　　量的調査法 200 頁
　　　　　　　　　　　　反省 212 頁
　　　　　　　　　　　　信頼性 217 頁

【参照文献】
一般

Cicourel, A. (1982) 'Interviews, Surveys, and the Problem of Ecological Validity', *American Sociologist*, 17: 11-20.

Denzin, N. and Lincoln, Y. (eds) (1998) *The Landscape of Qualitative Research*. London: Sage.

Hammersley, M. (1998) *Reading Ethnographic Research* (2nd edn). Harlow: Longman.

Kirk, J. and Miller, M. (1986) *Reliability and Validity* in *Qualitative Research*. Beverly Hills, CA: Sage.

Lecompte, M. and Goetz, J. (1982) 'Problems of Relaiability and Validity in Ethnographic Research'. *Review of Educational Research*, 54: 31-60.

Lincoln, Y. and Guba, E. (1985) *Naturalistic Inquiry*. Beverly Hills, CA: Sage.

Miles, M. and Huberman, M. (1994) *Qualitative Data Analysis*. (2nd edn). London: Sage.

Shipman, M. (1997) *The Limitations of Social Research* (4th edn). London: Longman.

研究例

Marshall, G., Rose, D., Newby, H. and Vogler, C. (1988) *Social Class in Modern Britain*. London: Unwin Hyman.

Payne, G. (1987) *Mobility and Change in Modern Society*. London: Macmillan.

Payne, G. and Abbott, P. (eds.) (1990) *The Social Mobility of Women*. London: Falmer Press.

ヴィジュアル・メソッド
Visual Methods

　ヴィジュアル・メソッドとは，社会調査のために，言葉の有無にかかわらずイメージを利用するすべての方法を網羅する。イメージとは，写真，ビデオ，映画，テレビ，そして絵画などである。また，それらは既に存在するものであったり，調査の過程でつくられたものであったりする。

　【アウトライン】ヴィジュアル・メソッドを使うことへの抵抗。ヴィジュアル的能力の無さ。生活の中の出会いの集合体としての映画。既存のイメージ；誘出イメージ；視覚的記録；視覚的報告。生態学的確認のためのビデオ。倫理的実践の問題。選択性とゆがみ。カメラへの反応。カメラへの技術的適性。ビデオの作成と編集。誘出装置としての写真と絵画。解釈と調査者が構成した現実。

　異国の習慣を紹介する社会人類学の映画を別にすれば，社会科学は常に言葉と数を扱う領域であった。動画にせよ静止画にせよ，ヴィジュアルな表現はあまり使われなかった。プロッサー（1998）が示すように，イメージを作ることは作者のゆがみを含むし，イメージを見ることは観察者の文化的解釈に依存する，というのが使用しないことのよくある理由づけである。最近は関心をよせている研究者もいるが（Banks 1995; Payne 1996; Docklands における Foster 1999 の秀逸なイラスト，Bolton et al. 2001），支配的な意見は次のようなものである。

　　イメージは複雑すぎて分析の筋道が建てられない。この点に関する解決策を示したり，言語志向の調査における相等しい問題と同一視するこころみは少ない（Prosser 1998 99 頁；強調は引用者）

　ほとんどの社会学者は「ヴィジュアル的能力が無い」のである。なぜなら，ヴィジュアル・イメージの利用を考慮している痕跡がほとんどないからである。質的調査法（**質的調査法 193 頁**）においてさえ，相互行為の詳細を強調しながら，

イメージはフィールド調査のためのデータ源として無視されているもののひとつである。テレビが娯楽の中心となっているような社会において，われわれは視覚に鈍感になってしまっている。われわれが見ているものは当然のものとみなされ，社会調査はまず第一に読めるもの（テキスト，統計）や聞けるもの（面接，会話）と関連づけて考える傾向にある（Silverman 1997 70 頁）。

さらに，とくに映画は「わかりやすい明白さ（しばしばデータには欠けている）と見通しのきかなさ（しばしばデータに付随する）の混合体で，それは現実の出会いが持ち合わせている性質でもある」（Nichols 1996 8 頁）。その問題点にもかかわらず，ビデオや写真をこれからも利用しないことは，まちがったことのように思われる。

イメージは，4つの主要な調査カテゴリーに落し込める：

① 他者によって各自の目的のためにすでに撮られた写真，たとえば家族の「スナップ写真」，出版物におけるイラスト，美術館における絵画などは，調査のテーマとして解釈できる（「記号論」：Rose 2001 参照）。
② 情報を引き出す方法として，イメージの創作やイメージを使って情報提供者と共同作業ができる（Harrison 1996）。
③ 調査中になにがおこったのかを記録するために，自分自身でイメージを使うことができる（→フィールドワーク 99 頁）。
④ 知見を伝えるために言葉にくわえてイメージを使うことができる。

ここでは，フィールドにおいて視覚的記録をとることに集中してみよう。

ビデオや写真で公然の観察を記録することは，ノートの補助として，そしてデータそのものとして，とても豊かなデータを供給する。このことは，結果を提示する時にとくに有効になる。共同作業やグラウンデッド・セオリーで提唱されているように（→フェミニスト調査 93 頁；グラウンデッド・セオリー 105 頁），その過程のひとつの試金石は，もともとのインフォーマントとそのイメージを共有するということにある：「生態学的妥当性確認」。われわれ自身のビデオ利用の経験では次のような感情的効果をみることができた。それは，ビデオを利用することからくる不安，インフォーマントの関心，われわれが正直に彼らの生活方法を表現しているということへのインフォーマントの根本的なよ

ろこびなどである（Payne and Payne 2002）。

　もちろん，カメラを使う前に全員が同意できることを確かめておかなければならない。しかしながら，人通りの多い道や公共の場所では完全な事前説明・承認は事実上不可能である（→**倫理実践** 66 頁）。ここで，常識と感受性が重要になる。そのイメージを後々なんらかのかたちで発表する際には，とくにそうである。

　すすんで録画される気持は，どんなに少ない要素だけが記録されるのかということのひとつの例である。全員が録画に同意した場合でも，視覚的イメージには記録者の主観的選択性が不可避である（Lomax and Casey 1998）。あなたがある出来事を選んだ理由は，そのときにもそして後々に編集する時にも，調査日誌に書き記されるべきである。別の水準では，ある調査における選択性は，ある歴史的一時点で起こるものである。イメージはその時代の流行や考えを捕らえるが，一方でその調査がすぐに時代遅れのものになるということをわからせてくれる（Payne 1996）。

　イメージが自動的に信頼できるものとみなされるわけでもない。カメラは嘘をつくことができる。有名な硫黄島の星条旗の写真や，アメリカ市民戦争の戦場のイメージは人工的に作られたものである。調査者は誤った表現をしないようにする義務がある。しかし困難なことに，何が代表的なものなのかを事前に知ることはいつも可能というわけではない。ヴィジュアル・イメージが伝統的観察以上に「客観的」なわけではないということを自覚することが重要である。

　さらに，人びとは自分が録画されていると知ると普段とは異なる行動をしてしまう。しかしながら，録画が同意のもとに目立たないように行なわれれば，人びとはそれに慣れる。たとえば，われわれは店や繁華街の監視カメラを当然のものと思うようになっている。ボットロフによる看護士と患者の相互行為の研究では，データ収集の一ヵ月前にカメラが設置された（1994）。実際の観察は面接によって補完された（Grbich 1999）。

　カメラを使用する前に，カメラを使用する技術を確かなものにしておかなければならない。これは，共同的研究で使われる「使い捨てカメラ」にもいえることだし，デジタルカメラ（すばやい記憶保存と呼出が可能）にもそして現代的ビデオカメラにもいえることである。ビデオに関しては，基本的録画技術の知識も必要である。

　最初に，正しいライトバランスを得ているか確かめなければならない。人工照明は，屋外の自然光とは異なる。したがって，まちがった設定で撮影すると

とてもおかしな結果になる。次に，カメラをしっかりと保持できることを確かめなければならない。とくに，ズームしたり左右にパンしたりするときはそうである。そのようなときは，高価ではあるが三脚が便利である。最後に，カメラや自分の位置をあまり頻繁に変えないこと。撮影者が動くのではなく，撮影対象を動かせよう。

　他者に見せるためにテープを編集する場合,「絵コンテ」を作るべきである。最近可能になったPCの編集ソフトを使っても，テープの編集はそれなりに時間がかかる（もともとのテープの時間の10倍くらい）ので，調査計画の中で編集が可能なくらいの時間をとっておく必要がある。編集の技術的質を向上するために，自分が必要と思っているよりも長く撮影をしておくとよい（最近では,「ホームビデオ」程度のものではなく,「放送局品質」が期待される）。

　ビデオ撮影をする時，そしてその後の編集時には，自分が事例を選択し，物語を構成しているという自覚を持たなければならない。あなたは「よい」写真や「典型的」写真を選んでいるのか。あなたが「語り手」になっている「物語」は（ありふれたシーンも含めて）自然に起こった順番とどのくらいはなれているか。もしくは，順番をいれかえて「劇的な」出来事を選んでいるのか。こうした決断は，すべて調査日記に記録されるべきである。

　ビデオに比べて，撮るにせよ使うにせよ，写真はより簡単で安価である。自分自身で撮影するだけでなく，他の集団や個人に写真による記録を撮るように依頼することも考えられる。こうした視覚による説明は，他の方法では得ることのできない個人的視点に関するとても豊かなデータである。また，写真はその地域や集団の視覚的歴史として提示できるし，同時に地域生活の口頭での説明における話題の中心になったり「記憶をよびさますもの」となることもできる（Blaikie in press）。

　ヴィジュアル・メソッドは，子どもや10代の若者をとりこむのにとりわけ適している。小学校評価において，児童はその学校で彼らが良いもしくは悪いと感じる場所を撮影し，あわせてその気持を説明している（Schratz and Steiner-Löffler 1998）。学校健康教育計画のためのお絵描きと作文技術は，言語発達の研究から発展してきた（Wetton and McWhirter 1998）。子どもたちは自分自身の健康に悪いものについて注釈つきの絵を描くようにいわれる。分析は主に文章による説明についてなされるが，絵の分析を後からすると，子どもたちが単なる「病気でない」こと以上の広い健康概念をもっていることがわかった。

ビデオと子どもの絵の例は、イメージが選択され、構成され、解釈されるということを再確認させてくれる。イメージはその表面上の価値から得られる単純な「データ」ではない。それでもなお、その可能性は完全には利用されていない。画像解析ソフト（「Atlas ti」など）がこの過程の手助けになるかどうかは定かではない。イメージだけでなく著述においてさえ、調査者が現実を再構築しているということを調査者自身に思いしらせるのに、単純なビデオ編集ほど説得力のあるものは他にない。このことは、われわれを無能力にするというわけではない。かえって、われわれ自身の仕事の実践における自覚を呼び起こすものである。相当の注意をもって分析することにより、とくに動画に関して（Banks 2001）、イメージと旧来の著述的社会学とを結ぶ可能性は途方もないものである（Smith and Emmison 2000）。

【キーワード】
共同作業
生態学的妥当性確認
誘出
イメージ
絵コンテ
主観的選択性
視覚的無学

【関連項目】
倫理実践 66 頁
フェミニスト調査 93 頁
フィールドワーク 99 頁
グラウンデッド・セオリー 105 頁
質的調査法 193 頁

【参照文献】
一般
Banks, M. (1995) 'Visual Research Methods'. *Social Research Update No.11*. Guildford: Department of Sociology, University of Surrey.
Banks, M. (2001) *Visual Methods in Social Research*. London : Sage.
Grbich, C. (1999) *Qualitative Research in Health*: an Introduction. London:Sage.（上田礼子・上田敏, 2003, 『保健医療職のための質的研究入門』医学書院）
Prosser, J. (1998) 'The Status of Image-based Research'. In Prosser, J. (ed.) *Image-based Research*. London : Falmer Press.
Rose, G. (2001) *Visual Methodologies*. London : Sage.
Smith, P. and Emmison, M. (2000) *Researching the Visual*. London : Sage.

研究例

Atlas ti (2003) www.scolari.co.uk

Blaikie, A. (in press) *Scottish Lives in Modern Memory*. Edinburgh: Edinburgh University Press.

Bolton, A., Pole, C. and Mizen, P. (2001) 'Picture This : Researching Child Workers'. *Sociology*, 35 (2) : 501-18.

Bottoroff, J. (1994) 'Using Videotaped Recordings in Qualitative Research'. In Morse, J. (ed.) *Critical Issues in Qualitative Research Mehtods*. Thousand Oaks, CA : Sage.

Foster, J. (1999) *Docklands*. London : UCL Press.

Harrison, B. (1996) 'Every Picture "Tells a Story" In Lyon, S. and Busfield, J. (eds.), *Methodological Imaginations*. Basingstoke : Macmillan.

Lomax, H. and Casey, N. (1998) 'Recording Social Life : Reflexivity and Video Methodology'. *Sociological Research Online*, 3 (2). http://www.socresonline.org.uk/socresonline/3/2/1.html

Nichols, B. (1996) 'What Really Happened: the Ax Fight Reconsidered'. *Media International Australia*, 82 (November)

Payne, G. (1996) 'Imagining the Community'. In Lyon, S. and Busfield, J. (eds.) *Methodological Imaginations*. Basingstoke: Macmillan.

Payne G. and Payne, J. (2002) *Coigach Life*. Achiltibuie: CCHG (video).

Schratz, M. and Steiner-Loeffler,U. (1998) 'Pupils Using Photographs in School Self-evaluation'. In Posser, J. (ed.), *Image-based Research*. London : Falmer Press.

Silverman, D. (1997) *Interpreting Qualitative Data*. London : Sage.

Wetton, N. and McWhirter,J. (1998) 'Images and Curriculum Development in Health Education'. In Prosser, J. (ed.), *Image-based Research*. London: Falmer Press.

訳者あとがき

　本書は Geoff Payne and Judy Payne, 2004. *Key Concepts in Social Research.* London: Sage. 242pages. の翻訳である。原書は Sage から出版されている Key Concepts シリーズの一冊である。著者のジェフ・ペインは，イギリス・プリマス大学の社会学名誉教授であり，エジンバラ大学のリサーチ・フェローである。ジュディ・ペインはフリーランスの調査研究員で，イギリス医療審議会，地域の保健・社会事業，ならびに全国宝くじ慈善事業ボードのために働いてきた経験をもつ。

　スポーツでもゲームでもコンピュータでもすべてはルールがあり，そしてそれを修得するための順序がある。本書は「社会調査」に関しての第一歩，イロハを扱っている。その長所は著者たち自身が「序論」で述べているように，(1)内容が複雑すぎない，(2)説明が簡潔でやさしい，(3)項目数をしぼりこんでいる，(4)トピック相互の関連が分かりやすい，等の点にある。大学で「社会調査」を学ぼうとする諸君はむろんのこと，何かのきっかけで「社会調査」について理解しようとする人や実践してみようと思う人すべてに勧めたい。

　Social Research をいちおう「社会調査」と言っておくが，文脈によっては「社会研究」と表現したほうが適切なばあいもあり，事実，そのように訳したところもある。著者たちはイギリス社会を念頭において記述しており，しかもインターネット世論調査などについてはイギリスの学生向きの情報（たとえば，イギリスでのウェブサイト URL やデータアーカイヴの名前）も含まれているが，これらについてもそのまま訳出してある。

　関西学院大学大学院社会学研究科では21世紀 COE プログラム（2003-2007）が採択され，5年間に亘って「『人類の幸福に資する社会調査』の研究」に従事し，教育研究拠点を形成してきた。この研究はこれまでの社会調査のやり方や概念が本当に人類の幸福に役立つようになっているかを問うもので，本訳書が初級編だとすれば21世紀 COE プログラムのほうはいわば上級編を狙ったものであった。しかし初級なくして上級はありえない。何事も第一歩は大切である。そして初級から上級まで，道は平坦ではないかもしれないが，一直線だと考えている。読者が本書を手がかりとして，更には将来上級に進まれることを願っている。

　　　　　　　　　　　　　　　　　　　　　訳者代表　髙坂健次

人名索引

あ 行
アトキンソン, P. 258
アボット, P. 30
アラン, G. 46
アレンスベルグ, C. 46
イガンスキ, P. 58, 180, 240
ウィッカム＝クロウリー, T. 9
ウィリアムス, M. 232
ウイルスナック, S. 9
ウイルモット, P. 46
ウィンチ, P. 81
ウェーバー, M. 174
ウエスターマーク, E. 75
ウェッブ, B. 74
ウエッブ, E. 256
エバン＝プリチャード, E. E. 75
オークレー, A. 97

か 行
ガービッチ, C. 4, 5, 33, 104, 114
カーヒル, R. 128
ガーフィンケル, H. 78, 80
ギアツ, C. 215
キムボール, S. 46
キャンベル, D. 257
グーバ, E. 213, 221, 262
クラーク, C. 225, 229, 230
グラドニー, A. 221
グリーンバーグ, S. 252
クリントン, B. 252
グレーザー, B. 106, 107
クレシー, R. 225
クロウ, G. 46
クロウフォード, G. 230
ゲレロ, A. 230
ゴールドソープ, J. 159, 170
コント 8, 51, 66, 68, 79, 91, 96, 100, 102, 117, 142, 145, 170, 172, 174, 188, 222, 251, 258

さ 行
サックス, H. 81
サップスフォード, R. 9, 58
サベイジ, M. 210
サリバン, O. 6, 58
サンダース, C. 214
ジェニングス, H. 74
シクレル, A. 78, 81, 178, 263
シュッツ, A. 78, 79, 191
シュワン, T. 213
シルバーマン, D. 81, 221
スコット, J. 62
スタンリー, L. 96, 97
スタンワース, M. 29
ステイシー, M. 28, 47, 147
ストーン, R. 27
ストラウス, A. 106, 107
ズナニエツキ, F. 19
スモール, A. 73
セリグマン, C. 76
ソーンダース, P. 169

た 行
タウンゼント, P. 35, 36
チェンバレン, N. 63
ディクソン, W. 118
ディットン, J. 186
デービス, R. 159
デボース, D. 230
デュルケム, E. 169
デルブリッジ, R. 28, 29
デンジン, N. 220, 256〜258
トマス, W. 19

な 行
ニュービィ, H. 46
ニルセン, A. 234

は 行
バージェス, R. 27
パーソンズ, H. 118
パーソンズ, T. 197
ハーベイ, L. 179
バール, H. 28
ハイン, C. 135, 136

ハウ，K. 86
ハウス，E. 86
ハバーマン，H. 213, 214, 263
ハマースレイ，M 221, 258
ハリソン，T. 74
ハルパーン，E. 213
バンディ，T. 100
ハント，S. 225, 229
ヒットラー，A. 62, 63
ヒンデス，B. 181
フォスター，J. 46, 148
フォックス，J. 138
フッサール，E. 78, 79, 191
ブライマン，A. 13, 257
ブラット，J. 27
フランクフォルト＝ナッハミアス，C. 230
フランケンベルク，R. 46
フランダース，N. 176
ブランネン，J. 234
ブレイキー，A. 19
ブロッサー，J. 265
ペイン，G. 30, 52, 58, 159, 160, 170, 238
ベッカー，H. 76
ペトリ，F. 76
ベノック，G. 118
ベル，C. 46
ボアズ，F. 73
ポパー，K. 191
ホワイト，W. 151

　ま　行
マートン，R. 112

マイルス，M. 213, 214, 263
マクドナルド，M. 179
マックロード，A. 28, 29
マッジ，C. 74
マリノフスキー，B. 46, 73, 76
マルクス，K. 122, 197
メイソン，J. 221
メイヨー，E. 118, 119
モーガン，D. 225
モステラー，F. 257

　や　行
ヤン，R. 29, 31
ヤング，M. 46

　ら　行
ラーブ，C. 150
ラザースフェルド，P. 197
ラスピニ，E. 161
ラドクリフ＝ブラウン 46, 73
リンカーン，Y. 213, 220, 221, 262
リンド，H. 28, 46
リンド，R. 28, 46
ルイス，O. 17〜19, 27
レスリスバーガー，F. 118
ロウ，J. 28, 29
ローズ，D. 6, 58
ローリングス，B. 33
ロバーツ，J. 159

　わ　行
ワイズ，S. 96, 97

事項索引

50のキーコンセプト（ゴシック体）については、その解説が与えられている頁を最初にゴシック体で示し、続いて本文中で参照指示されている頁を示す。

あ 行

アクション・リサーチ **1**, 39, 70, 84
アクセス 9, 25, 39, 44, 47, 59, 60, 64, 73, 87, 99, 102〜104, 130, 133, 134, 146, 149, 157, 160, 178, 237, 252
一時的信頼性 219
一体感 45, 47
逸脱 24, 70, 74, 141, 181, 224
一般化 23, 27, 29, 30, 62, 109, 114, 138, 190, 192, 194, 198, 220, 225, 232〜234, 261, 263
意図的サンプリング 151
違背実験 78, 80
イメージ 174, 185, 265〜267, 270
因果の方向 7
インターネットと他の検索法 **129**, 52, 135, 239
インターネット世論調査 **134**, 52, 70, 130, 209, 219, 233, 243, 252
インタビュー **139**, 18, 24, 40, 70, 76, 96, 101, 113, 206, 209, 227, 235, 243, 246, 250
インフォームド・コンセント 66, 68〜70, 89, 91, 140, 150, 175
インフォーマルなシステム 148
ヴィジュアル・メソッド **265**, 49, 61, 70
絵コンテ 268
エスノグラフィ **72**, 30, 45, 70, 78, 100, 107, 117, 135, 137, 148, 176, 185, 196, 203, 215
エスノグラフィ 29, 44〜46, 72〜76, 78, 81, 82, 100, 107, 115, 117, 119, 134, 135, 148, 176, 183, 185, 194, 197, 214, 215
エスノメソドロジーと会話分析 **78**, 94, 107, 191, 196, 198, 252, 262
演繹（的） 30, 105, 106, 108, 188, 129, 191, 195, 198, 200〜202
横断的 8, 89, 92, 157, 159
オープン・コーディング 105, 107, 108
オープン・サンプリング 107
オペラント条件付け 118
重み付け 234, 252
オーラル・ヒストリー 17, 18, 238

か 行

階層 15, 95
外的信頼性 221
外的妥当性 260〜262
回答率 140, 144, 164, 242, 243, 246, 247, 249, 252
概念の道具箱 163
会話分析 78, 79, 81, 82, 107, 198, 252
確証 4, 106, 109, 120, 123, 124, 186, 188, 192, 260, 263
──可能性 262
確率標本 223, 235
仮説 **120**, 108, 192, 243
仮説 15, 28〜30, 41, 56, 102, 106, 120〜124, 165, 168, 188, 191, 192, 195, 196, 200, 201, 204, 214, 220, 242, 243, 263
偏り 2, 49, 53, 95, 135, 176, 202, 235
価値
──中立 169, 171
──判断 169
ガットマン尺度 15
カテゴリー 11, 19, 36, 37, 41, 49, 50, 54, 59, 60, 79, 102, 105〜109, 131, 153, 154, 158, 176, 180, 208, 228, 239, 241, 246, 266
環境 4, 8, 12, 19, 23, 25, 39, 40, 43, 69, 70, 85, 89, 116, 158, 171, 175, 176, 181, 207, 212, 214, 215, 220, 221, 232, 263
関係
──仮説 120〜122
──的 105, 107, 108, 121, 215
監査証跡 212, 213
観察 **173**, 40, 70, 76, 116, 184, 185, 204, 257
観察スケジュール 176
キー・インフォーマント **146**, 40, 111, 204, 232
キー・インフォーマント 41, 204
疑似実験 89, 91, 92
疑似的 5, 8
記述仮説 120, 121
議題設定 52
帰納（的） 30, 99, 102, 105, 106, 108, 128, 193, 195, 198, 201, 202

機密保持　135〜137, 245
帰無仮説　120, 123, 124, 193
客観性　168, 20, 22, 96, 221, 262
客観的　1, 4, 11, 169, 189, 202, 267
共感　77, 94, 185
協働的な評価　86, 87
共同作業　83, 107, 263
空間共有コミュニティ　44, 45, 47
グラウンデッド・セオリー　105, 30, 37, 76,
　　123, 152, 177, 198, 228, 232, 263, 266
グランド・セオリー　30, 197
繰り返し　32, 37, 105, 117, 156, 176, 209, 219,
　　220, 232, 240
グループ・ディスカッション／フォーカス・グ
　　ループ　110, 41, 140, 148
クロス表　54, 7, 92, 155, 178, 228
経験的　1, 7, 13, 33, 56, 107, 108, 120, 122, 124,
　　125, 188〜190, 201, 246, 255, 261, 262
啓示的事例　27, 29
欠損標本　138
ゲートキーパー　99, 103, 104, 146, 149, 150
研究道具　164, 218
研究日誌　214
現象学　78, 79, 189, 190, 195, 262, 263
高級紙　51
公共的ドキュメント　59, 60, 63, 64
公式統計　178, 87, 238, 239, 246
公然と　184
構造化　17, 20, 30, 47, 78, 111, 119, 139, 140,
　　142〜144, 165, 173〜176, 206, 242
巧妙に企てた観察　257
告白の検討　216
個人的ドキュメント　60
コーディング　22, 32, 33, 35〜37, 50, 52, 76,
　　101, 135, 137, 138, 143, 161, 180, 194, 208,
　　213, 219, 238〜241, 244, 250, 256
　選択——　107, 108
　軸足——　105, 107, 108
コーホート　159, 160, 162, 228
　——効果　159
コミュニティ　3, 27, 29, 39〜42, 44〜48, 74, 76,
　　91, 94, 100, 111, 113, 114, 125〜127, 146,
　　148, 170, 175, 185, 194, 207, 232
コミュニティ研究　44, 27, 29, 39, 74, 76, 94,
　　100, 126, 185
コミュニティ・プロフィール　39, 3, 114, 148,
　　175, 207
混合法　40

さ　行

作業仮説　120, 121
索引　32, 35, 36
サーストン尺度　14
参加のルール　99, 103
サンプリング
　関係的——　105, 107, 108
　識別——　105, 107, 109
　理論的——　30, 109, 177, 232
　変動——　105, 107, 108
参与観察　183, 25, 47, 70, 75, 101, 118, 174,
　　196, 257
参与観察　25, 70, 73, 75, 84, 101, 173, 174, 183
　　〜185, 187, 194, 254, 257
刺激　12〜14, 29, 88, 89, 102, 186, 200, 201, 214,
　　257
資源　128, 171, 180, 214, 226〜229
自然に起こっている出来事　193
実験　88, 2, 8, 84, 116, 118, 203, 233
実験　2〜4, 8, 15, 80, 81, 84, 88〜92, 101, 115〜
　　119, 176, 191, 203, 210, 219, 227, 233, 254,
　　257, 263
　——群　88〜90, 116
実在論　1, 6, 79, 92, 96, 105, 123, 128, 165, 169,
　　188〜192, 195〜197, 202, 203, 220
実査部隊　243, 245
実証主義的客観性　169
実証主義と実在論　188, 1, 6, 79, 92, 96, 105,
　　123, 128, 165, 169, 195〜197, 202, 203, 220
質的調査法　193, 9, 11, 25, 30, 33, 45, 50, 61,
　　74, 96, 99, 105, 122, 127, 128, 164, 171, 190,
　　203, 204, 213, 220, 232, 241, 243, 262, 265
質的データのコーディング　32, 50, 76, 101,
　　107, 138, 194, 213
質問
　枝分かれ（フィルター）——　209, 210, 251
　自記式の——　209
　条件——　209
　誘導——　207
質問票　206, 13, 24, 43, 130, 136, 141, 203, 204,
　　243, 251, 255
　——バイアス　24
自伝／伝記法とライフ・ヒストリー　17, 52,
　　60, 62, 144, 158, 171, 194, 206, 256
指標と操作化　125, 4, 6, 45, 131, 156, 218, 244,
　　257, 260
社会
　——実験　1, 2, 4, 115

――単位　27, 28, 30
――階級　6, 128, 235, 239
――的境界　45
自由回答　112, 206, 208
集計表　238
従属変数　8, 9, 56, 57, 126
縦断的研究と横断的研究　157, 8, 17, 202, 239
集団力学　110
主観的選択性　267
主成分分析　42
順序的　152, 154
情報ピラミッド　40
書記　110
事例　8, 19, 27～31, 59, 60, 63, 64, 69, 74, 78, 82, 99, 108, 166, 170, 194, 196, 214, 232, 243, 268
事例研究　27, 64, 74, 194, 243
進行役　113
人口統計　134, 135, 138
真正性　59, 62, 64
信用可能性（dependability）　262
信頼可能性　262
信頼区間　223～225
新来者　48
信頼水準　223～225
信頼性　217, 15, 23, 67, 81, 156, 168, 171, 195, 203, 253, 256, 260, 262, 263
信頼性　4, 15, 41, 59, 62～64, 84, 91, 118, 128～130, 133, 144, 159, 168, 171, 177, 217～221, 229, 240, 241, 253, 262, 263
　　代表的――　220
スタットベース　133
素データ　135, 178, 179, 237, 238
スポンサー　24, 68, 86, 87, 103
正規分布　224
生産レベル　118
生態学的妥当性確認　266
精度　6, 152, 223, 226, 227, 230, 250
正統性　148, 240
正当化のための文献　167
世俗化　126, 260
セル　54～56, 228
全体的　17, 23, 27, 35, 36, 75, 85, 194, 201
選択回答　206, 208, 209
選択性　22, 25, 44, 64, 183, 187, 265, 267
選択的知覚　173
相関　5, 7, 8
操作化　4, 6, 45, 51, 123, 125, 126, 128, 131, 156,

213, 218, 242～244, 257, 260, 261
操作的定義　126, 128, 240, 243, 261
ソーシャル・サーベイ　242, 13, 30, 95, 128, 130, 136, 138, 164, 175, 178, 203, 210, 219, 227, 234, 249, 255
俗語　50
促進　161, 246
測定　4, 7, 8, 10, 12, 15, 30, 50, 54, 56, 70, 83～85, 89, 92, 107, 117, 123, 125～128, 152～156, 175, 180, 185, 189, 194, 200, 201, 204, 217～220, 223, 244, 254～256, 258, 260～262
測定可能な成果　85
測定水準　152, 15, 56, 107, 127, 218, 223, 262

た　行
対抗文化　146, 148
態度尺度　10, 155, 202, 209, 218
代表標本　250～252
正しさ　66, 195, 226, 229, 230
妥当性　260, 7, 23, 67, 81, 108, 126, 128, 156, 171, 195, 202, 213, 218, 221, 253, 256
　　構成概念――　261
　　内的――　261
　　表面的――　261
多様性　70, 202, 223, 226～229
単純な社会　73
チェックリスト　208
追試　25, 197, 202, 213, 218, 219
テキスト（テクスト）　20, 32, 33, 35～37, 39, 49～52, 61, 78, 81, 143, 146, 213, 215, 266
テスト／再テスト　220
転写　32, 35, 50
電話とコンピュータ支援の世論調査　248, 138, 140, 233, 243, 246
同意　24, 66, 80, 155, 207, 215, 221, 241, 249, 250, 263, 267
統制（群）　1, 2, 4, 28, 84, 88～92, 95, 96, 113, 116, 118, 128, 149, 171, 191, 200, 201, 233, 235
ドキュメント法　59, 20, 27, 40, 49, 52, 75, 144, 184, 227, 238, 256
匿名性　66, 69, 135～137, 140, 144
独立変数　8, 56, 57
土地の人になること　48

な　行
内的一貫性　13, 14, 262

事項索引　277

内的信頼性　221
内容分析　49, 19, 35, 60～62, 138, 198, 227, 256
二次分析　237, 25, 61, 70, 130, 133, 135, 160, 179, 223, 257
二次分析　59, 61, 160, 161, 179, 223, 237, 238, 240, 241, 254, 257
ニュースグループ　135～137
年齢効果　159

は　行

バイアス　22, 67, 95, 168, 234, 238, 262
バイアス　2, 22～25, 64, 89, 91, 140～142, 144, 149, 168, 170, 187, 196, 215, 256, 258, 262
パイロット　29, 242, 244
パネル　134, 157, 160, 161
半構造化的　142
反証　27, 28, 66, 120, 123, 124, 188, 191, 192
反　省　212, 25, 74, 96, 100, 171, 195, 220, 258, 262
反　省　17, 20, 22, 35, 70, 72, 74, 102, 185, 186, 212～216, 220, 258
反応性　116, 119, 256～258
反復　8, 81, 101, 218, 219
非干渉的方法と複眼的測定　254, 20, 52, 60, 70, 117, 144, 175, 185, 206, 213, 241, 246
非構造化された観察　173, 175 →構造化
非参与観察　175
必要条件と十分条件　5, 9
批判的
　　――エスノロジー　74
　　――実在論　190
　　――事例　27, 29
秘密裏に　117, 184
評価研究　83, 4, 39, 68, 91, 92, 180
標準誤差　224
標準偏差　224
標本
　　――設計　23～25, 225, 230
　　――抽出台帳　135, 137
　　――バイアス　22, 24
　　――変動　224
標本抽出：推定量と標本の大きさ　222, 107, 229, 230, 234, 240
標本抽出：タイプ　231, 23, 24, 90, 136, 138, 140, 179, 202, 227, 244, 250, 251
標本抽出：標本の大きさをどう決めるか　226, 55, 62, 89, 140, 155, 164, 223, 233, 247
比率　152, 155, 208, 223～225, 234, 235

フィールドワーク　99, 33, 47, 76, 105, 149, 175, 185, 197, 204, 213, 266
フィールド・ノート　25, 33, 49, 50, 183, 186, 198, 241, 254
フィールド実験　90
フェミニスト調査　93, 4, 47, 70, 74, 76, 112, 150, 170, 192, 203, 214, 243, 263, 266
フェミニズム　20, 21, 94, 97, 98, 197
フォーマルな体制　117
深さのあるインタビュー　17, 101, 140, 142, 206
プリテスト　242, 244
プロトコル　168, 169, 171
文脈化　37, 46
便宜　66, 69, 70, 244
変数　4, 6～9, 12, 19, 30, 36, 46, 54～58, 89, 92, 116, 121, 122, 126, 127, 153, 194, 200, 201, 223, 224, 228, 229, 239
法則　29, 122, 137, 159, 190, 191, 195, 201, 202
方法論的多元主義　163, 164, 193, 198, 200, 203, 254, 256
方法と方法論　163, 198, 228, 243, 256
ホーソン効果　115, 1, 90, 96, 161, 176, 184, 255
ボガーダス社会的距離尺度　15
母集団　23, 62, 89, 107, 135, 138, 164, 222～231, 233～236, 242, 251, 252
本質主義　97

ま　行

マッカーシズム　197
摩擦　158
マスメディア　52
マッチド・ペア　89
マル秘　69
無作為割り当て　90
名目的　152～155
メディア・イベント　135
網羅的　50, 153, 200
物語　5, 7, 22, 50, 73, 127, 263, 268

や　行

役割演技　103, 184～186
有意標本　232
有効性　51, 52, 125, 231
誘出　265
雪だるま式　231～233

ら　行

ライフ・コース　18
ラポール　95, 142, 246
利害関係者　86
利害集団　64, 87, 148, 149
リッカート尺度　14
理由づけ　7, 265
量的調査法　**200**, 9, 11, 30, 54, 61, 74, 96, 107, 138, 152, 164, 179, 206, 220, 233, 243, 262

倫理実践　**66**, 4, 75, 80, 87, 91, 95, 96, 103, 136, 140, 150, 175, 184, 218, 244, 257, 260, 267
類型化　78, 79
連関と因果　**5**, 19, 57, 58, 90, 92, 116, 127, 159, 191, 261

　わ　行

割当法　227, 231, 235, 236

訳者紹介（五十音順）

石田　淳（いしだ あつし）
1976年生まれ。横浜市立大学卒業。社会学博士（関西学院大学）。現在，日本学術振興会特別研究員（PD）。専門は，数理社会学，社会階層論，社会意識論。主要論文：「認識の効率性と階層イメージ」『理論と方法』18(2) 2003年，「仮想的機会調整分析による不平等分析」『理論と方法』20(1) 2005年（浜田宏との共著），「社会的ジレンマ状況における資源分配」『社会学評論』56(4) 2006年など。
担当項目：実験，ホーソン効果，仮説，インターネットと他の検索法，インターネット世論調査，観察，電話とコンピュータ支援世論調査，二次分析。

中野康人（なかの やすと）
1971年生まれ。東北大学大学院文学研究科単位取得退学。文学博士。現在，関西学院大学社会学部准教授。専門は，社会調査の方法論，規範と秩序の数理・計量社会学。主著：『The R Book』（九天社），『SPSS事典 BASE編』（ナカニシヤ），『社会の見方・測り方』（勁草書房）など。
担当項目：アクション・リサーチ，態度尺度，内容分析，クロス表，フェミニスト調査，グループ・ディスカッション／フォーカス・グループ，指標と操作化，量的調査法，標本抽出：タイプ，ヴィジュアル・メソッド。

浜田　宏（はまだ ひろし）
1970年生まれ。関西学院大学卒業。社会学博士（関西学院大学）。現在，関西学院大学准教授（〜2008年3月），2008年4月より東北大学大学院准教授に着任予定。専門は数理社会学，階層・不平等研究。主著：『格差のメカニズム』（勁草書房）。
担当項目：バイアス，グラウンデッド・セオリー，測定水準，縦断的研究と横断的研究，公式統計，反省性，信頼性，標本抽出：推定量と標本の大きさ，妥当性。

長谷川計二（はせがわ けいじ）
1957年生まれ。東北大学大学院文学研究科博士前期課程修了。工学修士，文学修士。現在，関西学院大学総合政策学部教授。専門は，社会調査法，市民活動論。主著：『秩序問題と社会的ジレンマ』（分担執筆　ハーベスト社），『質的比較分析』（共著　ミネルヴァ書房），N・アバークロンビー，S・ヒル，B・S・ターナー『新版　新しい世紀の社会学中辞典』（日本語版編集委員　ミネルヴァ書房）など。
担当項目：連関と因果，質的データのコーディング，コミュニティ・プロフィール，コミュニティ研究，評価研究，質問票，標本抽出：標本の大きさをどう決めるか，非干渉的方法と複眼的測定。

三浦耕吉郎（みうら こうきちろう）
1956年生まれ。東京大学文学部卒業。現在，関西学院大学社会学部教授。専門は，社会史，社会意識論。主著：『社会学的フィールドワーク』（共編著　世界思想社），『構造的差別のソシオグラフィ──社会を書く／差別を解く』（編著　世界思想社），『屠場　みる・きく・たべる・かく　食肉センターで働く人びと』（編著　晃洋書房）
担当項目：自伝／伝記法とライフヒストリー，事例研究，ドキュメント法，エスノグラフィ，エスノメソドロジーと会話分析，フィールドワーク，インタビュー，キー・インフォーマント，参与観察，質的調査法。

訳者代表

髙坂健次（こうさか けんじ）
1944年生まれ。関西学院大学社会学部卒業。同大学院社会学研究科修士課程修了（修士）。大阪大学大学院文学研究科博士課程中退。ピッツバーグ大学大学院卒業（Ph.D）。現在，関西学院大学社会学部／社会学研究科教授。専門は，理論社会学・数理社会学，社会意識論。主著：『社会学におけるフォーマル・セオリー』（ハーベスト社）。編著：『階層社会から新しい市民社会へ』（東京大学出版会），*A Sociology of Happiness* (Trans Pacific Press), *A Quest for Alternative Sociology* (Trans Pacific Press)．
担当項目：序論，ユーザーズガイド，倫理実践，方法と方法論，客観性，実証主義と実在論，ソーシャル・サーベイ，あとがき

Key Concepts in Social Research
by Geoff Payne & Judy Payne

English language edition published by Sage Publications of London,
Thousand Oaks and New Delhi
Copyright ©2004 by Geoff Payne & Judy Payne
Japanese translation rights arranged with Sage Publications
through Japan UNI Agency, Inc., Tokyo.

キーコンセプト
ソーシャルリサーチ

初版第1刷発行　2008年4月10日ⓒ

著　者	ジェフ・ペイン　ジュディ・ペイン
訳　者	髙坂健次・石田　淳・中野康人 長谷川計二・浜田　宏・三浦耕吉郎
装　幀	谷崎文子
発行者	塩浦　暲
発行所	株式会社　新曜社 〒101-0051　東京都千代田区神田神保町2-10 電話（03）3264-4973（代）・FAX（03）3239-2958 URL：http://www.shin-yo-sha.co.jp/
印　刷	長野印刷商工
製　本	イマヰ製本

Printed in Japan

ISBN978-4-7885-1097-5　C1036

───── 新曜社の関連書 ─────

世論調査で社会が読めるか　事例による社会調査入門
質問の仕方や順序が違えば回答も全く違ってくる。調査は社会をどこまでも忠実に写し取るのか。信頼できる調査と信頼できない調査は？　身近な話題で誰もが楽しく読める。
平松貞実 著　　　　　　　　　　　　　　　　　　　四六判 256 頁／2200 円

社会調査で何が見えるか　歴史と実例による社会調査入門
世論調査・社会調査は個人情報保護法などにより壁に突き当たっている。今一度原点に立ち返り，調査は何のためにするのかを歴史的に問い直し，必要性を再確認する。
平松貞実 著　　　　　　　　　　　　　　　　　　　四六判 304 頁／2400 円

数字で語る　社会統計学入門
社会と人間を数量的統計的に解明する上での原理と実際的勘どころを初心者にも分かりやすく，フレンドリーな語り口で書いた世界的ベストセラーの，待望の新訳。
H. ザイゼル 著／佐藤郁哉 訳　　　　　　　　　　　　Ａ５判 320 頁／2500 円

マス・コミュニケーション理論〈上・下〉　メディア・文化・社会
メディアの力，メディアの役割とは何か？　メディアと社会，そして人間の関係をクリティカルに捉え，メディア・リテラシーを育むための必携テキスト。
スタンリー・J・バラン／デニス・K・デイビス 著
宮崎寿子 監訳／李　津娥・李　光鎬・鈴木万希枝・大坪寛子
（上巻）Ａ５判 336 頁 3600 円・（下巻）Ａ５判 288 頁 3300 円

ワードマップ　エスノメソドロジー　人びとの実践から学ぶ
おしゃべり，授業，TV 視聴，科学実験……。現場を生み出す「実践の論理」をこまやかに記述するエスノメソドロジー。その基本を 34 のキーワードで学ぶ待望の入門書。
前田泰樹・水川喜文・岡田光弘 編　　　　　　　　　　四六判 328 頁／2400 円

ワードマップ　フィールドワーク　増訂版　書を持って街へ出よう
フィールドワークを目指す人が最初に読む定評ある入門書，全項目大幅増補・改訂。フィールドワークの背景にある考え方から方法・技法，その全体像を精選のキーワードで解説。
佐藤郁哉 著　　　　　　　　　　　　　　　　　　　四六判 320 頁／2200 円

（表示価格は税を含みません）